INTRODUCTION
À L'ÉCONOMIE
DE L'ENTREPRISE

3e édition

François Leroux

AD.

INTRODUCTION
À L'ÉCONOMIE
DE L'ENTREPRISE

3e édition

**gaëtan morin
éditeur**

Données de catalogage avant publication (Canada)

Leroux, François, 1945-

Introduction à l'économie de l'entreprise
3e édition

Comprend des références bibliographiques et un index.

ISBN   2-89105-458-X

1. Économie d'entreprise.   I. Titre.

HD30.22.L47   1992   338.5   C92-096693-4

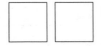 **gaëtan morin éditeur**
C.P. 180, BOUCHERVILLE, QUÉBEC, CANADA
J4B 5E6   TÉL. : (514) 449-2369   TÉLÉC. : (514) 449-1096

Dépôt légal 3e trimestre 1992
Bibliothèque nationale du Québec
Bibliothèque nationale du Canada

© gaëtan morin éditeur ltée, 1992
Tous droits réservés

1 2 3 4 5 6 7 8 9 0   G M E 9 2   1 0 9 8 7 6 5 4 3 2

TABLE DES MATIÈRES

AVANT-PROPOS

Ce manuel a été conçu pour des étudiants débutant en économie et pour la population de l'éducation permanente. Dans cette perspective, on s'est donc efforcé d'être avant tout concret et de simplifier au maximum l'utilisation des mathématiques. Ce livre d'introduction cherche à offrir un certain nombre d'outils d'analyse et de points de référence tout en présentant quelques concepts permettant de susciter la réflexion.

Celui qui trempe dans l'économie depuis plusieurs années finit par oublier qu'il utilise un "jargon" propre à la profession mais qui est loin d'être évident pour le néophyte: différenciation, oligopole, demande coudée, élasticités croisées, etc. sont des termes qui ne veulent strictement rien dire à celui qui n'a pas suivi de cours d'économie. Un livre d'introduction est donc par la force des choses un livre d'initiation tout autant à une démarche, à un type de raisonnement qu'à un langage nouveau. Ce travail doit donc être apprécié beaucoup plus en fonction de l'effort de simplification et de clarté qu'en fonction de l'approfondissement technique des concepts.

J'aimerais remercier Michel Poisson, le service de la recherche et le service de graphisme de l'École des hautes études commerciales de Montréal, ainsi que Diane Grenier qui a assuré la dactylographie des versions successives du manuscrit avec patience et célérité.

INTRODUCTION

Le domaine de l'Économique n'a cessé ces dernières années de s'étendre. L'utilisation de l'approche économique a tendance à se généraliser. À tel point d'ailleurs que les fondateurs de l'Économique (F. Quesnay, J.B. Say, A. Smith, D. Ricardo) auraient aujourd'hui bien du mal à reconnaître le domaine qu'ils ont défriché.

Il est cependant des points de repère, ou tout au moins des traditions analytiques ou pédagogiques qui restent très utiles. On fait ici allusion à la division traditionnelle entre la microéconomie et la macroéconomie.

La microéconomie s'intéresse principalement au comportement des agents dans leurs activités de production ou de consommation tandis que la macroéconomie étudie l'évolution et les liaisons qui existent entre les grandeurs caractéristiques (les "agrégats") d'une économie. La microéconomie étudie le comportement des consommateurs, les activités de production dans une entreprise, la fixation des prix sur un marché, etc. La macroéconomie va s'intéresser quant à elle aux composantes du produit national brut (PNB), à la dépense nationale, aux problèmes de l'inflation, du chômage, de la monnaie, des budgets, etc.

Si l'on se base sur la division classique entre la micro et la macroéconomie, l'économie d'entreprise se rattache plutôt à la première qu'à la seconde. Mais les buts que l'on poursuit dans un cours d'économie d'entreprise diffèrent de ceux recherchés dans un cours de microéconomie.

Le schéma microéconomique

Il est coutumier dans une introduction à un cours d'économie de rappeler la question suivante : quel est le but de l'Économique ? Il est tout aussi coutumier de répondre que le but de l'Économique, c'est l'étude de l'affectation optimale des ressources rares à la satisfaction des besoins illimités. Si c'est vraiment réduire le domaine de l'Économique, rappeler cette proposition permet de comprendre comment s'est développée l'approche microéconomique, comment s'est imposé un **schéma traditionnel** d'analyse que l'on pourrait synthétiser de la façon suivante.

Le but de l'Économique est de comprendre comment se fait l'allocation

1

optimale de ressources rares pour satisfaire les besoins. Dans les économies décentralisées, cette affectation est le résultat, a posteriori, de toute une série de décisions qui ont été prises par les agents économiques. Le **marché** et le **système de prix** sont les instruments privilégiés qui rendent compatibles des offres et des demandes. Décrivons les agents, analysons leurs comportements, étudions comment se fixent les prix, voyons comment les plans des agents sont compatibles et nous pourrons comprendre comment se fait l'allocation des ressources; il sera alors possible d'agir sur cette allocation.

Selon ce schéma, l'analyse microéconomique est centrée sur les agents (consommateurs et producteurs), mais elle poursuit néanmoins, directement ou indirectement, un but d'explication globale de l'économie, d'explication de tout le système de prix. Cette approche est devenue rapidement une tradition depuis les travaux de L. Walras, le véritable père de la microéconomie et grâce à A. Marshall qui l'a popularisée.

On comprendra que dans ce schéma traditionnel, la firme et le marché ne sont vraiment que des accessoires par rapport à l'essentiel qui est le système de prix. La firme, dans cette approche, est réduite à sa plus simple expression, elle n'a d'intérêt que parce que ses activités de production vont se traduire par des prix.

Une autre approche

Abandonnant délibérement l'objectif général d'explication du système de prix d'une part et l'analyse de l'affectation optimale des ressources d'autre part, tout un courant d'analyse économique s'est développé, centré sur l'analyse de l'**entreprise**, sur les **comportements de concurrence** sur les marchés et sur les **structures industrielles** qui en résultent.

Dans ce cadre, on ne s'intéresse pas à la firme seulement parce que ses actions vont se traduire par des prix. Le «pricing», ou les techniques de fixation de prix, est certes important surtout s'il révèle les stratégies ou les buts de l'entreprise; mais ces décisions de prix sont replacées dans un contexte beaucoup plus vaste qui est celui du fonctionnement de l'entreprise dans son environnement.

Ce que l'on appelle le "Managerial Economics" et l'organisation industrielle sont les résultantes de ce courant qui s'est développé grâce aux travaux d'économistes comme J. Bain, G.J. Stigler, F.M. Scherer et J. Houssiaux.

L'économie de l'entreprise, dont on présente ici une introduction, se trouve au confluent de ces différents apports: microéconomie, "Managerial Economics", organisation industrielle et aussi sciences administratives. Chaque livre, chaque manuel emprunte plus ou moins à chacun de ces courants, en fonction de la perception de l'auteur de ce qu'est ou devrait être l'économie de l'entreprise.

2

L'utilisation de modèles

S'il est des points communs à la microéconomie et à l'économie d'entreprise, c'est bien au niveau méthodologique qu'on peut les retrouver. Dans l'une et l'autre discipline, on a tendance à utiliser des modèles.

On fera attention de bien comprendre ce terme. Un modèle, au sens utilisé en économie, c'est un **schéma simplificateur de la réalité**. La réalité concrète qui nous entoure est extrêmement complexe. Chaque situation est particulière, chaque comportement d'agent est spécifique. Néanmoins, n'est-il pas possible de trouver des points communs dans tous ces comportements ou toutes ces situations? Pour cela, il faudra simplifier la complexité des situations, il faudra schématiser en utilisant les caractéristiques essentielles: il faudra utiliser des modèles.

L'utilisation de modèles en économie d'entreprise, comme dans d'autres disciplines, s'est imposée parce qu'on leur reconnaît trois fonctions:

1° une fonction **pédagogique**: une schématisation de la réalité permet de décrire plus facilement les grands traits, les variables importantes d'une situation.

2° une fonction **explicative**: en ayant simplifié la réalité, on peut mieux comprendre et analyser la logique du fonctionnement d'agents économiques ou de situations.

3° une fonction **prévisionnelle**: une schématisation de la réalité permet de prévoir plus facilement l'évolution des agents ou des situations.

C'est justement en fonction de la capacité pédagogique, de la capacité explicative et de la capacité prévisionnelle d'un modèle que l'on pourra porter un jugement sur sa valeur beaucoup plus que sur son niveau théorique ou sur le caractère ''héroïque'' de certaines des hypothèses simplificatrices.

L'économie d'entreprise: positive ou normative?

Une dernière question que nous devons nous poser est la suivante: l'économie d'entreprise est-elle positive ou normative? On rappellera tout d'abord que l'économie positive s'attache avant tout à décrire et à comprendre des modes de fonctionnement, des liaisons entre des variables, des comportements de différents agents alors que l'économie normative vise surtout à donner des règles précisant comment **devrait** fonctionner le système économique, comment **devraient** se comporter les agents.

Ceci étant rappelé, on peut dire que l'économie d'entreprise est à la fois positive et normative. Étant centrée sur le comportement de l'entreprise, elle s'efforce de décrire le contexte dans lequel l'entreprise évolue, les décisions

3

qu'elle prend, le type de concurrence auquel elle se heurte et les structures industrielles qui résultent de ses actions et de celles de ses compétiteurs. Mais l'Economie d'entreprise s'efforce aussi d'établir des règles, des points de repère pour faciliter la prise de décision. Elle s'intéresse aussi à la qualité de la concurrence, elle porte des jugements sur les situations de compétition, elle utilise des outils pour apprécier les structures industrielles; en ce sens, elle est donc normative.

Ce qu'on trouvera dans cet ouvrage

Cette introduction à l'économie d'entreprise est divisée en quatre parties. Dans la première, on présentera les outils nécessaires à l'analyse. Dans la seconde partie, seront étudiés les modèles de référence classiques, les points de repère. La troisième partie traitera de la firme, de ses objectifs, de ses stratégies et des déterminants de la compétition. La quatrième partie analysera les comportements et les structures.

Cependant, avant de commencer le corps du texte proprement dit, on présentera un petit rappel de quelques notions mathématiques simples que l'on utilisera par la suite.

RAPPEL

1° Quelques signes usuels

Le signe Δ (delta) est utilisé pour représenter une variation. Ainsi, soit un coût total de production (CT) qui passe de:

$$CT_1 = \$1{,}000$$

$$\text{à } CT_2 = \$1{,}500$$

ΔCT signifiera "variation du coût total" et vaudra ici:

$$\Delta CT = CT_2 - CT_1 = \$500$$

Attention, cette variation peut être positive ou négative.

Le signe Σ (sigma) est utilisé pour représenter une sommation. Ainsi, si une firme vend sur 3 marchés les quantités suivantes: $Q_1 = 500$, $Q_2 = 700$ et $Q_3 = 800$,

$$\sum_{i=1}^{3} Q_i = 500 + 700 + 800 = 2{,}000$$

Le signe | | encadrant un chiffre ou une expression veut dire "valeur absolue";

ainsi,
$$|-1| = 1$$
$$|-5| = 5$$
$$|\Delta CT| = \text{valeur absolue de la variation du coût total}$$

si $\Delta CT = -100$ $|\Delta CT| = 100$

2° Le passage d'un tableau à un graphique

Soit le tableau suivant donnant les relations entre le prix de vente (P) d'un produit et la quantité (Q) offerte sur le marché:

P	Q
10	5
12	8
14	11
16	14
18	17
20	20
22	23

Il est possible de "visualiser" cette relation entre les prix et les quantités. Donnons-nous deux axes (X et Y); sur l'axe horizontal (abscisse) on indiquera la quantité, sur l'axe vertical (ordonnée) le prix.

5

La première ligne du tableau permet de dire que lorsque le prix est de 10, la qualité offerte est de 5. En reportant ces deux informations respectivement en ordonnée et en abscisse, on repère un point, le point A qui est l'**image** du couple P = 10, Q = 5.

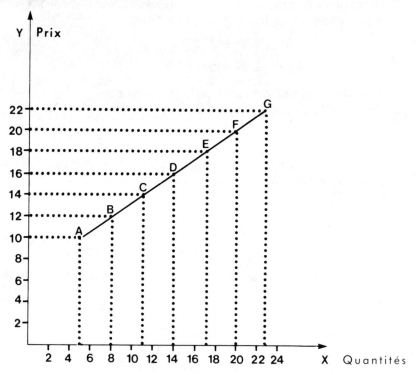

On peut procéder de la même façon pour tous les couples du tableau et l'on représentera ainsi successivement les points A, B, C, D, E, F et G. En joignant ces points, on obtiendra la représentation graphique de l'offre du produit.

Le tableau de variation et la représentation graphique décrivent exactement la **même chose**. Mais l'on conviendra qu'il est plus facile de lire d'un seul coup d'oeil le graphique.

3° Passage d'une expression algébrique simple à un graphique

Plutôt que de se donner, comme dans le cas précédent, un tableau de variation, il est quelquefois beaucoup plus facile d'utiliser une équation simple:

Soit par exemple R la recette totale tirée de la vente d'un produit A.
Soit P le prix de vente du produit (considéré comme constant).
Soit Q la quantité vendue du produit.

Si on cherche à établir la valeur de la recette totale **en fonction** des quantités vendues, on peut écrire:

$$R = P \times Q$$

Ainsi, si par exemple **P** = $2, la recette totale est:

$$R = 2 \times Q$$

Cette expression peut se représenter graphiquement: il suffit de donner des valeurs à Q et l'on aura immédiatement la valeur de R.

Exemples: Si Q = 5, alors R = 10
               Si Q = 6, alors R = 12
               Si Q = 2, alors R = 4

En reportant de la même façon que précédemment ces points sur le graphique et en les joignant, on a la **représentation graphique** de la fonction R = 2Q.

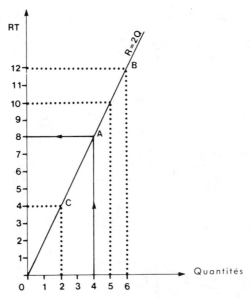

Ici encore, écrire R = 2Q ou faire la représentation graphique ci-dessus, c'est exprimer la même chose.

L'avantage de la représentation graphique, c'est qu'elle nous permet d'avoir immédiatement la valeur de R pour toute valeur de Q. Ainsi, si nous prenons Q = 4, on reporte sur la ligne et on lit la valeur sur l'axe vertical: R = 8.

4° La mesure d'un angle

Un angle peut être mesuré en degrés, grades ou radians. Pourtant, c'est une autre mesure que nous utiliserons: la tangente (tg).

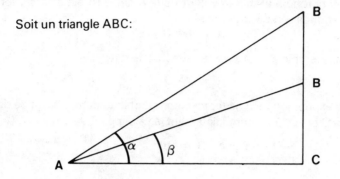

Soit un triangle ABC:

Par définition, la mesure de l'angle α sera égale à:

$$tg\alpha = \frac{\text{côté opposé}}{\text{côté adjacent}} = \frac{BC}{AC}$$

Prenons un point B' au milieu du segment BC, la tgβ est égale à:

$$tg\beta = \frac{\text{côté opposé}}{\text{côté adjacent}} = \frac{B'C}{AC}$$

5° Utilisation de cette mesure

La courbe ci-dessous est une courbe de coût de production, en fonction des quantités produites. Prenons 2 points (A et B) sur cette courbe:

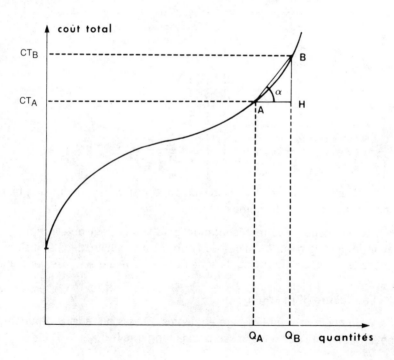

Pour la quantité Q_A, le coût total est CT_A. Pour la quantité Q_B, le coût total est CT_B. Traçons les droites AB et AH.

L'angle α dans le triangle ABH peut être mesuré de la façon suivante:

$$tg\alpha = \frac{BH}{AH} = \frac{\Delta CT}{\Delta Q}$$

On verra que cette mesure $\frac{\Delta CT}{\Delta Q}$ a une signification extrêmement importante: c'est le coût marginal; or la mesure de ce coût marginal apparaît immédiatement sur le graphique si on mesure l'angle de la façon qui vient d'être indiquée.

6° L'équation d'une droite

L'expression algébrique associée à la représentation graphique d'une droite est de la forme générale:

$$Y = aX + b$$

où a est la pente de la droite et b l'ordonnée à l'origine (c'est-à-dire la distance entre l'origine et l'intersection de la droite avec l'axe vertical).

Si a est positif, la droite est croissante. Si a est négatif, la droite est décroissante.

Pour construire une droite, il ne faut connaître que deux points de celle-ci.

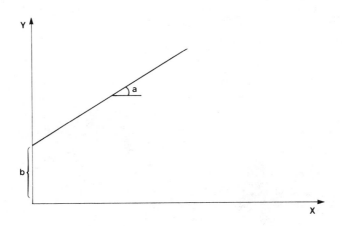

Iʳᵉ PARTIE

LES INSTRUMENTS D'ANALYSE

Dans cette première partie, on présentera des instruments tradition-nels de l'analyse économique. Cette partie, comme la suivante, retient cer-tains éléments de base propres à l'analyse microéconomique qui est, comme on l'a dit, l'une des sources de l'**économie de l'entreprise.**

On commencera tout d'abord par s'intéresser à la demande, à la fonc-tion de demande; on y distinguera le rôle joué par le prix et celui joué par les autres facteurs. Le deuxième chapitre sera consacré à un instrument d'analy-se particulièrement précieux: l'élasticité. Un certain nombre d'exemples per-mettront de se familiariser avec son utilisation. Le chapitre 3 introduira la no-tion de recette et l'on verra comment utiliser trois mesures de cette notion. On examinera par la suite les liaisons existant entre ces différentes recettes d'une part et l'élasticité-prix ainsi que la demande à la firme d'autre part.

Les trois premiers chapitres sont consacrés à l'élaboration des caracté-ristiques de la demande à laquelle fait face l'entreprise. Les trois chapitres sui-vants s'intéressent aux éléments avec lesquels la firme devra composer pour répondre à cette demande. Le chapitre 4 traite de la production et de la pro-ductivité. Le chapitre 5 présente différentes mesures des coûts et montre comment on doit en tenir compte pour choisir la taille d'un équipement. Le chapitre 6 enfin présente l'offre, ses composantes et ses caractéristiques.

CHAPITRE 1

LA DEMANDE ET LES FACTEURS

QUI L'INFLUENCENT

Ce qui justifie qu'une entreprise se lance dans la fabrication d'un produit ou la prestation d'un service, c'est la conviction de ceux qui la dirigent qu'il existe pour le produit ou le service une demande effective ou potentielle, c'est-à-dire qu'il existe des consommateurs qui, sous certaines conditions, veulent ou voudraient se procurer le bien ou le service pour satisfaire un besoin. Déterminer les quantités que les consommateurs sont prêts à acquérir en fonction de différents paramètres qui les influencent, c'est repérer la demande.

1.1 LE CONCEPT DE DEMANDE

1.1.1 Définition générale

Comme première approche, on peut donc dire que l'analyse de la demande d'un bien, c'est l'analyse des relations entre les différentes quantités de ce bien qu'un groupe d'agents économiques est prêt à acquérir et les valeurs prises par certaines variables qui ont une influence sur l'acquisition de ce bien par les agents économiques.

Par exemple, si l'on pense que la demande pour les appartements de type 4 1/2 est fonction du prix de location P, du revenu du locataire potentiel R, du nombre d'enfants dans sa famille N, et du taux d'intérêt sur les prêts hypothécaires H, on peut écrire la demande de la façon suivante:

$$Q = f(P, R, N, H)$$

À une valeur donnée de chacune des quatre variables P, R, N et H va correspondre une valeur Q, quantité demandée. Si une de ces valeurs change, Q change également. Envisager toutes les combinaisons possibles de Q, P, R, N et H, c'est décrire la demande pour les appartements de type 4 1/2.

1.1.2 La demande: une relation prix-quantité

En fait, il semble peu facile d'analyser une fonction de demande de la

forme de celle présentée dans l'exemple précédent, puisque la quantité demandée est influencée par plusieurs facteurs à la fois. Aussi, par mesure
de simplification (et par souci analytique), la variable prix est sélectionnée
comme jouant un rôle privilégié. Et c'est ainsi qu'à un moment donné, en supposant que tous les autres facteurs influençant la demande sont donnés et ne
changent pas, on peut dire que la demande se résume à une relation entre des
prix et des quantités.

Ainsi, dans l'acception la plus utilisée du terme, on dira que la **demande est une relation entre des prix et des quantités demandées, toutes
choses étant égales par ailleurs.**

Seront donc analysées d'une part les relations prix-quantités
demandées et d'autre part les facteurs autres que les prix influençant la
demande. Cette distinction se retrouve au niveau du vocabulaire puisque lorsqu'on passe d'un point à un autre sur une courbe de demande, on parlera de
changement dans la quantité demandée, tandis que si l'on passe d'un
point sur une courbe de demande à un point sur une autre courbe de demande, on parlera de **changement dans la demande** (dans ce cas, d'autres facteurs que le prix sont entrés en jeu). Cette distinction est illustrée dans le
graphique 1 [1].

GRAPHIQUE 1

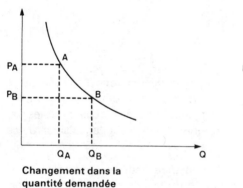

Changement dans la
quantité demandée

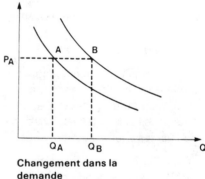

Changement dans la
demande

1.1.3 La loi de la demande

Dans le graphique précédent, on a tracé des courbes de demande qui
sont décroissantes. C'est en fait avoir admis l'existence de ce qu'on appelle la
«loi de la demande» et qui s'énonce de la façon suivante:

---

(1)   On remarquera dans ce graphique que le prix est placé sur l'axe vertical et la quantité sur l'axe
horizontal. Cette disposition est adoptée par tradition et aussi pour des raisons d'ordre pratique qui apparaîtront plus tard.

Lorsque le prix d'un bien augmente, toutes choses étant égales par ailleurs, les quantités demandées diminuent (et vice-versa).

Ceci peut être facilement observé pour la plupart des biens et chacun a pu faire l'expérience de cette loi. La décroissance de la courbe de demande est le résultat d'un système de préférence des consommateurs et de leurs possibilités budgétaires. Lorsque le prix d'un bien diminue, cette diminution peut d'une part affecter l'**ordre** des préférences des biens à acheter et d'autre part augmenter le nombre de consommateurs ou d'utilisateurs qui peuvent budgétairement se permettre l'achat du bien.

1.1.4 Les différents concepts de demande

L'analyse économique utilise et étudie plusieurs fonctions de demande.

• On fait d'abord une distinction entre la **demande individuelle** et la **demande globale.** La première fait référence à la demande d'un consommateur ou du consommateur-type, la seconde fait référence à la demande de tous les consommateurs. L'une et l'autre respectent la loi de la demande. Néanmoins, la sensibilité aux variations de prix peut être très différente entre une courbe de demande individuelle et une courbe de demande collective.

• D'un point de vue décisionnel, au niveau de la firme, une distinction doit être faite entre la **demande du marché** (équivalente à la demande globale) et la **demande à la firme,** qui décrit la fraction du marché s'adressant à l'un de ses participants. Cette distinction est connue en marketing sous les noms de **demande primaire** et de **demande sélective.** À chacune correspondent des analyses et des stratégies de fixation de prix, ou de promotion.

Ici encore la **sensibilité** dans les variations de quantités dues aux variations de prix ne sera pas identique pour la demande primaire et la demande sélective.

1.2 FACTEURS AUTRES QUE LE PRIX INFLUENÇANT LA DEMANDE

On présentera ici quelques-uns des facteurs qui influencent la demande, qui expliquent les déplacements de la courbe de demande. L'énumération qui sera faite n'est pas exhaustive, mais permettra d'analyser l'impact sur la demande d'autres variables que le prix.

1.2.1 Changements dans le goût et les préférences des consommateurs

Il suffit d'ouvrir le catalogue d'un grand magasin d'il y a dix ans pour réaliser à quel point les goûts peuvent changer. Ces variations dans les goûts des consommateurs sont des facteurs importants pour expliquer des déplacements dans la demande de certains produits. Ceci sera d'autant plus frappant qu'on s'intéresse à des produits liés à des modes (loisirs, vêtements, etc.).

On pourra s'interroger sur le degré de spontanéité de ces changements de préférences. On évitera néanmoins de conclure trop rapidement qu'il sont systématiquement orchestrés par la publicité.

1.2.2 Les anticipations

Il y a plusieurs types d'anticipations qui influencent la demande.

a) Les **anticipations** du consommateur sur l'évolution future des **prix** représentent un facteur non négligeable dans les variations enregistrées dans l'évolution de la demande. On sait par exemple qu'en période d'inflation, la tendance est de précipiter les achats afin de se prémunir contre la dépréciation monétaire. À l'inverse, suite à des hausses jugées excessives ou temporaires, le consommateur peut différer ses achats en attendant que les prix reviennent à des niveaux jugés plus raisonnables (cette dernière tendance est surtout repérable sur les marchés industriels). Les anticipations de prix seront d'autant plus importantes que la situation conjoncturelle est plus incertaine.

b) **Les anticipations de rareté** jouent un rôle qui se confond parfois avec les anticipations de prix. Il est remarquable que ceci joue aussi bien au niveau industriel (bois de construction en 73, etc.) qu'au niveau de la consommation finale (sel à la fin de 75). Les mécanismes ou les ressorts qui expliquent ces véritables psychoses de rareté sont bien difficiles à repérer. Parfois cependant, les anticipations de rareté s'expliquent par des phénomènes objectifs (ex.: la rareté relative des protéines pour l'élevage des animaux au Canada et aux U.S.A. en 73, suite aux ventes excessives de blé en U.R.S.S., à la diminution de l'offre de farine d'anchois et à la faible récolte de soja).

c) Certains biens sont sensibles aux **anticipations** des consommateurs en matière de **changements de revenus**. Lors de l'acquisition d'une maison, par exemple, beaucoup d'acheteurs évaluent leur capacité de faire face aux paiements de l'hypothèque d'après l'évolution envisagée de leur revenu.

d) **Les anticipations de changements technologiques** influencent également la demande. Si l'apparition de produits nouveaux est prévue, il risque d'y avoir un retard dans l'achat d'un bien pour attendre l'arrivée du produit nouveau. On pensera ici, à titre d'exemple, à l'impact de nouveaux modèles sur le marché de l'automobile et aux précautions prises par les constructeurs pour ne pas dévoiler à l'avance leurs nouveautés. On remarquera également, sur ce même marché, la grande discrétion entourant la décision de retirer une ligne de produits.

De la même façon, l'attente d'amélioration de la qualité du produit ou de progrès sensibles dans sa ''fiabilité'' peut expliquer des retards dans la pénétration de certains marchés.

e) Dernière catégorie d'anticipations: les anticipations de **changement de législation** ou de changement du **climat socio-économique.**

Si l'on anticipe dans un secteur industriel une très longue grève lors du renouvellement des conventions collectives, il est possible que la demande soit beaucoup plus forte dans les mois précédant la négociation. Le marché du papier journal à la fin de 1975 fournit une illustration de cette situation. Prévoyant la grève dans ce secteur (elle devait durer de 4 à 5 mois), l'ensemble des utilisateurs de papier journal avait des stocks à un niveau record durant l'été 1975.

1.2.3 Les autres biens

À cause de la multitude de facettes du problème de la consommation, la demande pour un bien va être influencée par la demande pour les autres biens et inversement.

a) C'est tout d'abord le cas lorsque des produits sont **substituables**: les variations dans le prix d'un bien auront des répercussions sur la demande de ses substituts. Une hausse du prix des dérivés du pétrole, par exemple, se traduit par une augmentation de la quantité demandée d'énergie électrique pour le chauffage. L'influence sera d'autant plus forte que la substituabilité d'un point de vue technique sera plus étroite.

b) Certaines demandes ne sont que des demandes dérivées. Ainsi, si la quantité d'appareils électroménagers augmente, la demande d'énergie électrique à des fins non industrielles va également augmenter. Une augmentation du nombre de voitures se traduit par une augmentation de la demande de pneumatiques, etc. À nouveau, l'impact sera d'autant important que le degré de **complémentarité** sera plus étroit.

c) L'apparition de **produits nouveaux**, en transformant les habitudes de consommation, a également un impact sur la demande d'un produit. Tous les secteurs ne sont pas uniformément sensibles à ce problème.

1.2.4 Influence du revenu

En règle générale, un accroissement de revenu disponible se traduit par un accroissement de la demande. Cette règle connaît certaines exceptions mais le sens de la relation demande-revenu est le plus souvent positif.

Certains outils (les élasticités-revenus) permettent de raffiner cette approche en mesurant la sensibilité de la demande aux variations du revenu.

Pour le moment, enregistrons simplement que l'impact sur la demande ne sera pas uniforme pour tous les biens.

De plus, l'effet d'un accroissement de revenu peut être estompé en partie s'il s'accompagne d'une diminution de la propension marginale à consommer. Pour les besoins de l'analyse, il serait plus précieux de raisonner sur les variations du pouvoir d'achat que sur les variations de revenu, afin d'isoler ce qu'il est convenu d'appeler «l'illusion monétaire» due à l'inflation soit la hausse de revenu, s'accompagnant d'une hausse de prix sans augmentation du pouvoir d'achat.

Enfin, la demande pour certains biens va être affectée par la façon dont le **revenu** est **réparti** dans la population.

1.2.5 Les variables démographiques

Si les biens produits par une entreprise sont destinés à la demande finale, il y a lieu de tenir compte des variables démographiques caractérisant la population. Ces variables sont l'âge, le sexe, le taux de croissance et les composantes ethniques ou régionales. Le volume de la population donne bien sûr une bonne indication de la taille du marché, mais tout aussi importante est sa structure par âge: les besoins et les habitudes d'achat sont fort différents d'une génération à l'autre. Ceci risque d'être mis en évidence dans les années à venir si, comme cela semble être le cas dans la plupart des pays occidentaux, le taux de croissance de la population est faible ou nul. On assistera alors à un vieillissement général de la population, ce qui se traduira par l'émergence de nouveaux besoins, mais aussi par une tendance au conservatisme dans les habitudes d'achat (on remarque par exemple que la fidélité à des marques de commerce a tendance à augmenter avec l'âge).

Par ailleurs, lorsque sur un même territoire cohabitent des groupes de population n'ayant pas la même culture, ni les mêmes origines, cela se traduit pour certaines catégories de produits par des préférences qui ne sont pas les mêmes et par une attitude différente face à la publicité.

Ces variables démographiques pourront servir de base à ce qu'on appellera, plus tard, la discrimination ou la segmentation de marché [2].

1.2.6 Les effets de démonstration et d'imitation

La demande peut varier, dans le temps, pour d'autres raisons. Certains besoins jugés superflus deviennent indispensables; certains biens sont désirés alors qu'ils ne l'étaient pas auparavant. Ceci peut s'expliquer non seulement par des changements dans les goûts, mais également par le jeu de ce qu'on appelle les effets **de démonstration** ou les effets **d'imitation**. L'observation

---

(2) Cf. chapitre 14.

montre que certains acheteurs désirent se procurer des biens non seulement pour leur valeur utilitaire, mais parce qu'ils leur procurent - tout au moins le pensent-ils - un certain statut social. Ce comportement combiné aux effets de snobisme peut avoir un impact essentiel au moment où un nouveau produit est introduit sur le marché. L'acceptation du produit dans un premier temps peut être assurée en jouant sur son caractère exclusif. Les effets d'imitation apparaîtront dans un deuxième temps et faciliteront l'acceptation générale du produit. L'impact de ces deux effets a souvent été utilisé pour tenter d'expliquer l'attitude des acheteurs sur le marché de l'automobile.

1.2.7 Effets de diffusion et cycle de vie du produit

Les observateurs du comportement des consommateurs ont observé un phénomène dont les producteurs doivent tenir compte: on s'aperçoit en effet que le temps passant, le niveau de revenu minimal pour posséder un produit a tendance à diminuer. Ceci est appelé quelquefois l'effet de **diffusion**. À cause des effets d'imitation, à cause des changements dans les priorités budgétaires ou à cause de la diminution du prix relatif d'un produit quand il est fabriqué à grande échelle et largement distribué, on constate que le produit est acheté par des couches de population ayant des revenus de plus en plus modestes. Ce phénomène a été caractéristique dans les années 60 pour la télévision et l'automobile; on peut actuellement le constater sur le marché des appareils de climatisation et des lave-vaisselles.

Le jeu de tous ces effets diffère bien sûr d'un produit à un autre et dépend énormément de l'introduction plus ou moins récente du produit. On peut s'efforcer néanmoins de décrire une évolution dans le temps de la demande pour un produit qui soit aussi générale que possible.

Les analyses en marketing utilisent pour ce faire un outil fort pratique qu'on appelle le «**cycle de vie du produit**». À l'aide de cet outil, on s'efforce de mettre en évidence les phases successives de la vie d'un produit.

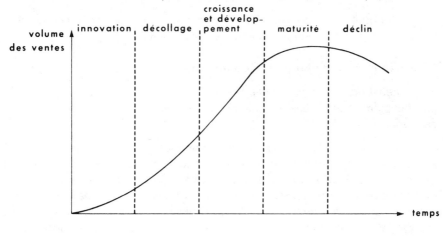

cycle de vie du produit

Dans la version utilisée ici, il y a cinq phases:

a) **La phase d'innovation**

Suite à une découverte ou pour répondre à un besoin, un nouveau produit est mis au point. Cette phase recouvre toute la préparation et le début de la mise en marché. C'est la phase ou le taux de mortalité des nouveaux produits qui est la plus élevée.

b) **La phase du décollage**

Dans cette phase, le produit trouve ses premières applications et est accepté par une partie du marché potentiel, celle caractérisée par les acheteurs les plus innovateurs.

c) **La phase de croissance et de développement**

C'est dans cette phase que le volume de vente augmente le plus. Après avoir convaincu certains acheteurs, le produit touche une clientèle beaucoup plus large et jouit finalement d'une acceptation générale. De nouvelles applications sont envisagées et les développements du produit facilitent la diffusion.

d) **La phase de maturité**

Dans cette phase, la croissance a tendance à se ralentir et les marges de profit généralement se rétrécissent. Le produit est complètement diffusé.

e) **La phase du déclin**

Le vieillissement du produit, son remplacement par d'autres, la saturation des marchés conduisent à la phase du déclin. Dans cette phase ne peuvent survivre que quelques firmes qui assurent le renouvellement du produit.

Cet outil, tout compte fait relativement simple, permet de comprendre comment le temps influence la demande des produits.

1.2.8 L'état de la conjoncture économique

La situation conjoncturelle a également un impact. Les périodes d'expansion sont caractérisées par une forte demande qui ralentit en période de récession.

On notera que tous les produits ne sont pas sensibles de la même façon aux changements conjoncturels. Contrairement à des idées communément acceptées, les **produits industriels** sont beaucoup plus sensibles aux fluctuations que les produits de consommation finale. D'autre part, parmi ces produits de consommation finale, les biens les plus touchés par les changements conjoncturels sont les biens **durables** ou **semi-durables** (exemples: automobiles, mobilier, appareils électroménagers, etc.).

L'accès au crédit, le coût du crédit, et les changements pouvant les affecter suite aux décisions de politique économique sont autant de facteurs qui influenceront la demande, surtout pour les biens d'équipement au niveau industriel et les biens durables et semi-durables au niveau de la consommation individuelle.

Les influences dues à la conjoncture ne devront pas être confondues avec les **facteurs purement saisonniers**.

ANNEXE A

Changements des préférences

-1-

L'évolution des préférences des consommateurs est beaucoup plus rapide qu'on veut parfois l'admettre et elle a des implications pour les producteurs. On trouvait en novembre 1979 le petit article suivant dans un quotidien de Montréal:

«En 1968, 98.9% des familles québécoises achetaient du pain régulièrement, soit 19.2 pains par famille moyenne, par mois; dix ans plus tard, en 1978, seulement 82.7% des familles achètent 13.3 pains par mois.

En dix ans, la consommation annuelle de pain par habitant est passée de 80 à 45 livres, soit une diminution de près de 44%.

Devant cette baisse spectaculaire, le Conseil de la boulangerie du Québec lançait récemment en collaboration avec le ministère de l'Industrie et du Commerce et le ministère des Affaires sociales, sous le thème «Cassez la croûte!», un programme de promotion et d'information dont le but est de refaire l'image du pain et de combattre des préjugés solidement ancrés.»

-2-

Le New York Times, en janvier 1980, se penchait sur l'évolution de la demande de produits alimentaires aux États-Unis. Dans cet article, on citait les chiffres suivants:

Consommation per capita (en livres)

	1969	1979	% de variation
Boeuf et veau	84.7	81.3	− 4.0
Porc	60.6	64.8	+ 6.9
Poisson	11.2	13.7	+ 22.0
Volaille	46.7	62.0	+ 32.8
Oeufs	39.3	35.8	− 8.9
Lait et crème	301.0	284.2	− 5.6
Fromage	11.0	18.1	+ 64.5
Graisse et huile	51.9	57.6	+ 11.0
Fruits frais	79.5	83.2	+ 4.7
Légumes frais	98.7	104.5	+ 5.9
Légumes en conserve	53.7	55.0	+ 2.4
Légumes congelés	9.1	11.1	+ 22.0
Farine	112.0	112.0	0
Café	11.9	9.7	−18.5
Sucre	101.0	91.6	− 9.3

ANNEXE B

Illustration de l'effet de diffusion

On trouvera ci-après des chiffres illustrant l'effet de diffusion au Canada dans le domaine de l'équipement ménager.

L'équipement ménager

(en % du total des ménages)

	1974	1982	1989
Chauffage			
Huile	53.5	30.9	17.7
Gaz	35.5	43.1	45.0
Électricité	8.6	21.5	33.2
Autre	2.4	4.5	4.1
Machines à laver automatiques	49.0	66.9	71.0
Autres machines à laver	28.6	10.7	4.0
Sécheuses	48.3	66.3	72.8
Lave-vaisselle	12.6	33.1	42.5
Congélateurs	n.d.	54.3	58.3
Téléphones	95.8	97.9	98.7
Téléviseurs (tout genre)	96.4	98.1	98.7
Couleur	44.5	85.0	96.1
Noir et blanc	73.3	43.0	29.2
Télédistribution	n.d.	59.6	70.8
Magnétoscopes	n.d.	6.4	58.8
Fours micro-ondes	n.d.	10.2	63.4
Appareils de climatisation	7.6	16.2	24.6
Automobiles	78.0	80.2	78.3
Une	56.4	52.4	53.2
Deux ou plus	21.6	27.8	25.1

CHAPITRE 2

LES ÉLASTICITÉS

Dans ce chapitre, on va présenter des outils analytiques extrêmement précieux pour interpréter des changements dans les quantités demandées ou des changements dans la demande. Ce sont respectivement l'élasticité-prix, l'élasticité croisée et l'élasticité-revenu.

2.1 L'ÉLASTICITÉ-PRIX

On a établi au chapitre précédent que pour toute demande, demande à la firme ou demande globale, s'appliquait ce qu'on a appelé la «loi de la demande», à savoir que lorsque le prix augmente, toutes choses étant égales par ailleurs, la quantité demandée diminue et vice-versa.

Or, s'il est intéressant de connaître le sens dans lequel s'effectue le changement dans la quantité demandée, tout aussi important (et même sans doute plus important) est de savoir si la réaction au changement de prix sera forte ou faible. Il importe en effet de connaître ou d'anticiper les réajustements qui risquent de se produire du seul fait du changement dans le prix.

L'amplitude de la variation dans la quantité demandée va dépendre au fond de la forme de la courbe de demande et de la position initiale sur cette courbe de demande. Suivant la forme de la courbe ou la position sur cette courbe, une même variation dans le prix va se traduire par des réactions plus ou moins fortes; on dira alors que la **sensibilité** de la demande aux variations de prix sera différente.

L'outil privilégié qui va nous permettre de mesurer cette sensibilité de la quantité demandée par rapport au prix est l'**élasticité** prix directe (ou tout simplement élasticité-prix).

Par définition, l'élasticité-prix de la demande d'un bien est la mesure de la sensibilité des variations **relatives** de la quantité demandée aux variations **relatives** du prix. Comme première approche, on pourra donc écrire que l'élasticité-prix, E_p, est égale à:

$$E_p = \frac{\% \text{ variation de la quantité}}{\% \text{ variation du prix}} \quad \text{ou}$$

$$E_p = \frac{\% \, \Delta Q}{\% \, \Delta P}$$

Donnons-nous deux exemples pour nous assurer que le concept est bien saisi. Prenons deux biens A et B dont les élasticités-prix sont respectivement –3 et –0.5.

Cela veut dire que si le prix de A augmente de 1% (toutes choses étant égales par ailleurs), la quantité demandée de A va diminuer de 3%. On aurait pu également dire que si le prix de A diminue de 1%, la quantité demandée de A va augmenter de 3%.

De la même façon, on pourra interpréter l'élasticité-prix de B qui est égale à –0.5 en disant que si le prix de B augmente de 2%, la quantité demandée va diminuer de 1% ou en disant que si le prix de B diminue de 4%, la quantité demandée va augmenter de 2%.

Ainsi, on peut conclure que le bien A est beaucoup plus sensible aux variations de prix que le bien B. Ceci est immédiat si l'on constate que l'élasticité-prix **en valeur absolue** du bien A est plus grande que celle du bien B.

Pour des raisons que l'on verra par ailleurs, il est important de savoir si la quantité varie plus que proportionnellement ou moins que proportionnellement que le prix, donc de savoir si l'élasticité-prix en valeur absolue est plus grande ou inférieure à un. Dès lors, on pourra caractériser les biens en fonction de la valeur de l'élasticité de la façon suivante:

$E_p = 0$ le bien est insensible aux variations de prix

$|E_p| < 1$ la demande est **relativement** inélastique

$|E_p| > 1$ la demande est **relativement** élastique

2.1.1 Quelques valeurs d'élasticité-prix

L'une des difficultés essentielles rencontrées quand on veut calculer des élasticités-prix tient au fait qu'il est nécessaire d'isoler parfaitement d'un côté l'impact du prix et de l'autre l'impact des autres variables qui peuvent simultanément avoir eu une influence sur les quantités demandées d'un bien ou d'un service.

La chose est néanmoins tout à fait possible et on trouve fréquemment dans les études économiques et les études de marché des valeurs d'élasticité-prix dont on peut faire l'interprétation.

Ainsi, A. Van Peeterssen[1] a calculé au début des années 70 un certain nombre d'élasticités-prix pour des produits de consommation au Canada. On trouvera ci-après quelques-unes des valeurs obtenues à l'époque.

Alimentation et boissons non alcooliques	0.43
Boissons alcooliques	0.35
Tabac	0.91
Vêtements pour hommes	0.26
Vêtements pour femmes et enfants	1.01
Chaussures	0.68
Meubles	1.06
Appareils ménagers	1.64
Voitures automobiles	1.38

À titre d'exemple, on peut citer une autre étude présentant des élasticités-prix : il s'agit de celle de W.W. Hogan[2] portant sur l'impact des variations de prix de l'énergie de différents pays. Dans cette étude, il donne les valeurs d'élasticité-prix suivantes pour les États-Unis en 1980.

Électricité	-1.42
Gaz naturel	-1.30
Pétrole lourd	-1.98
Pétrole ''léger''	-1.64

On remarquera au passage que toutes ces élasticités-prix sont de signe négatif.

2.1.2 Propriétés de l'élasticité-prix de la demande

Avant d'énoncer les propriétés de l'élasticité, il serait bon de la présenter sous une autre forme. On a dit que l'élasticité était le rapport des variations relatives des quantités aux variations relatives des prix.

$$E_p = \frac{\% \, \Delta Q}{\% \, \Delta P} = \frac{\% \text{ variation de la quantité}}{\% \text{ variation de prix}}$$

On peut donc écrire de la même façon que :

$$E_p = \frac{\dfrac{\Delta Q}{Q}}{\dfrac{\Delta P}{P}}$$

(1) Van Peeterssen, A. *''Sur les consommations privées canadiennes et québécoises, telles qu'elles apparaissent dans les statistiques''*. HEC-Montréal, juillet 1972.

(2) Hogan, W.W. *''OIP demand and OPEC's Recovery''*. Energy and Environmental Policy Center, Harvard, June 1980.

ou ce qui revient au même:

$$E_p = \frac{\Delta Q}{\Delta P} \cdot \frac{P}{Q}$$

On reconnaît quatre propriétés à l'élasticité-prix:

a) L'élasticité-prix de la demande est de signe **négatif**.

   Cette propriété découle de la loi de la demande. En effet, ainsi que nous l'avons vu, si la variation du prix est positive, la variation dans la quantité demandée sera négative; à l'inverse, une diminution de prix sera accompagnée d'une augmentation de la quantité demandée.

b) La valeur de l'élasticité ne dépend pas de l'unité de mesure retenue.

   Ceci tient au fait que les variations retenues ne sont pas des variations absolues mais des variations relatives (en pourcentage).

c) Les coefficients d'élasticité de divers biens sont comparables.

   Cette propriété découle de la précédente; elle permet donc de classifier des biens en fonction de leur plus ou moins grande sensibilité aux variations de prix.

d) L'élasticité-prix de la demande est une notion ponctuelle, c'est-à-dire que sa valeur est calculée en un point sur la courbe de demande. Dès lors, en règle générale[3], **la valeur de l'élasticité-prix varie continuellement lorsque l'on se déplace sur une courbe de demande**. Il s'ensuit que les interprétations faites grâce à la valeur de l'élasticité sont d'autant plus rigoureuses qu'elles portent sur des variations en pourcentage relativement faibles.

   On démontre (cf. Annexe A) que sur une demande représentée par une droite, le milieu du segment correspond à un point où l'élasticité-prix en valeur absolue est égale à 1. **Au-dessous** de ce point, l'élasticité-prix en valeur absolue est inférieure à 1; elle est supérieure à 1 **au-dessus** de ce point.

---

(3) Il existe en effet quelques exceptions: ce sont les courbes de demande dites isoélastiques. Elles sont représentées par des hyperboles.

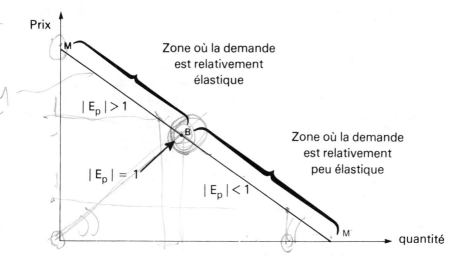

Dans le graphique ci-dessus, la droite de demande MM' se divise en deux zones: une zone où la demande est relativement élastique MB et une zone où la demande est relativement inélastique BM'.

2.1.3 L'élasticité sur un arc

Si l'élasticité a une définition précise (empruntée aux mathématiques), il arrivera que pour le calcul on soit amené à utiliser une **approximation satisfaisante**, qu'on appellera l'élasticité sur un arc.

En effet, comme on l'a dit, l'élasticité est une notion ponctuelle. Cependant, pour la calculer, on dispose souvent de trop peu d'observations pour appliquer strictement la formule présentée précédemment. Bien souvent on ne connaîtra pas la courbe de demande mais seulement deux points de celle-ci.

Il se pose alors un petit dilemme qu'on présentera à l'aide de l'exemple suivant:

Pour un bien donné on sait que si le prix est de 12 la quantité demandée est de 30, et que si le prix est de 10 la quantité demandée est de 40.

	Prix	Quantité
Observation A	12	30
Observation B	10	40

On peut utiliser ces informations pour calculer l'élasticité de la demande du bien considéré. Mais laquelle des deux formules suivantes faut-il utiliser?

$$(1) \qquad E_p = \frac{\dfrac{Q_B - Q_A}{Q_A}}{\dfrac{P_B - P_A}{P_A}} \qquad \text{ou} \qquad E_p = \frac{\dfrac{Q_A - Q_B}{Q_B}}{\dfrac{P_A - P_B}{P_B}}$$

Selon la première formule on obtient une élasticité-prix de -2. Avec la seconde, une élasticité de -1.25. Cette différence n'est pas surprenante puisque, comme nous l'avons dit, l'élasticité est une notion ponctuelle et qu'ici elle est calculée en deux points différents.

On conviendra néanmoins qu'il est difficile d'utiliser ainsi deux valeurs différentes. La solution de ce petit dilemme consistera à calculer l'élasticité au milieu du segment qui joindrait les points A ($P_A = 12$, $Q_A = 30$) et B ($P_B = 10$, $Q_B = 40$).

On calcule donc **l'élasticité sur l'arc** AB à l'aide de la formule suivante:

$$E_{\widehat{AB}} = \frac{\dfrac{\Delta Q}{\dfrac{Q_A + Q_B}{2}}}{\dfrac{\Delta P}{\dfrac{P_A + P_B}{2}}} \quad \text{ou simplement:} \quad \boxed{E_{\widehat{AB}} = \frac{\Delta Q}{\Delta P} \cdot \frac{P_A + P_B}{Q_A + Q_B}}$$

Dans l'exemple précédent, **l'élasticité sur l'arc** AB (ou l'élasticité entre A et B) est égale à:

$$\frac{40 - 30}{10 - 12} \cdot \frac{12 + 10}{30 + 40} = -1.57$$

Cette formule (qui est une approximation acceptable) sera celle à utiliser chaque fois que l'on ne disposera que de deux observations.

2.2 DEUX AUTRES ÉLASTICITÉS

2.2.1 L'élasticité croisée

L'élasticité croisée, en revanche, mesure la sensibilité des variations mesure la sensibilité des variations relatives de la quantité d'un bien par rapport aux variations relatives du prix de ce bien.

L'élasticité croisée, en revanche, mesure la sensibilité des variations relatives des quantités demandées d'un bien quand le prix d'un **autre bien** varie, toutes choses étant égales par ailleurs.

Soit deux biens X et Y dont les prix sont P_x et P_y. Comme première approche, on écrira:

$$E_c = \frac{\% \Delta Q_x}{\% \Delta P_y}$$

ou:

$$E_c = \frac{\Delta Q_x}{\Delta P_y} \cdot \frac{P_y}{Q_x}$$

Ainsi, si l'élasticité croisée de X par rapport à Y est égale à + 2, cela veut dire qu'une augmentation de 1% dans le prix de Y se traduit par une augmentation de 2% dans la quantité de bien X.

Ce qui importera ici, c'est de connaître le signe de E_c.

> Si E_c est positive, les biens X et Y sont **substituables**
> Si E_c est négative, les biens X et Y sont **complémentaires**
> Si E_c est nulle, les biens X et Y sont **indépendants**

Ici à nouveau on sera amené à employer la formule d'élasticité sur un arc quand on ne dispose que de deux observations utilisables.

	Prix de X	Prix de Y	Quantité de X
Observation 1	P_x	P_y^1	Q_x^1
Observation 2	P_x	P_y^2	Q_x^2

L'élasticité croisée sera égale à:

$$E_c = \frac{\Delta Q_x}{\Delta P_y} \cdot \frac{(P_y^1 + P_y^2)}{(Q_x^1 + Q_x^2)}$$

2.2.2 L'élasticité-revenu

L'élasticité-prix (directe) mesure la sensibilité de la variation de la quantité d'un bien lorsque le seul élément qui change est le prix de ce bien. L'élasticité-croisée mesure cette même sensibilité lorsque le seul facteur variable est le prix d'un autre bien. L'élasticité-revenu sera donc la mesure de la sensibilité de la quantité demandée d'un bien lorsque le seul élément qui varie est le revenu (le pouvoir d'achat).

Ainsi, on écrira que l'élasticité-revenu E_R d'un bien est égale à:

$$E_R = \frac{\% \text{ variation de la quantité demandée}}{\% \text{ variation du revenu}}$$

ou:

$$E_R = \frac{\%\Delta Q}{\%\Delta R} = \frac{\Delta Q}{\Delta R} \cdot \frac{R}{Q}$$

Ainsi, si l'on dit que l'élasticité-revenu pour la viande de boeuf est de 0.8 au Canada, cela veut dire qu'en cas d'augmentation de 1% du revenu (du pouvoir d'achat) des Canadiens, la quantité demandée va augmenter de 0.8%, en faisant l'hypothèse qu'aucune autre variable n'entre en ligne de compte.

Il est clair que tous les produits consommés n'ont pas la même sensibilité par rapport au revenu. Ainsi, des biens de première nécessité ou l'alimentation ne sont que peu affectés par des changements dans le pouvoir d'achat. On comprendra qu'au contraire des demandes telles que celles du tourisme et voyages à l'étranger sont très affectées par des variations dans le revenu.

Ainsi, on peut affirmer que **plus un bien est un bien de nécessité et plus son élasticité-revenu est faible** et qu'au contraire **plus un bien (ou un service) est un bien de luxe et plus son élasticité-revenu est forte.**

On notera enfin que comme pour les deux élasticités précédentes, lorsque l'on ne dispose que de deux observations, on utilisera la formule suivante :

$$E_R = \frac{\Delta Q}{\Delta R} \cdot \frac{(R_1 + R_2)}{(Q_1 + Q_2)}$$

2.2.3 Quelques exemples d'élasticité-revenu

On trouvera ci-après, à titre indicatif, les valeurs d'élasticité-revenu calculées pour le Canada dans l'étude de Van Peeterssen à laquelle nous avons déjà fait référence.

Alimentation et boissons non alcooliques	.40
Boissons alcooliques	.96
Vêtements pour hommes	.77
Vêtements pour femmes et enfants	1.04
Chaussures	.82
Loyers	.47
Appareils ménagers	.99
Ameublement, tapis	1.20
Automobile	1.51
Téléphone, télégramme	1.44
Livres, journaux, revues	.78
Enseignement	2.03
Restaurants, hôtels	1.19

On comprendra aisément que les élasticités-revenus peuvent **changer dans le temps** et varier d'un pays à un autre en fonction des habitudes de consommation.

ANNEXE A

Calcul de l'élasticité-prix de la demande

Supposons une fonction de demande qui, pour simplifier, sera représentée par une droite qu'on prolonge de façon telle qu'elle coupe les axes en M et M'.

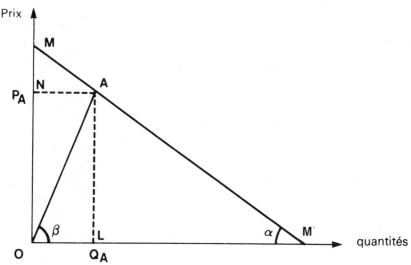

Pour le prix P_A, la quantité demandée est Q_A.

Peut-on calculer simplement la valeur de l'élasticité au point A?

Repérons tout d'abord l'angle MAN. Cet angle, qui est égal à la pente de la droite (c'est-à-dire α), est par définition égal au rapport de l'accroissement de P sur l'accroissement de Q (cf.: rappel mathématique). La demande étant ici une droite, cette mesure de α sera toujours constante et on peut écrire:

$$tg\alpha = \frac{\Delta P}{\Delta Q}$$

À partir de l'origine des axes, traçons la droite OA. Cette droite détermine avec l'axe horizontal l'angle β. Mesurons cet angle β. Pour ce faire, on écrira:

$$tg\beta = \frac{\text{Côté opposé}}{\text{Côté adjacent}} = \frac{P_A}{Q_A}$$

Formons le rapport $tg\beta/tg\alpha$

$$\frac{tg\beta}{tg\alpha} = \frac{P_A}{Q_A} \cdot \frac{\Delta Q}{\Delta P}$$

d'où:

$$\frac{tg\beta}{tg\alpha} = E_p$$

Ce résultat extrêmement simple va nous permettre de repérer différentes zones sur la courbe de demande, déterminées en fonction de la valeur de l'élasticité.

Remarquons qu'au point A, l'angle β est plus grand que l'angle α. Donc, tgβ est plus grand que tgα. D'où $\dfrac{\text{tg}\beta}{\text{tg}\alpha}$ est plus grand que 1.

Et ainsi au point A, l'élasticité de la demande est **en valeur absolue** supérieure à 1.

Imaginons maintenant un point (B) tel que l'angle α soit juste égal à l'angle β.

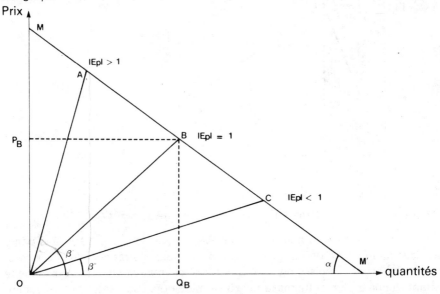

Dans ce cas, l'élasticité-prix en valeur absolue est égale à 1. Il est intéressant de noter que le point B se trouve être au milieu du segment MM' (ceci peut être montré simplement en remarquant que BM' = OB et OB = BM dans des triangles isocèles).

En un point tel que le point C, l'élasticité-prix de la demande est, en valeur absolue, inférieure à 1 car alors l'angle β est inférieur à l'angle α.

Ainsi, le point B, milieu du segment MM', délimite **deux zones**: si le prix est supérieur à P_B (ou la quantité plus petite que Q_B), alors l'élasticité-prix de la demande, en valeur absolue, sera plus grande que 1; en revanche, si le prix est inférieur à P_B (ou la quantité supérieure à Q_B), l'élasticité-prix en valeur absolue sera inférieure à 1. On verra qu'en termes de politique de prix les décisions d'un vendeur sont totalement opposées suivant que l'on se trouve dans l'une ou l'autre zone.

ANNEXE B

Utilisation et interprétation de l'élasticité

-1-

Un groupe d'étudiants vient d'écrire au ministère des Affaires culturelles pour dénoncer le scandale suivant : le monde ordinaire et les jeunes n'ont pas accès à la culture. En voici la preuve : le prix des places de l'Orchestre symphonique de Montréal est si élevé ($15 à $40), que seuls les ''bourgeois'' peuvent y assister. Il suffit pour s'en convaincre de constater que la clientèle de l'OSM est assez âgée et que les segments de la population les plus riches y sont plus que proportionnellement représentés. Ces étudiants, ayant fait des études en économie, prétendent donc que l'élasticité-revenu pour ce genre de spectacle est assez élevée. Mais là où le scandale rejoint l'ignominie, c'est que l'OSM est subventionné. Ainsi, les plus riches bénéficient des subventions de l'État. Ce groupe d'étudiants demande et exige que le ministère réduise drastiquement les prix de façon telle que le peuple puisse bénéficier de la culture : ils avancent en effet que l'élasticité-prix pour ce genre de spectacle est assez élevée.

Le ministre, fort occupé, vous demande de lui écrire une petite note pour préparer une réponse adéquate. Esthète et cultivé, le ministre a bénéficié de la plus belle des formations. Hélas, il vous confesse avec modestie qu'il n'entend rien à l'élasticité. Il aimerait donc que vous lui expliquiez dans un langage abordable pour un ministre de la Culture ce qu'est cette notion. Il aimerait aussi que vous l'aidiez à réfuter à l'aide de cette notion et d'autres arguments de votre cru, certains des éléments avancés par ces étudiants contestataires.

Au moment où le ministre est entré dans votre bureau, vous pensiez justement à votre fils qui vous a demandé $25 pour aller écouter un groupe rock au Forum et qui n'a pu avoir une place, tout ayant été vendu.

-2-

On constate qu'au Canada comme au Québec, l'élasticité-prix (en valeur absolue) des vêtements pour femmes est plus importante que l'élasticité-prix (en valeur absolue) de la demande des vêtements pour hommes. De plus, on constate que l'élasticité-revenu des vêtements pour femmes est également plus élevée que l'élasticité-revenu des vêtements pour hommes. Faites un bref commentaire de ces données. Quelles applications pratiques peut-on tirer de cette information ?

-3-

À la fin de l'année 1991, les effets de la récession économique commençaient à se faire sentir. Comme chaque année, les artisans de la province présentèrent leur production annuelle au Salon des métiers d'art. En règle générale, leurs ventes furent sensiblement inférieures à celles des années précédentes. Ces informations vous permettent-elles d'avoir une idée de la valeur de l'élasticité-revenu pour les produits mis en vente par les artisans. Expliquez.

La Commission de surveillance du prix des produits alimentaires (Commission Plumptre) publiait en juin 1974 un rapport sur le prix du boeuf et du porc au Canada. À la page 19 de ce rapport, on pouvait lire ce qui suit:

Une analyse statistique a pu montrer que:

''... 1. À prix constants, de 1961 à 1972, les consommateurs canadiens auraient accru leur consommation individuelle de boeuf selon un taux annuel légèrement supérieur à 3 livres par personne. Il s'agit là de l'influence de la tendance liée au revenu, indépendamment de toute variation des prix qui, au cours d'une année donnée, aurait accéléré ou compensé cette tendance.

2. Compte tenu de la tendance, chaque fois que le prix du boeuf change de 1 %, la consommation par habitant tend à varier d'environ 0.4 livre dans la direction opposée. En d'autres termes, il faudrait que le prix du boeuf augmente de 10 % (par rapport au prix des autres viandes) pour que la consommation par habitant baisse d'environ 4 livres (indépendamment de l'influence de la tendance liée au revenu).

3. Une modification de 1 % du prix des autres viandes (porc et volaille) modifierait la consommation de boeuf par habitant d'environ 0.2 livre dans la même direction. En d'autres termes, si le prix du boeuf ne change pas, et compte tenu de la tendance à la hausse liée aux revenus, une augmentation de 10 % du prix du porc et de la volaille tendrait à faire croître de 2 livres la consommation de boeuf par habitant...''.

QUESTIONS:

1° Rappelez la définition de l'élasticité-prix directe et de l'élasticité croisée.

Vous semble-t-il que les valeurs trouvées par la Commission sont compatibles avec ce que vous savez sur les signes des élasticités? Expliquez.

2° En 1973, le prix à la consommation pour la viande de boeuf a augmenté de 20.8 %. Dans le même temps, le prix à la consommation du porc et de la volaille a augmenté de 28 %.

Considérant ces données et le texte précédent, pouvez-vous donner une explication chiffrée, du fait qu'en 1973 la consommation de viande de boeuf n'a pas été affectée par la hausse du prix de 28 %. On supposera qu'en 1973, l'impact de la variation de revenu a été le même que pour la période 1961-1972.

38

ANNEXE C

Exercices d'application

- 1 -

Dans le tableau 1, ci-après, on a résumé la demande globale pour un produit. Chaque couple prix-quantité sera représenté sur un graphique par une lettre désignée dans la troisième ligne du tableau.

Prix	45	40	35	30	25	20	15
Quantités	5	10	15	20	25	30	35
Notation	A	B	C	D	E	F	G

1° Faites une représentation graphique de la demande globale décrite dans le tableau 1.

2° Calculez l'élasticité-prix lorsque l'on passe du point A au point B.

3° Calculez l'élasticité-prix lorsque l'on passe du point B au point A.

4° Calculez l'élasticité-prix sur l'arc AB. Comparez la valeur ainsi obtenue avec les valeurs trouvées précédemment.

5° Calculez les élasticités-prix sur les arcs BC, DE et FG. Que peut-on conclure sur l'élasticité?

Soit une nouvelle demande résumée dans le tableau 2.

Prix	50	40	30	20	15	10
Quantités	15	20	25	30	32.5	35
Notation	Z	Y	X	F	W	V

6° Faites la représentation graphique de cette nouvelle demande sur le même graphique que précédemment.

7° Après avoir constaté que les deux demandes se coupent au point F (prix = 20, quantité = 30), calculez l'élasticité-prix de la seconde demande sur l'arc FW.

Comparez la valeur obtenue avec celle calculée à la question 5 pour l'arc FG.

- 2 -

On a pu effectuer à six moments différents, relativement rapprochés, les observations suivantes sur les prix de deux biens X et Y, sur les quantités de biens X demandées et sur le revenu disponible d'un consommateur.

Observation	Quantité de X	Prix de X	Prix de Y	Revenu disponible
N° 1	14	14	10	8,000
N° 2	14	15	12	8,500
N° 3	16	14	12	8,000
N° 4	12	18	12	8,500
N° 5	14	20	12	9,000
N° 6	16	20	12	9,500

On demande de calculer l'élasticité-prix directe, l'élasticité croisée et l'élasticité-revenu du bien X.

N.B.: On **suppose** que les préférences du consommateur ne varient pas sur toute la période d'observation et que cette préférence est la même pour chaque acheteur observé.

Exercice 3

L'entreprise Beaubien de Québec s'est spécialisée dans la fabrication de petits réfrigérateurs. La demande pour son produit unique est donnée par la relation:

$$Q = 500 - 10P + \frac{1}{100} A + \frac{1}{3} Y$$

où Q est la quantité de réfrigérateurs
  P est le prix de vente
  A est le volume de publicité (exprimé en $)
et Y le revenu moyen des ménages au Québec.

1° Le revenu moyen des ménages au Québec est de $13,500 et Beaubien dépense $100,000 en publicité. Quelle est la fonction de demande à la firme?

2° Quelle sera alors la quantité demandée pour un prix de $200? Faites une représentation graphique.

3° Si le prix passe à $250, quelle est la quantité demandée. Reportez ce résultat sur le graphique précédent.

4° En comparant le pourcentage de variation de prix et le pourcentage de variation de la quantité, que pouvez-vous dire de l'élasticité-prix entre $200 et $250?

CHAPITRE 3

LA DEMANDE À LA FIRME

ET LES RECETTES

Dans ce chapitre, on va s'intéresser aux rentrées monétaires de l'entreprise et aux instruments d'analyse que l'on utilise pour les mesurer: les recettes. À titre d'introduction à ces nouveaux concepts (et pour faire la liaison avec le chapitre précédent), on montrera tout d'abord combien les rentrées monétaires sont affectées par des changements de prix et quel est le rôle joué dans cette perspective par l'élasticité-prix.

3.1 ÉLASTICITÉ, CHANGEMENT DE PRIX ET RECETTE TOTALE

Savoir que l'élasticité-prix de la demande à la firme est, en valeur absolue, supérieure, égale ou inférieure à 1 permet de prévoir l'impact d'un changement de prix sur les rentrées monétaires (recette totale) d'un vendeur. On verra dans les deux cas envisagés ci-dessous qu'une même politique (une baisse de prix) entraîne des conséquences opposées du fait de valeurs différentes de l'élasticité-prix.

3.1.1 Changement de prix dans la zone où la demande est relativement élastique

On se situe tout d'abord dans la zone où l'élasticité-prix, en valeur absolue, est supérieure à 1. Supposons initialement que le prix est P_1 et que la quantité demandée (ou vendue) est de Q_1. La surface du rectangle OP_1AQ_1 est l'image de la recette totale de l'entreprise (c'est bien le produit du prix P_1 par la quantité Q_1).

GRAPHIQUE 1 : Recette et changement de prix (1ᵉʳ cas)

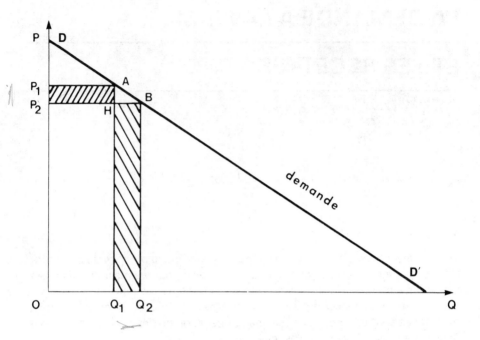

Imaginons que l'entreprise décide de baisser son prix de telle façon que le nouveau prix soit P_2. La quantité demandée est alors de Q_2. La surface du rectangle OP_2BQ_2 est l'image de la nouvelle recette totale.

La surface OP_2BQ_2 est plus grande que la surface OP_1AQ_1. En effet, la surface du rectangle HBQ_2Q_1 est plus grande que la surface du rectangle HAP_1P_2. Chacun de ces deux derniers rectangles représente respectivement ce qui a été gagné en termes de revenu grâce à l'augmentation des quantités vendues, et ce qui a été perdu en termes de revenu à cause de la baisse de prix. Tant et aussi longtemps que ce que l'on gagne en termes de quantité est supérieur à ce que l'on perd en termes de prix, la recette totale va augmenter.

3.1.2 Changement de prix dans la zone où la demande est relativement inélastique

Imaginons maintenant que nous sommes dans la zone où la demande est relativement inélastique (graphique 2). Partant à nouveau d'un prix P_1, on suppose que la firme décide de baisser son prix à P_2.

GRAPHIQUE 2: Recette et changement de prix (2ᵉ cas)

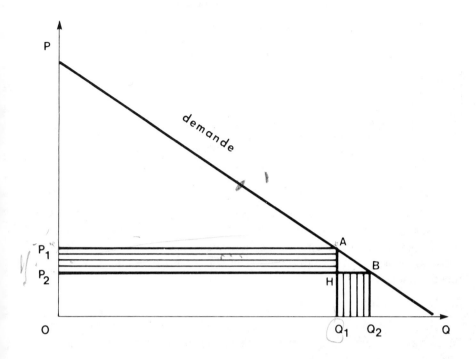

On constate qu'alors la recette totale a diminué en passant de A à B. En effet, la surface du rectangle $OP_2 BQ_2$ est inférieure à la surface du rectangle $OP_1 AQ_1$, puisque la surface $HAP_1 P_2$ est supérieure à la surface $HBQ_2 Q_1$. Ici ce que l'on gagne en termes de quantité est inférieur à ce que l'on perd en termes de prix.

3.1.3 Récapitulation

Entre les deux cas illustrés ci-dessus, il existe une situation où suite à la baisse de prix, ce que l'on gagne en termes de quantité est juste compensé par ce que l'on perd en termes de prix. Cette situation particulière est atteinte quand on est au milieu de la droite de la demande, c'est-à-dire quand l'élasticité-prix en valeur absolue est égale à 1.

Pour mettre en évidence l'importance de l'élasticité en cas de changement de prix, on a illustré ci-dessus des situations de baisse de prix. Un raisonnement similaire peut s'appliquer en cas d'augmentation de prix. On a résumé ci-après les différentes incidences de variation de prix.

Augmentation du prix

Si $|E| > 1$ Ceci se traduit par une diminution de la recette totale.

Si $|E| = 1$ Pas de changement dans la recette totale.

Si $|E| < 1$ Augmentation de la recette totale.

Diminution du prix

Si $|E| > 1$ Ceci se traduit par une augmentation de la recette totale.

Si $|E| = 1$ Pas de changement dans la recette totale.

Si $|E| < 1$ Diminution de la recette totale.

3.2 LES RECETTES

Pour parler des rentrées monétaires de l'entreprise, on a utilisé dans ce qui précède la notion de recette totale. Il y a lieu maintenant d'être un peu plus précis et de voir comment l'analyse économique emploie ce concept. En fait, trois mesures de la recette sont utilisées: la recette totale, la recette moyenne et la recette marginale.

3.2.1 Définitions

La **recette totale** (RT) est une fonction des quantités: elle mesure l'évolution des rentrées monétaires. Elle est égale par définition au produit du prix par les quantités.

$$RT = f(Q) = P \cdot Q$$

La **recette moyenne** (RM) est une fonction des quantités: elle repère quelle est en moyenne la contribution de chaque unité vendue. C'est le quotient de la recette totale par les quantités.

$$RM = f(Q) = \frac{RT}{Q} = \frac{P \cdot Q}{Q} = P$$

La recette moyenne est donc **toujours égale au prix.**

La **recette marginale** (Rm) est une fonction des quantités. Elle décrit l'évolution de la **contribution additionnelle à la recette totale.** Elle est égale au rapport de la variation de la recette totale sur la variation de la quantité.

$$Rm = f(Q) = \frac{\Delta RT}{\Delta Q}$$

On pourra assimiler la recette marginale à la variation de la recette totale liée à la vente d'une unité supplémentaire.

3.2.2 Un exemple

Soit une entreprise dont on connaît deux points de la courbe de demande.

Si son prix est de $10, elle vend 100 unités ($P_1 = 10$, $Q_1 = 100$)

Si son prix est de $9.50, elle vend 110 unités ($P_2 = 9.5$, $Q_2 = 110$)

La recette totale est de $1,000 dans le premier cas et de $1,045 dans le second. La recette moyenne vaut respectivement $10 et $9.50. Si l'on passe de P_1 à P_2, la variation de la recette totale est de $45 et la recette marginale est de $4.50 [1].

3.3 RECETTE MOYENNE, RECETTE MARGINALE ET DEMANDE À LA FIRME

3.3.1 Recette moyenne et demande à la firme

Dans le premier chapitre, on a défini la demande à la firme comme étant une liaison fonctionnelle entre des prix et des quantités. On vient d'établir au paragraphe précédent que la recette moyenne est également une fonction des quantités et qu'elle est toujours égale au prix. Il s'ensuit que:

> Graphiquement, la recette moyenne est toujours confondue avec la demande à la firme.

En reprenant l'exemple précédent, P_1 et Q_1 déterminent un point sur la courbe de demande. En associant RM_1 et Q_1, on aurait un point de la recette moyenne. Mais puisque RM_1 est égal à P_1, les deux points sont confondus; et cela est vrai quelle que soit la quantité envisagée.

3.3.2 Recette moyenne et recette marginale

Pour établir la relation entre la recette moyenne et la recette marginale, il faut considérer deux cas: le cas où le prix est constant (indépendamment des quantités) et le cas où le prix varie en fonction des quantités.

a) Le prix est constant (indépendamment des quantités)

On se trouve ici dans une situation où le prix de vente (P_o) ne dépend pas de la quantité demandée. Le prix est pris par la firme comme une donnée.

---

(1) Ce chiffre de $4.50 doit être interprété de la façon suivante: quand on passe de 100 unités à 110 unités, les dix unités supplémentaires apportent chacune une contribution de $4.50 à la recette totale. La contribution additionnelle est inférieure au prix de vente, car si l'on vend 10 unités de plus, il faut bien comprendre qu'on a dû renoncer à $0.50 par unité pour les 100 premières.

Ainsi, quelle que soit la quantité, la recette moyenne va toujours être égale à P_o. La représentation graphique de la recette moyenne sera donc une droite horizontale.

Par ailleurs, chaque unité additionnelle vendue contribue pour P_o à la recette totale. Et la vente d'une unité supplémentaire n'affecte pas le prix. Dès lors, la recette marginale est toujours égale à P_o. Ainsi, **si le prix est constant, la recette moyenne et la recette marginale sont confondues**: elles sont représentées par une droite horizontale (graphique 3)[2].

GRAPHIQUE 3: **Recette moyenne et recette marginale**

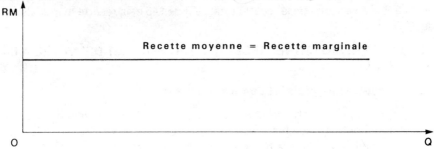

b) Le prix varie avec la quantité

On se situe maintenant dans une situation où la demande à la firme est **décroissante**, c'est-à-dire que le prix varie avec la quantité (ou, si l'on préfère, où la quantité vendue dépend du prix).

GRAPHIQUE 4: **La recette marginale est inférieure au prix**

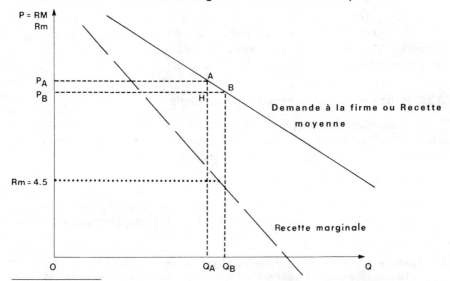

(2) Si le prix est constant, la recette totale augmente proportionnellement aux quantités, et la recette totale est représentée par une droite croissante passant par l'origine et dont la pente est égale au prix.

46

Dans ce cas, la **recette marginale n'est pas confondue avec la recette moyenne** et elle est toujours inférieure au prix.

Pour s'en convaincre, on consultera le graphique 4. Donnons-nous deux points sur la demande, A et B. Ils sont respectivement les images de deux couples: $P_A = \$10$, $Q_A = 10$, $P_B = \$9.5$ et $Q_B = 11$. Lorsque l'on passe de Q_A à Q_B, la recette totale passe de $\$100$ à $\$104.50$. Ainsi la recette marginale est égale à:

$$Rm = \frac{104.5 - 100}{11 - 10} = \$4.5$$

Cette valeur de la recette marginale qui est positive (puisque la recette totale augmente) est bien inférieure au prix de vente.

Il peut arriver que la recette marginale soit négative. Ce sera le cas si l'on augmente les quantités vendues dans la zone où l'élasticité-prix en valeur absolue est inférieure à 1. Si on se reporte au tableau récapitulatif en 3.1.3, on voit que si le prix diminue (donc si la quantité augmente) quand $|E|$ est inférieure à 1, alors la recette totale diminue. C'est donc que la recette additionnelle est négative.

En fait, on peut démontrer que si **la recette moyenne est une droite, la recette marginale est également une droite ayant même ordonnée à l'origine et dont la pente est double.**

GRAPHIQUE 5:   Recettes et élasticités

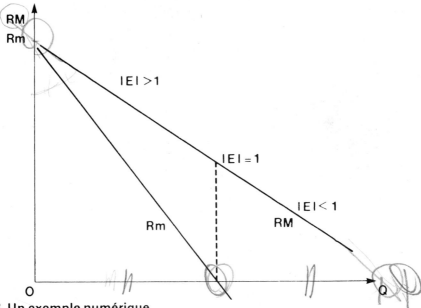

3.3.3 Un exemple numérique

Le tableau 1 ci-après décrit la demande à une firme.

TABLEAU 1 : Demande à la firme

P	320	300	280	260	240	220	200	180	160
Q	160	200	240	280	320	360	400	440	480

En appliquant les relations qui viennent d'être présentées, on a pu établir la recette totale (RT), la recette moyenne (RM) et la recette marginale (Rm) de cette entreprise. Elles sont données dans le tableau 2.

TABLEAU 2 : Les recettes

Q	RM	RT		Rm
160	320	51,200		
200	300	60,000	→	220
240	280	67,200	→	180
280	260	72,800	→	140
320	240	76,800	→	100
360	220	79,200	→	60
400	200	80,000	→	20
440	180	79,200	→	−20
480	160	76,800	→	−60

On notera avec soin que les valeurs marginales sont affectées au milieu des segments. Ainsi la recette marginale est de 180 entre 200 et 240.

ANNEXE A

Exemples d'utilisation de l'élasticité

- 1 -

Un importateur québécois a le monopole d'importation et de distribution pour un produit. Suite à l'augmentation des prix mondiaux, il a dû augmenter son prix de vente sur le marché québécois. Ceci s'est traduit par une diminution de son tonnage vendu (il a vendu une quantité plus faible); pourtant son chiffre d'affaires a augmenté. Pouvez-vous en conclure que l'élasticité-prix pour le produit est en valeur absolue plus grande que 1, égale à 1 ou inférieure à 1? Justifiez votre réponse.

- 2 -

Une année de très grande récolte de blé, imaginez que le gouvernement canadien ordonne à tous les producteurs de détruire 10% de leur récolte avant de la mettre sur le marché. Cette mesure, extrêmement impopulaire, pourrait cependant se traduire par une augmentation du revenu des agriculteurs. Pour ceci, il faut qu'une condition, en termes d'élasticité-prix du blé, soit respectée, laquelle? Commentez.

- 3 -

Le mardi 30 août 1977, le journal «Le Devoir» faisait état de mesures présentées la veille au cours d'une conférence de presse à la Maison Blanche par le sous-secrétaire à l'Agriculture des États-Unis: Mr. John White.

L'une de ces mesures était décrite de la façon suivante: «il sera fait obligation aux agriculteurs de laisser en jachère 20 pour cent de leurs terres à blé s'ils veulent bénéficier du système de prix garantis par le gouvernement». D'après l'agence France-Presse, «cette réduction des emblavures vise à ramener la récolte américaine, qui a oscillé entre 55 et 58 millions de tonnes par an au cours des trois dernières années aux alentours de 45 millions».

Si l'on fait l'hypothèse que cette mesure se traduira par une augmentation des prix mondiaux, expliquez en termes d'**élasticité-prix de la demande** pourquoi une telle réduction des emblavures peut se traduire à terme par une augmentation du revenu des agriculteurs américains.

-4-

La Commission de surveillance des prix à la consommation est arrivée à la conclusion qu'au Canada, l'élasticité-prix de la demande de lait est pratiquement nulle. Si l'on veut augmenter la consommation de lait, vous semble-t-il qu'une subvention aux producteurs soit efficace?

Vous êtes vendeur de sacs à main dans un quartier à la mode de Montréal. Par hasard, vous lisez dans une revue spécialisée qu'on a calculé que l'élasticité-prix de la demande de sacs était de −1.7. Toutes choses étant égales par ailleurs, si vous admettez que cette estimation de l'élasticité peut s'appliquer à votre magasin, dans quel sens devez-vous faire varier vos prix pour augmenter votre chiffre d'affaires? Pourquoi?

- 6 -

Une alternative s'offre au gouvernement pour augmenter les revenus des agriculteurs:

a) Soit décréter un prix de soutien, P_1, qui soit plus élevé que le prix du marché, P_o: le gouvernement achète alors l'excédent d'offre de biens agricoles au prix P_1.

b) Soit donner une ristourne sur chaque unité vendue de l'ordre de $(P_1 - P_o)$ et laisser libre cours aux forces du marché.

Laquelle de ces deux méthodes vous semble la plus favorable pour les consommateurs, du moins en termes de leurs dépenses totales sur ces biens? Justifiez.

On notera que la demande des biens agricoles est relativement inélastique et on supposera, pour simplifier, que l'offre de ces biens est parfaitement inélastique (i.e. verticale).

-7-

En février 1977, on pouvait lire l'article suivant dans un journal montréalais. Quels commentaires pourriez-vous en déduire sur l'élasticité-prix de la demande du cinéma au Québec?

''Baisse de popularité du cinéma au Québec

L'assistance a continué de décroître dans les salles de cinéma du Québec au cours des huit premiers mois de 1976. Selon le bureau de la statistique du Québec (BSQ), 11,524,794 entrées ont été enregistrées dans les salles commerciales, de janvier à août 1976, comparativement à 12,159,979 entrées durant la même période en 1975 et 13,088,370 en 1974.

Par ailleurs, les recettes brutes de ces établissements ont augmenté légèrement en 1976, même si la progression a été moins forte que l'année précédente. Pour les huit premiers mois de 1976, elles ont atteint $31,539,657, comparativement à $31,491,513 en 1975 et $28,379,626 en 1974.

La diminution de l'assistance s'est aussi fait sentir dans les cinés-parcs.

Du début de leurs opérations en avril jusqu'au mois d'août 1976 inclusivement, les cinés-parcs ont attiré 1,263,550 spectateurs comparativement à 1,412,711 l'année précédente. Quant aux recettes brutes, elles sont passées de $3,550,102 en 1975 à $3,681,327 en 1976. Au mois d'août 1976, le prix moyen au guichet était de $2.74 dans les salles commerciales et de $2.88 dans les ciné-parcs.''

-8-

Un libraire dont le magasin est situé près de l'Université de Montréal a décidé de changer sa politique de prix et d'axer toute sa stratégie de vente autour de la formule de la librairie discount, formule utilisée dans d'autres grandes villes.

L'idée principale est d'offrir, durant toute l'année, une réduction de 20% sur tous les livres. En fait, en adoptant cette politique, le libraire a fait un véritable pari: il espère voir augmenter son chiffre d'affaires.

Si vous connaissiez l'élasticité-prix de la demande des livres dans cette librairie, pourriez-vous dire si la nouvelle formule de vente choisie permettra d'obtenir les résultats escomptés? Expliquez et discutez. (On peut envisager, pour la discussion, différentes hypothèses et étudier l'impact de la publicité, des effets d'imitation, etc.)

ANNEXE B

Exercices d'application

- 1 -

La demande à la firme ABC pour le produit Z est résumée dans le tableau suivant:

Prix	180	160	140	120	100	80	60	40
Quantité	10	20	30	40	50	60	70	80

1° Calculez la recette totale.

2° Sur un premier graphique, tracez la recette totale.

3° Calculez la recette moyenne.

4° Calculez la recette marginale.

5° Sur un second graphique, représentez la recette moyenne et la recette marginale.

6° Vérifiez que la recette totale passe par un maximum quand la recette marginale est nulle.

7° Vérifiez que lorsque la recette marginale est **négative**, l'élasticité-prix de la demande à la firme est inférieure à 1 en valeur absolue.

-2-

Le directeur des ventes d'une entreprise spécialisée dans l'importation consulte les rapports concernant un nouveau produit mis en vente par sa compagnie. En fonction du prix d'importation, il calcule, a priori, que le produit devrait se vendre entre $92 et $125. Il fait quelques essais de prix avant de prendre une décision finale.

Or, en analysant ses rapports, il constate les faits suivants:

• Lorsqu'il fixe son prix à $106 l'unité, il réalise une recette totale (un chiffre d'affaires) de $99,640. Or, cette recette totale est la même que celle qu'il réalise quand il fixe son prix de vente à $94 l'unité.

• De la même façon, sa recette totale est la même ($99,960, qu'il fixe son prix à $98 ou à $102.

• Enfin, que son prix soit de $95 ou de $105 l'unité, la recette totale résultant de ses ventes est la même ($99,750).

Questions

1° Déterminez les quantités vendues pour les différents niveaux de prix envisagés.

2° Établissez entre $94 et $106 la demande à la firme.

3° Calculez la recette moyenne et la recette totale.

4° Calculez la recette marginale.

5° Expliquez la valeur de la recette marginale lorsque le prix de vente passe de $98 à $102.

CHAPITRE **4**

LA PRODUCTION ET

LA PRODUCTIVITÉ

4.1 INTRODUCTION

Avant qu'un bien ne soit offert sur le marché, il devra être produit. Une foule de décisions dans l'entreprise sont liées à cette production: elles ont trait au choix du lieu de production, des procédés de fabrication ainsi que de l'équipement, à la longueur des courses de production et à la quantité à fabriquer, aux contrôles de qualité, etc. Or, les contraintes techniques, les procédés de fabrication, les conditions effectives de la production sont propres à chaque industrie, à chaque produit, et souvent à chaque entreprise. Est-ce à dire que si l'on veut parler de production, on se doit de décrire les conditions dans lesquelles elle s'exerce pour chaque industrie? Ce serait sans doute fastidieux et peu utile. Aussi, la théorie économique a traditionnellement essayé de trouver quelques outils d'analyse, les plus généraux possible, pour expliquer un certain nombre de problèmes liés au processus de production et qui permettront de comprendre les conséquences que l'activité de fabrication aura sur les comportements de la firme et l'utilisation des ressources dans l'économie. On ne fera ici que présenter les plus simples de ces instruments analytiques, en choisissant ceux qui pourront nous être plus spécifiquement utiles par la suite.

4.1.1 Inputs, outputs et facteurs de production

Si l'on veut donner une vue générale et couvrir le maximum de cas possible, on pourra constater tout d'abord que bien souvent la production équivaut à la **transformation** de certains produits en d'autres produits. On utilise des matières premières et des produits intermédiaires qu'on transforme en produits finis ou semi-finis qui seront vendus à des utilisateurs. Par définition, on appelle **inputs** les produits ou biens qui sont utilisés dans la production, et **outputs** les biens qui résultent de la fabrication. Ainsi, au sens économique, on peut dire que l'analyse de la production c'est l'analyse de la **transformation** d'inputs en outputs.

Par ailleurs, on peut constater que pour fabriquer des produits qui seront vendus sur le marché, on est amené dans la plupart des cas à utiliser des machines et de l'outillage d'une part et de la main-d'oeuvre d'autre part. Pour produire, il faut combiner ces éléments que l'on appelle traditionnellement des **facteurs de production**. On considère en économie deux grandes catégories de facteurs de production: le capital d'une part, le travail d'autre part. Le capital[1], ce sera l'outillage, les machines, les ateliers, les usines, etc.; le travail, ce sera les employés, les ouvriers, les cadres, etc. Ainsi, une autre façon de définir l'analyse de la production en économie, c'est de dire qu'elle s'intéresse à l'analyse de la **combinaison** des facteurs de production. Par exemple, pour la fabrication de vêtements, on peut utiliser des machines très sophistiquées (et chères) et peu de main-d'oeuvre, ou au contraire relativement peu de machines et beaucoup de main-d'oeuvre (relativement bon marché). Dans ce cas précis, l'analyse économique s'intéressera à déterminer quelle est la meilleure combinaison de travail et de capital, et quelles en sont les conséquences.

Dans une économie, il est bon de noter que certaines industries utilisent beaucoup de capital et peu de main-d'oeuvre, et que d'autres utilisent relativement peu de capital par rapport à la main-d'oeuvre: les premières sont dites industries à **forte intensité en capital**; les secondes sont dites industries à **forte intensité en main-d'oeuvre**. Il découle de cette définition que la création d'un emploi coûte beaucoup plus cher dans les industries à forte intensité en capital que dans les industries à forte intensité en main-d'oeuvre.

4.1.2 Fonction de production

Il est toujours possible de dire que la quantité produite d'un bien dépend des quantités de produits intermédiaires et des quantités de facteurs utilisées. Par exemple, la quantité d'imperméables fabriquée par un producteur (Q) dépend de la quantité de textile utilisée (X), du capital disponible (K) et de la main-d'oeuvre employée (L). On peut écrire:

$$Q = f(X, K \text{ et } L)$$

Écrire une telle relation, c'est mettre en évidence les contraintes techniques liant entre eux les inputs, les facteurs de production et l'output. Cette relation porte le nom de **fonction de production**. On définira donc la fonction de production comme la relation entre l'output et tous les inputs (y compris les facteurs de production). Selon les cas à analyser, on se concentrera sur la relation entre l'output et les matières premières, ou entre l'output et les facteurs

---

(1) On fera attention de ne pas confondre la notion de capital en économie avec celle en comptabilité ou en finance. Au sens économique du terme, le capital est composé de l'ensemble des éléments mobiliers ou immobiliers utilisé dans le processus de production. Ainsi un ordinateur, une machine à écrire, une fraiseuse ou un tour sont du capital.

de production[2]. Avant d'illustrer ceci par un exemple, notons que même si l'output est souvent considéré comme un bien, l'analyse peut s'appliquer aussi à la "production" de services. Déterminer quelle est la combinaison optimale entre le nombre de succursales bancaires et le nombre de personnes par succursale est un problème de production du même type que celui consistant à s'interroger sur la combinaison optimale entre la taille d'une firme et le nombre de personnes y travaillant.

4.2 UN EXEMPLE

Pour illustrer que la production est l'analyse de la combinaison d'input pour obtenir un output, on empruntera un exemple à l'industrie pétrolière.

Le transport du pétrole se fait par pipe-lines à l'intérieur desquels le pétrole est compressé pour le faire circuler. Le débit d'un pipe-line est fonction principalement du diamètre du pipe-line et du nombre de chevaux-vapeur utilisés dans les stations de pompage. On notera que lorsque l'on augmente la taille des tuyaux, la masse de pétrole à faire circuler est plus importante, mais les frottements diminuent. Dans le transport du pétrole d'autres éléments rentrent en ligne de compte : ce sont la température et sa densité ou viscosité, tous les pétroles n'étant pas identiques. Cependant, pour les besoins de cet exemple, ne seront retenus que les deux éléments principaux : le diamètre et la puissance des stations de pompage. On écrira que le débit, c'est-à-dire la quantité transportée par unité de temps, Q, est fonction du diamètre des tuyaux D, et de la puissance des stations P.

$$Q = f(D \text{ et } P)$$

Selon la définition présentée précédemment, cette écriture est celle d'une **fonction de production.**

Le graphique 1 décrit les différentes combinaisons de D et de P pour obtenir un certain débit.

---

(2) La distinction entre inputs et facteurs de production n'est pas toujours claire. Par exemple, faut-il considérer l'énergie comme un produit intermédiaire ou comme un facteur de production qui peut être substituable avec le travail ou le capital ? C'est pourquoi on a tendance parfois à traiter les inputs et les facteurs de production en une seule catégorie pour mieux les opposer aux outputs.

GRAPHIQUE 1: Débit par jour d'un pipe-line de 1,000 milles en fonction du diamètre et de la puissance utilisée à l'acheminement du pétrole

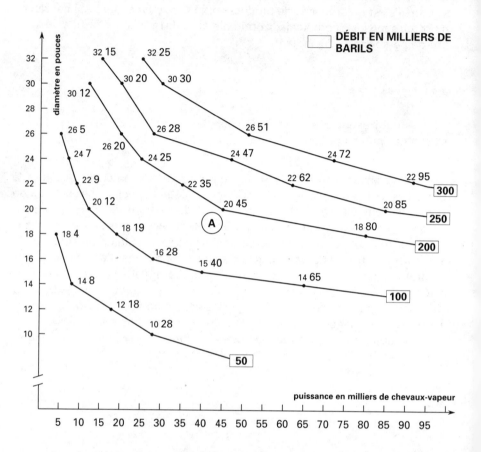

Au point A, la quantité transportée est de 200,000 barils par jour, le tuyau a un diamètre de 20 pouces et 45,000 C.V. sont utilisés.

Les différentes quantités (50, 100, 200, 250, 300) sont des milliers de barils par jour; les tuyaux sont exprimés en pouces et la puissance en milliers de chevaux-vapeur[3].

---

(3) Les chiffres utilisés ici sont des approximations tirées d'un graphique présenté par Leslie Cookenboo jr. dans l'article "Production and cost functions for oil pipelines". In Donald S. Watson **Price Theory in Action.**

Les données correspondent aux données techniques suivantes: le pétrole est acheminé sur une distance de 1,000 milles, avec 5% de variation de terrain (c'est-à-dire que le pipe-line fait 1,050 milles); l'altitude à la source est la même que celle à l'arrivée du pipe-line; viscosité du pétrole 60 S.U.S.

Ainsi, pour transporter 100,000 barils par jour avec un pipe-line de 20 pouces, il faut utiliser 12,000 chevaux-vapeur. 65,000 chevaux-vapeur seraient nécessaires pour transporter la même quantité si le diamètre n'était que de 14 pouces.

Sur le graphique 1, on a joint entre eux les points représentatifs de combinaison de P et de D permettant de transporter une même quantité de pétrole. La courbe ainsi obtenue s'appelle une **courbe d'isoquantité**.

Le graphique met en évidence qu'**au moment où l'on décide de construire le pipe-line,** il y a possibilité de faire des substitutions entre D et P: on peut décider d'avoir des tuyaux plus étroits, mais cela devra être compensé par des installations de compression plus puissantes.

On constate également que lorsque l'on se déplace le long d'une courbe d'isoquantité, la puissance **additionnelle** requise lorsque l'on diminue la taille des tuyaux est sans cesse croissante; l'augmentation des frottements lorsque le diamètre diminue explique ce phénomène.

La lecture du graphique précédent peut fournir d'autres indications. En particulier, on peut déterminer quel est le débit (Q) pour **une taille donnée** de tuyau quand le seul élément qui varie est la puissance du pompage. Les tableaux ci-après résument pour différents diamètres l'évolution des débits en fonction de la seule puissance utilisée.

Tuyau de 18″

Puissance	4	19	80	
Quantité	50	100	200	

Tuyau de 20″

Puissance	12	45	85	
Quantité	100	200	250	

Tuyau de 22″

Puissance	9	35	62	95
Quantité	100	200	250	300

Tuyau de 24″

Puissance	7	25	47	72
Quantité	100	200	250	300

Tuyau de 26″

Puissance	5	20	33	51
Quantité	100	200	250	300

Tuyau de 30″

Puissance	12	20	30	
Quantité	200	250	300	

GRAPHIQUE 2: **Évolution de la production pour différentes tailles du pipe-line lorsque le seul élément qui varie est la puissance des stations de pompage**

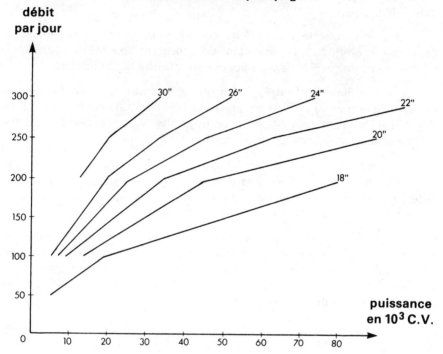

On constate sur ce graphique un phénomène d'une grande importance d'un point de vue analytique: lorsque la taille du pipe-line est donnée, le débit peut augmenter en accroissant la puissance mais il **augmente à un rythme sans cesse décroissant**.

4.3 ANALYSE À COURT TERME ET ANALYSE À LONG TERME

L'exemple précédent a été l'occasion de présenter un certain nombre de concepts de base de l'analyse de la production. On a pu également se rendre compte que cette analyse peut être entreprise lorsqu'un seul facteur varie (graphique 2) ou lorsque plusieurs facteurs varient (graphique 1). Cette double approche correspond à ce qu'on appelle respectivement l'approche à court terme et l'approche à long terme.

Dans l'approche à court terme, on étudie l'évolution d'un phénomène (ici la production) quand un seul facteur varie, toutes choses étant égales par ailleurs.

Dans l'approche à long terme, on étudie l'évolution d'un phénomène (ici la production) quand on envisage la variation de plusieurs facteurs.

On comprendra dès lors que lorsqu'on parle ici de long terme et de court terme, il ne s'agit pas de temps chronologique, mais plutôt de ce qu'on appelle du temps opératoire. À court terme, on a un type d'installation pour la production. L'optique du long terme est plutôt celui de la planification, lorsque l'on envisage plusieurs installations.

Pour revenir à l'exemple précédent, si le pipe-line est construit et que le seul élément sur lequel on peut jouer est la puissance des stations de pompage, on est dans le court terme. Si, au contraire, on est en train de faire une étude pour choisir quelle sera la meilleure combinaison taille — puissance dans le but de construire le pipe-line, on fait de l'analyse à long terme.

4.4 LES CONCEPTS DE PRODUCTIVITÉ DANS LE CADRE DE L'ANALYSE À COURT TERME

4.4.1 Définitions

Il faut maintenant s'éloigner quelque peu de l'exemple qui vient d'être utilisé et être plus général. On le fera en définissant les trois instruments utilisés dans le cadre de l'analyse à court terme de la production: ce sont la productivité totale, la productivité moyenne et la productivité marginale[4].

Considérons une fonction de production de la forme générale $Q = f(K, L)$. Supposons que le facteur K soit fixe (ce qui nous situe dans le cadre de l'analyse à court terme). Par définition, on dira que la **productivité totale** du facteur variable L (c'est-à-dire PT_L) est une fonction qui décrit l'évolution de la production lorsque le seul facteur L varie. C'est une fonction de L.

La **productivité moyenne** de L est une fonction de L. Elle décrit la contribution moyenne de chaque unité du facteur variable L à la production. Par définition, elle est donc égale au rapport de la productivité totale sur la quantité de facteur utilisée.

$$PM_L = f(L) = \frac{PT_L}{L}$$

La **productivité marginale** du facteur L est une fonction de L. Elle décrit la contribution additionnelle à la production de chaque unité de facteur. Elle est égale au rapport de l'accroissement de la production totale sur l'accroissement de la quantité de facteur variable.

$$Pm_L = f(L) = \frac{\Delta PT_L}{\Delta L}$$

---

(4) On est invité ici à faire le rapprochement avec ce qui a été dit au chapitre 3, à propos des trois fonctions de recette totale, recette moyenne et recette marginale.

On notera que les productivités sont mesurées en termes **physiques** (en quantité, en volume, etc.) et non pas en termes monétaires (en dollar).

4.4.2 Un exemple numérique

À titre d'illustration, supposons que sur un chantier de construction des matériaux doivent être évacués. Pour ce faire, on dispose d'une flotte de camions et l'on peut louer des bulldozers. La quantité transportée va dépendre du nombre de camions et du nombre de bulldozers. Supposons que le nombre de camions ne peut varier mais qu'il est possible de louer de 1 à 4 bulldozers. Le facteur camion est le facteur fixe, le facteur bulldozer est le facteur variable. La quantité transportée va dépendre dès lors du nombre de bulldozers loués. Le tableau ci-après décrit cette relation.

Quantité transportée: Q	2,500	4,500	5,800	7,000
Nombre de bulldozers: L	1	2	3	4

À partir de ces données, on peut calculer les trois productivités.

Bulldozers (L):	1	2	3	4
Productivité totale:	2,500	4,500	5,800	7,000
Productivité moyenne:	2,500	2,250	1,933	1,750

Bulldozers (L):	1er	2^e	3^e	4^e
Productivité marginale:	2,500	2,000	1,300	1,200

D'après ce tableau, la productivité marginale du 3e bulldozer est de 1,300 tonnes, c'est-à-dire que l'accroissement de production qui a été rendu possible par l'utilisation d'un 3e bulldozer est de 1,300 tonnes.

Considérant la définition de la productivité marginale, on pourra toujours dire que la productivité totale d'un facteur est la **somme** de toutes les productivités marginales de ce facteur.

$$PT_n = \sum_{i=1}^{n} Pm_i$$

Dans le cas ci-dessus, la productivité totale de 3 bulldozers est de 5,800 tonnes, c'est-à-dire la somme de 2,500 tonnes + 2,000 tonnes + 1,300 tonnes.

4.5 ALLURE DES COURBES DE PRODUCTIVITÉ

Quelle doit être, dans un cas général, l'allure des courbes de productivité? Elles sont régies par ce qu'on appelle la «loi de rendements décroissants». (Il serait peut-être plus exact de l'appeler la loi des productivités marginales non proportionnelles.)

La loi des rendements décroissants s'énonce de la façon suivante:

> Dans le processus de production, si on augmente la quantité d'un facteur, **l'autre (ou les autres) restant constant**, il arrivera rapidement un moment où la production s'accroîtra à un rythme sans cesse décroissant.

Ce que décrit cette loi, c'est que dans le processus de production, la productivité marginale d'un facteur variable devient assez rapidement décroissante.

Qu'on se rappelle l'exemple du pipe-line présenté précédemment, et le graphique 2 dans lequel on avait pu constater que, pour une taille donnée du pipe-line, on peut augmenter le débit en augmentant la puissance des stations de pompage, mais que cet accroissement se fait à un rythme sans cesse décroissant.

Dans un cas plus général, on peut imaginer que la productivité marginale d'un facteur soit dans un premier temps croissante (cette croissance s'expliquant par une meilleure combinaison du facteur variable et du facteur fixe) avant de devenir décroissante. Autrement dit, la contribution additionnelle d'une unité de facteur variable à la production sera de plus en plus faible. À force de décroître, elle deviendra nulle et l'on peut même imaginer qu'elle devienne négative, dans le cas où l'adjonction d'une unité de facteur variable ferait diminuer le volume de la production.

La courbe de productivité marginale décrit l'accroissement de la production lié à l'utilisation d'unités additionnelles de facteur variable. La pente de la production totale sera le reflet de l'évolution de cette productivité marginale. Ainsi, dans le cas général (graphique 3), la productivité totale sera d'abord croissante à un taux croissant, puis croissante à un taux décroissant (quand la productivité marginale est décroissante mais positive). Elle passera par un maximum quand la productivité marginale sera nulle, puis elle deviendra décroissante.

La productivité moyenne, dans le cas général, a l'allure qui lui a été donnée dans le graphique 3. On pourrait démontrer que la courbe de productivité marginale coupe la courbe de productivité moyenne quand celle-ci atteint son maximum[5].

_____

(5)   Si la productivité marginale était constante (c'est-à-dire si la loi des rendements n'était pas respectée), la productivité marginale serait représentée par une droite horizontale. Elle serait confondue avec la productivité moyenne. La productivité totale dans ce cas serait une droite croissante. On pourra faire le rapprochement avec les courbes de recettes vues au chapitre 3.

GRAPHIQUE 3:   Relations entre la production totale, la productivité moyenne et la productivité marginale

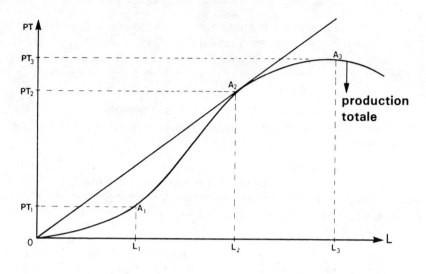

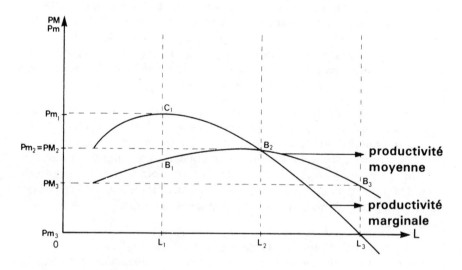

4.6   EXTENSIONS ET APPLICATIONS

Les concepts de productivité qui viennent d'être présentés ont été conçus à l'origine pour expliquer un certain nombre de problèmes de production, en particulier des problèmes qui peuvent se rencontrer chaque fois que l'on a à combiner des facteurs fixes et des facteurs variables. Par extension, on peut leur trouver d'autres applications. On en présentera deux ci-après.

4.6.1 Productivité marginale décroissante et file d'attente

La décroissance de la productivité marginale est utile pour expliquer des décisions prises par des entreprises, lorsque la demande à laquelle elles font face est irrégulière, caractérisée par des périodes de pointe ou soumise à des variations saisonnières. À titre d'exemple, on pensera à ce qui se passe dans les succursales bancaires où l'on constate qu'à certaines heures les files d'attente sont particulièrement longues. Le problème peut s'analyser en considérant que pour la direction de la banque, il faut combiner un facteur fixe (un certain nombre de caisses) avec un facteur qui peut être variable, le nombre de caissiers. Si l'on mesure la productivité d'un caissier par le nombre de clients qu'il peut servir, il est bien évident que la productivité liée à l'embauche additionnelle d'un caissier sera, sur une période hebdomadaire, décroissante. Le caissier additionnel sera en effet productif à l'heure de pointe et peu utilisé durant plusieurs heures par semaine. On peut donc dire que la productivité marginale de caissiers (c'est-à-dire le nombre additionnel de clients servis par caissier supplémentaire) serait rapidement décroissante, voire nulle. Pour éviter de faire face à cette productivité marginale faible trop rapidement, on sait que les banques ont recours à des horaires flexibles en s'efforçant de concentrer la présence de leurs employés aux heures de pointe; elles engagent également des caissiers pour travailler à mi-temps.

4.6.2 La publicité et la loi des rendements décroissants

De nombreuses études qui ont été faites sur la liaison publicité — volume de ventes tendent à montrer qu'il n'existe pas une relation de stricte proportionnalité entre la dépense publicitaire et le niveau des ventes. Autrement dit, la ''productivité marginale'' de la publicité n'est pas constante. Dans de nombreux cas, il semble même que l'efficacité de la publicité respecte assez bien la ''loi de rendements décroissants''. L'efficacité de l'effort publicitaire suivrait le schéma suivant: un peu de publicité a tendance à augmenter les ventes. Si l'on augmente le volume publicitaire, on enregistrera un accroissement sensible des ventes, mais très rapidement l'efficacité deviendra décroissante. La productivité marginale de la publicité tendra vers zéro, c'est-à-dire que l'accroissement des ventes lié à un accroissement de l'effet publicitaire deviendra nul (graphique 4).

Si l'on rapproche ce phénomène de ce qui a été dit au chapitre 1 sur la demande, on peut dire qu'une augmentation du volume publicitaire correspond à des déplacements de la courbe de demande. En règle générale, il arrivera un moment où les déplacements de la courbe de demande seront de plus en plus faibles pour un même montant additionnel de publicité.

GRAPHIQUE 4: Relation ventes—publicité

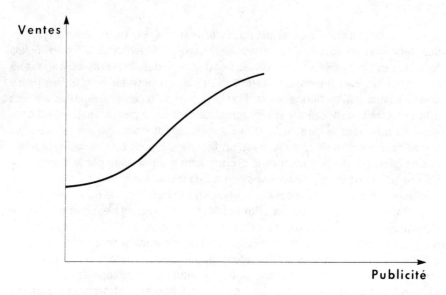

GRAPHIQUE 5: Publicité et demande

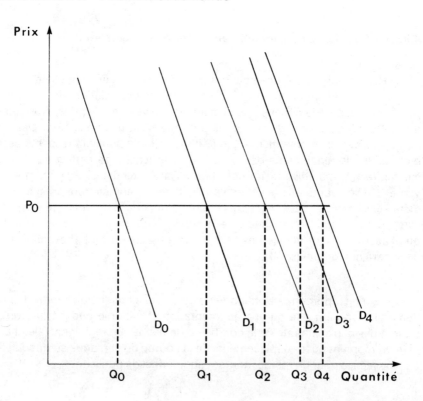

Sur un graphique, on pourra repérer cette décroissance de l'efficacité de la publicité en comparant pour **un même niveau de prix** l'ampleur des déplacements vers la droite de la demande.

On comprend que se jouent ici des phénomènes de saturation et que les entreprises limiteront leur effort publicitaire bien avant que leur productivité marginale devienne négative[6]. La détermination du volume optimal de publicité dépendra du coût additionnel de la publicité par rapport à l'accroissement des ventes qui en résulte.

*

*   *

Comme on a pu le voir dans ce chapitre, les concepts de productivité peuvent être facilement utilisés pour comprendre des phénomènes liés à la production. Nous aurons l'occasion de les revoir par la suite, soit directement, soit par le biais des coûts qui seront présentés au chapitre suivant.

---

(6)   DEAN, J. "Measing the productivity of investment in persuasion". *Journal of Industrial Economics.* Avril 1967, p. 81-108.
ou
RAO, V.R. "Alternative econometric models of sales-advertising relationships". *Journal of Marketing Research.* Mai 1972, p. 177-181.

ANNEXE A

Exercices d'application

-1-

Les ouvriers de l'atelier ABC sont payés $100 par semaine. Les frais fixes sont estimés à $200 par semaine. On possède les données suivantes sur la production hebdomadaire du produit unique A en fonction du nombre d'ouvriers employés.

Ouvriers	0	1	2	3	4	5	6	7	8	9
Quantités de A	0	10	26	40	52	62	69	75	80	84

1° Tracez sur un premier graphique la courbe de production totale.

2° Calculez la productivité moyenne et la productivité marginale.

3° Tracez sur un deuxième graphique les courbes de productivité moyenne marginale.

4° Quelle relation existe-t-il entre les trois (3) courbes précédentes?

-2-

Emerson Sylviana, promoteur immobilier de Calgary, a décidé de réinvestir une partie de ses profits dans l'achat d'une équipe professionnelle de basketball. Quelques jours avant le début de la saison, il décida de transférer sa franchise des États-Unis à Montréal. Les matchs eurent lieu à l'aréna Maurice-Richard.

La vente de la bière fut confiée au dernier moment à une petite entreprise: Les Services récréatifs et sportifs. Le propriétaire de SRS fit appel aux étudiants d'un CEGEP voisin pour assurer la vente et la distribution. Absorbés par d'autres tâches, ces vendeurs occasionnels ne se présentèrent pas tous à chaque match. Les statistiques suivantes de vente et du nombre de vendeurs ont pu être rassemblées.

	Nombre de vendeurs	Nombre de bières vendues
1er match	10	2,640
2e match	7	2,100
3e match	6	1,800
4e match	9	2,540
5e match	11	2,700
6e match	8	2,350

La curiosité des Montréalais et les succès inattendus de l'équipe firent que l'aréna fut remplie à pleine capacité à chaque match.

1° Rappelez la définition de la productivité moyenne de la productivité marginale.

2° Calculez la productivité moyenne des vendeurs.

3° Calculez la productivité marginale des vendeurs.

4° Sachant qu'au cours des 6 matchs aucun vendeur n'a jamais vendu moins de 120 bières, comment peut-on concilier cette information avec la valeur de la productivité marginale du 11e vendeur?

5° Si la bière est vendue $1.50 la bouteille, quelle est l'augmentation de recette liée à la venue du 11e vendeur?

-3-

Comme vous avez pu le constater, les années 70 ont apporté de grands changements dans l'industrie de la distribution des films. En particulier, un phénomène s'est généralisé: celui de la réduction de la taille des salles de projection et la réunion en un seul complexe de plusieurs petites salles. Parallèlement à ce phénomène et expliqué en partie par lui, on a pu constater que dans les grandes villes un même film était présenté simultanément en plusieurs endroits.

En comparant les résultats des entrées, pour un même film, dans trois villes de taille semblable, on a pu enregistrer les chiffres suivants:

Villes	Nombre de salles où le film était projeté	Entrées
A	6	15,120
B	8	17,050
C	7	16,500

1° Calculez la productivité moyenne en fonction du nombre de salles.

2° Calculez la productivité marginale des salles de projection.

3° Comment expliquez-vous que la productivité marginale soit décroissante?

4° Les résultats que vous observez pour la productivité marginale sont-ils compatibles avec ceux que vous avez obtenus pour la productivité moyenne?

5° Si les coûts totaux d'opération d'une salle sont de $1,000 par semaine et que le prix des billets est de $4, recommandez-vous pour une ville comparable à A, B ou C une projection dans 6, 7 ou 8 salles?

6° Quelles hypothèses avez-vous faites implicitement pour effectuer les calculs?

Lorsque la Régie des installations olympiques a pris la direction du chantier du stade olympique, l'une des premières mesures adoptées a été de diminuer le nombre de grues sur le chantier. Leur trop grand nombre se traduisait par une productivité marginale négative des dernières grues utilisées.

Sachant que les grutiers ne passaient pas leur temps à défaire ce que d'autres faisaient, expliquez ce qui paraît être un paradoxe : toutes les grues étaient utilisées et pourtant on affirme que la productivité marginale des dernières grues était négative.

CHAPITRE 5

ANALYSE ÉCONOMIQUE

DES COÛTS

Dans ce chapitre, on présentera des outils d'analyse (les coûts), auxquels il sera souvent fait référence dans les chapitres subséquents. Notons que l'analyse économique retient plusieurs définitions des coûts, mais on s'attachera à l'acception la plus simple de ce terme en disant que le coût total de production représente l'ensemble des dépenses engendrées par une activité de production ou de fabrication. D'autre part, on fait une distinction entre l'analyse à court terme et l'analyse à long terme.

Dans l'analyse à court terme, on étudie l'évolution des coûts dans le cadre d'une installation fixe, en supposant que la taille de l'unité de production ne change pas et en admettant que la technologie est constante. En revanche, l'analyse à long terme étudie et compare l'évolution des coûts de production de plusieurs types d'installation de plusieurs tailles d'équipement[1]. On présentera tour à tour les coûts à court terme et les coûts à long terme.

5.1 LES COÛTS À COURT TERME

5.1.1 Définitions

Comme cela avait été le cas pour les fonctions de recette au chapitre 3 et pour les fonctions de productivité au chapitre 4, on retiendra ici trois fonctions principales de coût: le coût total, le coût moyen et le coût marginal. Ces différentes fonctions dépendront des quantités produites.

Le **coût total** décrit comment évoluent toutes les dépenses engendrées par la production en fonction des quantités de bien. Ces dépenses sont réparties en deux catégories: celles qui ne dépendent pas du volume de production et que la firme doit subir, qu'elle fabrique ou non (ce sont les **coûts fixes**) d'une part, et celles qui sont directement liées à la fabrication et qui varient avec le volume de production (ce sont les **coûts variables**) d'autre

---

(1) Pour faire un rapprochement avec ce qui a été dit au chapitre précédent (section 4.3), on peut admettre que dans l'analyse des coûts à court terme un seul facteur de production varie, les autres restant constants; tandis que dans l'analyse des coûts à long terme, on considère que tous les coûts de production peuvent varier.

part. Le coût total, par définition, sera donc la somme des coûts fixes et des coûts variables.

$$CT = f(Q) = CF + CV$$

Le **coût moyen** est une fonction des quantités produites. Il décrit l'évolution du **coût unitaire** lorsque le volume de production varie. Par définition, il est égal au rapport du coût total sur la quantité.

$$CM = f(Q) = \frac{CT}{Q}$$

Le coût total étant la somme du coût fixe et du coût variable, le coût moyen peut se décomposer en deux: le **coût fixe moyen** (CFM) et le **coût variable moyen** (CVM).

$$CM = f(Q) = \frac{CT}{Q} = \frac{CF}{Q} + \frac{CV}{Q} = CFM + CVM$$

Le **coût marginal** est une fonction des quantités produites. Il décrit l'évolution du coût additionnel de production. Par définition, il est égal au rapport de la variation du coût total sur la variation de la quantité.

$$Cm = f(Q) = \frac{\Delta CT}{\Delta Q}$$

Si l'on a des variations unitaires de la quantité, on peut dire que le coût marginal est le coût de production de la dernière unité produite.

5.1.2 Un exemple

Chaque année, durant les semaines précédant la date limite pour la remise des déclarations d'impôt, une compagnie ouvre un bureau supplémentaire dans un quartier de banlieue pour aider les contribuables à remplir leurs feuilles d'impôt. Pour ce faire, elle embauche du personnel supplémentaire qui lui revient à $200 par semaine et par employé. Les frais de location, de chauffage et d'éclairage sont estimés à $180 par semaine.

L'expérience montre que le nombre de consultations est fonction du nombre de personnes employées.

Personnes employées	1	2	3	4	5	6
Consultations	25	60	82	100	114	126

Ces renseignements nous permettent d'établir le coût total, les coûts moyens et le coût marginal des consultations fiscales.

Q	25	60	82	100	114	126
CT	380	580	780	980	1,180	1,380
CV	200	400	600	800	1,000	1,200
CF	180	180	180	180	180	180
CVM	8.00	6.66	7.31	8.00	8.77	9.52
CFM	7.20	3.00	2.19	1.80	1.57	1.42
CM	15.2	9.66	9.50	9.80	10.34	10.94
Cm		5.71	9.09	11.11	14.28	16.66

On notera que dans le tableau ci-dessus les valeurs du coût marginal ont été affectées au **milieu** des segments. Ainsi, lorsque l'on passe de 60 consultations à 82, le coût marginal d'une consultation supplémentaire sur cet intervalle est de $9.09.

5.1.3 L'allure générale des courbes de coût à court terme

Chaque problème de production est un cas particulier, il en résulte que la structure des coûts varie de produit à produit. Cependant, est-il possible de donner aux différentes courbes de coût une allure suffisamment générale? C'est ce que s'est efforcée de faire l'analyse microéconomique traditionnelle.

a) **Les courbes de coût fixe et coût fixe moyen**

Ces fonctions ne posent pas de problème. Le coût fixe total est représenté par une droite horizontale. Le coût fixe moyen quant à lui est continuellement décroissant: plus la quantité de biens produits augmente et mieux est répartie la charge de frais fixes. Le coût fixe moyen est représenté par une branche d'hyperbole [2].

GRAPHIQUE 1: Coût fixe et coût fixe moyen

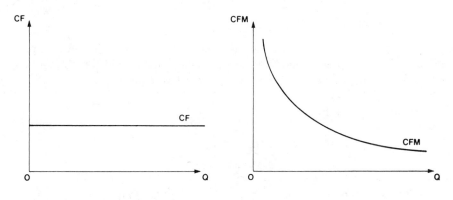

---

(2)   CFM $= \dfrac{CF}{Q}$. C'est bien une fonction de la forme générale des hyperboles: $y = \dfrac{A}{X}$.

b) Les coûts variables

La représentation des courbes de coût variable pose un plus sérieux problème. En effet, certains coûts variables sont strictement proportionnels et d'autres ne le sont pas. La forme générale des courbes de coût variable (total et moyen) devra tenir compte de ce double aspect:

. Si les coûts variables sont strictement proportionnels, la courbe de coût variable total sera représentée par une droite croissante, la courbe de coût variable moyen sera représentée par une droite horizontale (graphique 2).

. Si les coûts variables ne sont pas strictement proportionnels, l'allure de la courbe du coût variable moyen est représentée au graphique 3.

GRAPHIQUE 2: Un cas particulier: les coûts variables strictement proportionnels

GRAPHIQUE 3: Le coût variable moyen si les coûts ne sont pas strictement proportionnels

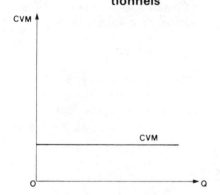
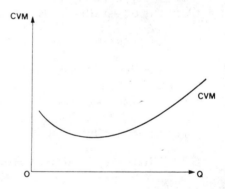

Comment justifier cette forme?

Supposons que l'on produise un bien à l'aide de deux facteurs de production K et L, le premier est fixe, le second est variable. Si P_K et P_L sont les prix des facteurs, on peut écrire que le coût total est égal à:

$$CT = P_K K + P_L L$$

Le coût variable moyen sera égal à:

$$CVM = \frac{CV}{Q} = P_L \frac{L}{Q} = P_L \frac{\frac{1}{Q}}{L}$$

Or, $\frac{Q}{L}$ est égal à la productivité moyenne du facteur L.

Ainsi

$$CVM = P_L \times \frac{1}{PM}$$

Si l'on produit avec un facteur variable, le coût variable moyen de production est inversement proportionnel à la productivité moyenne de ce facteur. Ainsi, si la productivité moyenne augmente, le coût variable moyen diminue et si la productivité moyenne diminue, la courbe de coût variable moyen augmente. Connaissant l'allure de la fonction de productivité moyenne (chapitre précédent), on peut en déduire l'allure du CVM lorsque les coûts variables ne sont pas strictement proportionnels (graphique 3).

L'allure **générale** de la courbe de coût variable moyen devra tenir compte du fait que peuvent se combiner des coûts proportionnels et des coûts non proportionnels. Mais on notera que l'addition des premiers aux seconds ne fait que déplacer vers le haut la courbe de CVM de ceux-ci sans les déformer.

Ainsi, **dans le cas général,** le coût variable moyen aura la forme qui lui a été donnée dans le graphique 4.

c) **Le coût moyen**

Le coût moyen est la somme du coût fixe moyen et du coût variable moyen. Il est donc d'abord décroissant, passe par un minimum, puis devient croissant (graphique 4). On notera que le coût moyen passe par un minimum pour une quantité plus grande que celle correspondant au minimum du coût variable moyen.

GRAPHIQUE 4: **Coût moyen, coût variable moyen, coût marginal dans le cas général**

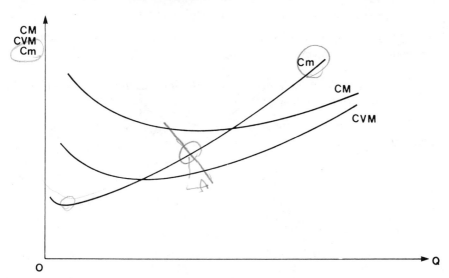

d) Le coût marginal

De la même façon qu'il a été possible d'établir une relation entre le coût variable moyen et la productivité moyenne d'un facteur variable, on peut établir une relation entre le coût marginal et la productivité marginale d'un facteur variable.

Si l'on produit à l'aide de deux facteurs K et L (K est fixe et L est variable), le coût total est égal à:

$$CT = P_K K + P_L L$$

Une variation du coût total est égale à:

$$\Delta CT = P_L \cdot \Delta L$$

En divisant par ΔQ des deux côtés, on obtient:

$$\frac{\Delta CT}{\Delta Q} = P_L \cdot \frac{\Delta L}{\Delta Q} = P_L \cdot \frac{1}{\frac{\Delta Q}{\Delta L}}$$

Or, $\frac{\Delta Q}{\Delta L}$ est la productivité marginale de L.

D'où

$$\boxed{Cm = \frac{P_L}{Pm}}$$

Ainsi, **le coût marginal à court terme est inversement proportionnel à la productivité marginale.** Si cette dernière augmente, le coût marginal diminue, si elle diminue le coût marginal augmente.

L'application de la loi des rendements décroissants conduit à admettre que l'allure générale du coût marginal est donnée dans le graphique 4.

e) Relations entre le coût marginal, le coût variable moyen et le coût moyen à court terme

La courbe de coût marginal coupe les courbes de coût variable moyen et de coût moyen en leur minimum.

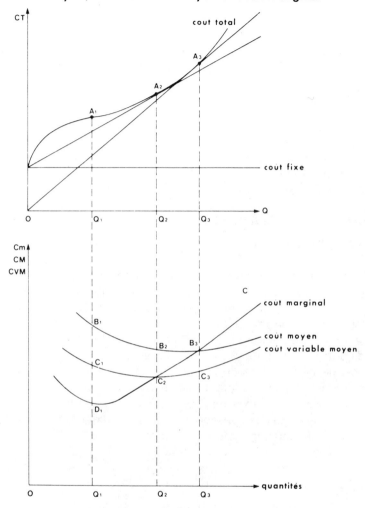

La démonstration sera faite pour le coût moyen; elle peut être intégralement transposée au coût variable moyen. Elle repose sur la double constatation suivante: si on produit une unité supplémentaire dont le coût marginal est inférieur au coût moyen, ceci se traduira par une diminution du coût moyen; en revanche, si on produit une unité supplémentaire dont le coût marginal est supérieur au coût moyen, ceci se traduit par une augmentation du coût moyen.

Un exemple numérique mettra en lumière cette double constatation: on produit 20 unités dont le coût moyen de production est de $10. Si la 21e unité coûte $8 à produire, le coût moyen des 21 unités sera inférieur à $10 (en fait: $9.90). En revanche, si on produit 20 unités dont le coût moyen

79

est de $10 et que la 21e coûte $15 à produire, le coût moyen des 21 unités sera supérieur à $10 (en fait: $10.23).

Cette constatation permet de comprendre pourquoi le coût marginal coupe le coût moyen en son minimum: en effet, pour la quantité de biens pour laquelle le coût moyen est minimum, **celui-ci n'est ni décroissant ni croissant**. Conclusion: le coût marginal n'est ni inférieur ni supérieur au coût moyen. La seule solution est que le coût marginal soit alors strictement égal au coût moyen.

Les fonctions de coûts étudiées jusqu'ici l'ont été dans le cadre de l'analyse à court terme, c'est-à-dire dans le cadre d'une installation fixe, d'une taille et d'une technologie données. On présentera maintenant l'analyse des coûts à long terme et l'on verra comment ils peuvent être utilisés pour choisir un équipement.

5.2 LES COÛTS À LONG TERME

5.2.1 Présentation

Dans une analyse des coûts à long terme, on procède à une comparaison de différentes installations, de différentes tailles ou différentes technologies. Comme on l'a déjà dit, lorsque l'on parle de longue période (ou long terme), on fait plutôt référence à du temps opératoire qu'à du temps chronologique. Raisonner en longue période, c'est raisonner dans une optique de planification ou de choix d'un équipement. Si l'on étudie les coûts de transport de pétrole dans un pipe-line **qui est déjà construit**, en fonction de déboursés tels que les frais encourus par les stations de pompage, alors on fait de l'analyse à **court terme**. Si, au contraire, avant la construction, on essaie d'établir les coûts de transport en fonction de la taille du pipe-line, du type de stations de pompage, etc., on fait, au sens de l'analyse microéconomique, de l'analyse des coûts à **long terme**.

5.2.2 Un exemple

Supposons que l'on étudie la construction d'un pipe-line sur une distance de 1,000 kilomètres pour transporter du pétrole. A priori, on ne peut disposer que de trois tailles pour les tuyaux: 18, 22 ou 26 pouces de diamètre. L'exploitation de tels pipe-lines, dans des conditions identiques à celles que l'on considère, a permis d'établir que le coût moyen du pétrole transporté pouvait être représenté par les courbes CM_{18}, CM_{22} et CM_{26} respectivement pour les tuyaux de 18, 22 et 26 pouces (cf. graphique 6).

L'intérêt de ce graphique est immédiat; il permet de faire la comparaison entre les coûts d'utilisation des trois types de tuyaux en fonction de la quantité de pétrole à transporter. Il permet surtout de repérer quelle taille de tuyau il faut choisir pour le pipe-line. Si l'on doit transporter une quantité comprise entre O et Q_A, on a intérêt à poser un tube de 18 pouces de diamètre. Entre Q_A et Q_B, le tube de 22 pouces sera le meilleur choix. Si l'on prévoit qu'il faut transporter une quantité supérieure à Q_B, alors le pétrole sera acheminé à l'aide d'un pipe-line de 26 pouces.

GRAPHIQUE 6: Trois courbes de coût moyen à court terme

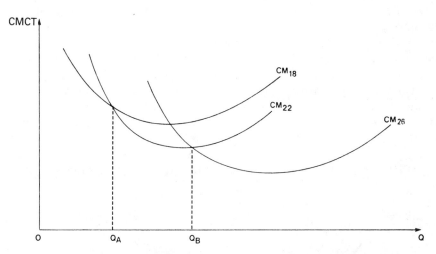

La courbe qui décrit en fonction des quantités l'évolution des coûts de production, quand on suppose que l'on peut choisir la meilleure taille de l'installation, est une courbe à long terme. Dans le cas présent, la courbe composée de la partie la plus basse des courbes de coût moyen à court terme est la **courbe de coût moyen à long terme** (cf. graphique 7).

GRAPHIQUE 7: Coût moyen à long terme lorsque seulement 3 tailles d'installation sont disponibles

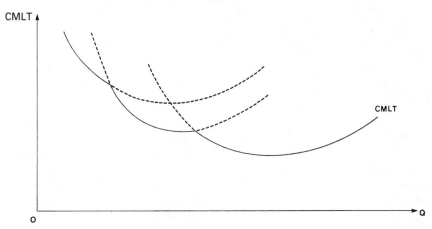

5.2.3 Coût à long terme et parfaite adaptation

On dira qu'une installation (une usine ou une entreprise) est **parfaitement adaptée** lorsque la quantité qui est effectivement produite dans cette installation ne pourrait l'être à un coût plus faible dans une installation (une usine ou une entreprise) de taille plus grande ou plus petite. En ce sens, la courbe de coût moyen à long terme décrit l'évolution des coûts pour des installations (des usines ou des entreprises) parfaitement adaptées.

Dans cette optique, la courbe de coût à long terme dépend des technologies disponibles. Si nous nous référons à l'exemple précédent, la forme de la courbe de coût à long terme a grandement été influencée par le fait que l'on ne disposait que de trois tailles de tuyaux: 18, 22 et 26 pouces. Que se passe-t-il si l'on apprend que l'on peut disposer de tuyaux de 24 pouces? Cette addition aux tailles envisageables va se traduire par la transformation de la courbe de coût moyen à long terme. Pour des quantités comprises entre Q_C et Q_D, le meilleur choix sera un diamètre de 24 pouces au lieu de 22 pouces entre Q_C et Q_B et 26 pouces entre Q_B et Q_D comme auparavant.

GRAPHIQUE 8: Nouvelle courbe de coût moyen à long terme

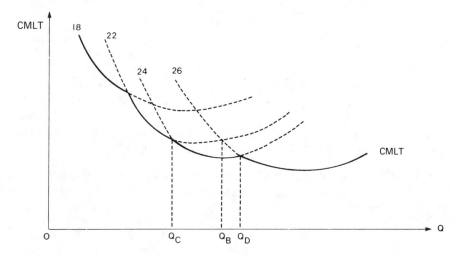

La courbe de coût moyen à long terme a donc un «feston» de plus. De ce fait, la zone où les tailles 22'' et 26'' étaient parfaitement adaptées a diminué.

Il devient dès lors envisageable que plus on multiplie le nombre de tailles possibles de l'installation (ici le diamètre du pipe-line), plus on rétrécit les zones de parfaite adaptation tout en multipliant leur nombre. À la limite, si l'on suppose que la taille peut avoir toutes les variations envisageables (aussi petites soient-elles), les zones de parfaite adaptation auraient tendance à se réduire à des points. La courbe de coût moyen à long terme avec des «festons» aurait tendance à devenir une courbe continue. En fait, cette courbe ne serait que l'enveloppe de toutes les courbes à court terme que l'on pourrait construire: d'où son nom de **courbe-enveloppe.**

GRAPHIQUE 9: **Le coût moyen à long terme:**
la courbe-enveloppe

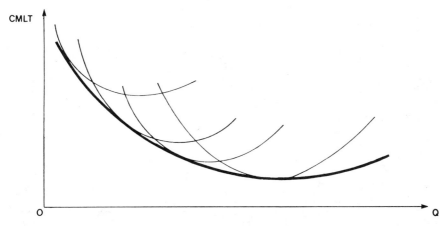

L'avantage d'une telle courbe continue est de décrire d'un seul coup d'oeil l'évolution des coûts moyens de production lorsque la taille des installations varie, en supposant toujours que la production sera faite avec des installations parfaitement adaptées, ce qui est une hypothèse qui peut toujours être retenue lorsqu'il s'agit de faire de la planification et donc de choisir la taille d'une installation. **Et c'est justement le domaine de l'analyse en longue période.** Au moment où l'on choisit un équipement, il paraîtrait irrationnel de choisir une taille d'installation qui ne serait pas utilisée dans sa zone de parfaite adaptation.

La présentation qui a été faite des coûts à long terme a été centrée autour du coût moyen à long terme, car c'est cette mesure qui est la plus intéressante. Avant d'y revenir pour étudier en particulier l'allure de cette courbe, il est bon de noter qu'on aurait pu également tracer une courbe de **coût total à long terme.** Dans un premier temps, si l'on suppose qu'il n'existe que quelques tailles d'installation, elle sera composée de la partie la plus basse des courbes de coûts à court terme correspondant à chacune de ces tailles; dans un second temps, si toutes les tailles sont envisageables, la courbe de coût total à long terme est l'**enveloppe** des courbes de coût total à court terme (graphique 10).

Comme dans le cas du coût moyen à long terme, on peut repérer sur ce graphique la courbe de coût total à long terme, les quantités correspondant à une parfaite efficacité de la taille. D'après la définition même des concepts, les zones repérées sur la courbe de coût total à long terme correspondent à celles repérées sur la courbe de coût moyen à long terme.

GRAHIQUE 10: Le coût total à long terme

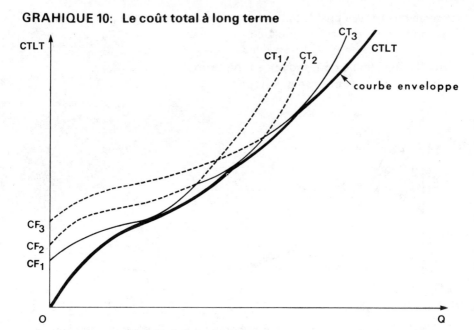

Les courbes de coût moyen à long terme et de coût total à long terme décrivent sensiblement les mêmes choses: elles permettent surtout de **choisir la taille d'un équipement**. D'un point de vue pratique, on notera qu'il est souvent plus facile de travailler avec la courbe de coût moyen. On en trouvera une application dans l'annexe B (la Compagnie de travaux généraux Lespérance et Lafleur).

5.2.4 Évolution du coût moyen à long terme

Le coût moyen à long terme décrit l'évolution du coût unitaire de production quand on suppose que toutes les quantités sont produites avec des installations parfaitement adaptées. Il décrit donc l'évolution du coût unitaire en fonction de la taille des installations.

Quelle doit être l'allure d'une telle courbe? On conviendra qu'il est difficile de décrire une courbe qui serait valable pour tous les types de production envisageables et pour toutes les technologies disponibles. On ne peut que donner ce qui paraît a priori l'allure la plus vraisemblable, celle qui théoriquement paraît la plus générale, quitte à l'adapter par la suite à chaque cas particulier.

L'analyse économique admet donc que la plupart du temps, les coûts unitaires de production (à long terme) sont décroissants quand la taille d'un équipement (d'une usine ou d'une entreprise) augmente, puis les coûts passent par un minimum avant de croître à nouveau. Ainsi, l'allure générale du coût moyen à long terme (dans l'analyse économique traditionnelle) est résumée dans le graphique suivant:

84

GRAPHIQUE 11: Évolution (théorique) du coût moyen à long terme

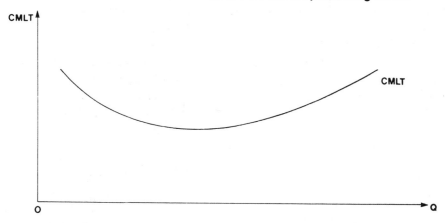

Cette forme est expliquée par le jeu des économies d'échelle et des déséconomies d'échelle.

Par économies d'échelle, on entend tous les facteurs qui expliquent que lorsqu'on augmente la taille d'une installation, d'un équipement ou d'une entreprise, les coûts moyens de production ont tendance à diminuer.

À l'inverse, les déséconomies d'échelle sont l'ensemble des facteurs qui expliquent que lorsqu'on augmente la taille d'une installation, d'un équipement ou d'une entreprise, les coûts moyens de production ont tendance à augmenter.

Les économies d'échelle sont donc les avantages que les grosses usines ou les grandes entreprises tirent de leur taille. Les déséconomies d'échelle sont les désavantages qui en résultent.

Si les économies d'échelle l'emportent sur les déséconomies d'échelle, alors la courbe de coût moyen à **long terme** sera décroissante. En revanche, si les déséconomies d'échelle l'emportent sur les économies d'échelle, cette même courbe sera croissante (cf. graphique 11).

On aura l'occasion de revenir sur les économies d'échelle et les déséconomies d'échelle en analysant leur influence sur les structures de marché [3].

5.3 COMMENT RÉPARTIR LA PRODUCTION ENTRE DEUX USINES?

C'est à un problème d'une nature un peu différente qu'on s'attaque ici mais qui se rapproche néanmoins d'un problème de choix d'équipement.

---

(3)   Cf. chapitre 12.

Supposons qu'une firme produise (à court terme) un même produit dans deux usines différentes. Ces deux usines ont des structures de coût qui ne sont pas identiques. Quel critère devra-t-on utiliser pour répartir la production entre chacune des usines?

Pour répondre à cette question, donnons-nous une certaine quantité à produire Q_T et faisons une première répartition quelconque de Q_T entre nos deux usines (usine A et usine B). Ces deux quantités Q_1^A et Q_1^B sont telles que $Q_1^A + Q_1^B = Q_T$. Cette répartition sera optimale s'il n'est pas possible d'en trouver une qui soit meilleure.

GRAPHIQUE 12:   Répartition de la quantité à produire

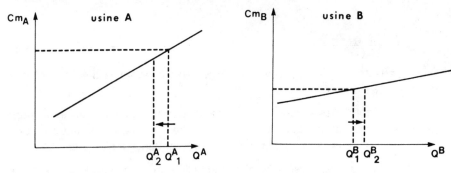

Faisons une substitution et produisons une unité en plus dans l'usine B et une unité en moins dans l'usine A. On a toujours:

$$Q_2^A + Q_2^B = Q_T$$

Ce changement a-t-il été bénéfique? Oui, puisque l'unité supplémentaire produite en B coûte moins cher que ne coûtait l'unité en moins produite auparavant en A. Ainsi, la répartition Q_2^A, Q_2^B est meilleure que la répartition Q_1^A, Q_1^B.

Jusqu'à quel moment aura-t-on intérêt à transformer des unités de A et B? Jusqu'au moment où le coût de la dernière unité produite en A est égal au coût marginal de la dernière unité produite en B. Ainsi, le critère de répartition de la production s'énonce de la façon suivante: la meilleure répartition possible de la production entre deux usines est celle qui est telle que les coûts marginaux sont identiques dans les deux usines.

$$\boxed{Cm_A = Cm_B}$$

ANNEXE A

Exercices d'application

-1-

Dans le premier exercice du chapitre précédent, on utilisait les données suivantes:

Les ouvriers d'un atelier sont payés $100 par semaine et les frais fixes sont estimés à $200 par semaine. Par ailleurs, les relations entre la quantité produite et le nombre d'ouvriers sont résumées par le tableau:

Ouvriers	0	1	2	3	4	5	6	7	8	9
Quantités de A	0	10	26	40	52	62	69	75	80	84

Cette fois-ci, on demande:

1° de tracer la courbe de coût total;

2° de calculer le coût moyen, le coût variable moyen et le coût marginal;

3° de préciser la relation qui existe entre ces différentes courbes;

4° de repérer les liaisons existant entre les courbes de coût marginal et de productivité marginale et d'expliquer leur sens de variation.

- 2 -

On a constaté dans plusieurs villes d'Amérique du Nord le phénomène suivant: lorsque les équipes sportives se déplacent, elles logent dans des hôtels qui leur concèdent des tarifs avantageux. On avance même que bien souvent les hôtels leur font payer un prix par chambre qui est **inférieur** à leur coût moyen. En vous servant des concepts vus dans le chapitre précédent quelle vous semble être la logique d'une telle politique? Quelle condition doit être respectée pour que cette politique soit possible?

- 3 -

Il y a quelques années, Hydro-Québec a reçu des lettres de protestation de certains usagers; ces derniers se plaignaient que, passant devant le siège social rue Dorchester à 2 heures du matin au mois d'août, toutes les lumières à tous les étages étaient allumées. Bien certains que personne ne travaillait à une heure pareille, ces usagers s'interrogeaient pour savoir si la compagnie d'électricité ne gâchait pas les deniers publics avec un tel éclairage inutile. Sachant que la quasi-totalité de l'électricité produite par Hydro-Québec est d'origine hydraulique, comment peut-on répondre à cette critique (faite à Hydro-Québec) en utilisant le concept de coût marginal?

Le couloir aérien New York — Washington est l'un des plus fréquentés en Amérique du Nord. La concurrence entre plusieurs compagnies aériennes était très vive en 1981 pour le contrôle de la plus grande part possible de ce marché. Après avoir supprimé l'obligation de réserver à l'avance, l'une de ces compagnies envisagea de s'engager auprès des passagers à mettre à leur disposition autant d'avions qu'il était nécessaire à l'heure de pointe. Ainsi, si l'on fait l'hypothèse que ces appareils transportaient 200 personnes, la compagnie mettrait en service deux avions si la demande était de 300 passagers, trois avions si la demande était de 500 passagers, etc.

Pouvez-vous imaginer l'allure de la courbe de coût moyen et de coût marginal dans ce contexte? Envisagez en particulier ce qu'il se passe dans les trois cas suivants: 150, 195 et 205 passagers.

Le garage ''L'increvable'' fait la pose de pneus, activité soumise à une forte demande saisonnière. On a pu établir pour la dernière année le tableau des coûts variables totaux en fonction du nombre de voitures (considérées comme l'unité de mesure).

Mois	Coût variable total ($)	Nombre de voitures (unités)
Janvier	6,147.5	360
Février	3,527.5	200
Mars	7,487.5	430
Avril	10,052.5	540
Mai	8,132.5	460
Juin	6,887.5	400
Juillet	4,007.5	230
Août	1,877.5	100
Septembre	5,127.5	300
Octobre	5,622.5	330
Novembre	11,792.5	600
Décembre	9,052.5	500

Les coûts fixes de $13,350 sont répartis uniformément durant l'année.

Questions

1° Calculez le coût moyen.

2° Calculez le coût marginal.

3° Calculez le coût variable moyen.

4° Faites la représentation graphique.

Annexe B

Utilisation des coûts pour le choix d'un équipement

-1-

Comparer différents coûts de production à l'aide de la courbe de coûts moyens à long terme permet de choisir la taille de l'équipement nécessaire pour produire une certaine quantité de biens. On illustrera ceci à l'aide de l'exemple suivant:

La Compagnie de travaux généraux Lespérance et Lafleur

La Compagnie de travaux généraux Lespérance et Lafleur (CTGLL) est maître d'oeuvre sur un chantier de prolongement d'autoroute. Pour éviter des affaissements sur un tronçon où le sol est particulièrement peu stabilisé, il s'avère nécessaire de faire beaucoup plus d'empierrement que prévu avant de passer le revêtement. Le chef de chantier de CTGLL doit décider quelle est la solution la plus économique pour lui: accepter que ce transport supplémentaire soit donné en sous-contrat à la Compagnie des transporteurs indépendants (CTI) ou utiliser le propre matériel de CTGLL; dans ce dernier cas, il devra choisir dans le parc des camions-bennes disponibles, ceux qui seront pour lui les mieux adaptés à son problème.

Pour transporter les matériaux de remblai depuis une carrière ouverte par CTGLL jusqu'au tronçon considéré, CTI facture $15.90 le 1,000 pieds cubes transportés. Ce prix comprend l'ensemble des frais de transport proprement dit et le chargement des camions assuré par les engins de CTI.

M. Tremblay, le chef de chantier, s'est renseigné sur la disponibilité en camions-bennes et en pelleteuses. Pour le moment, aucune pelleteuse n'est disponible pour assurer les chargements à la carrière. Néanmoins, il est toujours possible d'en louer à une compagnie de leasing spécialisée au coût de $1,000 par semaine et par pelleteuse. Ce coût de location comprend l'ensemble des frais de fonctionnement. En ce qui concerne les camions, le préposé au matériel roulant de CTGLL a fait savoir à M. Tremblay qu'il pourrait au choix disposer de 10 camions-bennes de 800 pieds cubes, ou de 10 camions d'une capacité de 1,200 pieds cubes, ou encore de 10 camions dont la capacité est de 1,600 pieds cubes. Pour des raisons d'affectation du matériel, M. Tremblay devra obligatoirement prendre 10 camions à la fois et tous du même type.

L'utilisation des camions-bennes de 800 pieds cubes lui reviendra à $400 par camion et par semaine. Ce coût comprenant l'ensemble des frais d'utilisation est le coût affecté par les services comptables de CTGLL. Ce coût est de $500 pour un camion-benne de 1,200 pieds cubes et de $600 par semaine pour un de 1,600 pieds cubes.

Le nombre de voyages aller et retour que les camions pourront effectuer par semaine va dépendre de la taille des camions et du nombre de pelleteuses utilisées à la carrière.

M. Tremblay croit que pour les bennes de 800 pieds cubes, le nombre total de voyages aller-retour que pourrait faire une flotte de 10 camions de ce type en fonction du nombre de pelleteuses s'établirait de la façon suivante:

Nombre de pelleteuses	1	2	3	4	5
Nombre de voyages	300	450	540	605	660
Volume en milliers de pieds cubes	240	360	432	484	528

Pour les bennes de 1,200 pieds cubes, le tableau précédent se lirait de la façon suivante:

Nombre de pelleteuses	2	3	4	5	6
Nombre de voyages	330	420	480	510	525
Volume en milliers de pieds cubes	396	504	476	612	630

Enfin pour les bennes de 1,600 pieds cubes, le même tableau se lirait de la façon suivante:

Nombre de pelleteuses	2	3	4	5	6
Nombre de voyages	250	330	405	450	460
Volume en milliers de pieds cubes	400	528	648	720	736

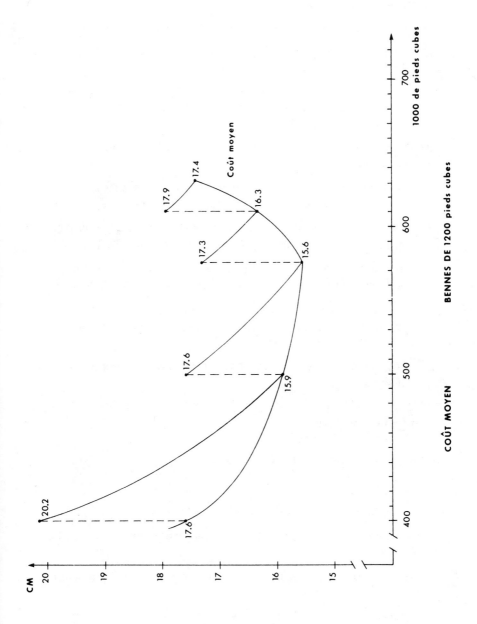

COÛT MOYEN

BENNES DE 1200 pieds cubes

Questions

A- Tout d'abord, M. Tremblay étudie les coûts dans le cas d'utilisation de camions-bennes de 1,200 pieds cubes:

1° Dans ce cas, pouvez-vous tracer la courbe de coût total?

2° Dans le graphique ci-joint, on a représenté le coût moyen de transport. Vérifiez le mode de calcul et donnez les explications de ce graphique.

La courbe passant par les points les plus bas donne la courbe de coût moyen habituelle. Quelle hypothèse est-on amené à faire implicitement sur l'utilisation des pelleteuses?

3° Dans le cas où l'on utilise ces bennes de 1,200 pi^3, que peut-on dire de la productivité marginale des pelleteuses?

4° À regarder cette productivité marginale des pelleteuses, que peut-on attendre du coût marginal du pied cube transporté?

5° Calculez et représentez graphiquement le coût marginal du pied cube transporté quand on passe de 2 à 3 pelleteuses et de 3 à 4.

B- Sur un nouveau graphique, tracez les trois (3) courbes de coût moyen (forme habituelle) correspondant à chacun des types de camions utilisés.

1° Pouvez-vous préciser à partir de quelle quantité M. Tremblay aurait intérêt à utiliser des camions de 1,200 pi^3 ; puis des camions de 1,600 pi^3?

2° Si M. Tremblay a le choix, quelle quantité va-t-il essayer de transporter par semaine?

3° Déterminez le seuil en deçà duquel CTGLL aura intérêt à faire effectuer le travail par CTI.

Solution au problème de CTGLL

Partie A

1° Le coût total se compose de deux parties:

— les frais d'utilisation des camions, considérés comme un coût fixe de $5,000;

— les frais de location des pelleteuses au coût de $1,000 par pelleteuse qui est le coût variable.

Pour les variations du coût total, voir le tableau.

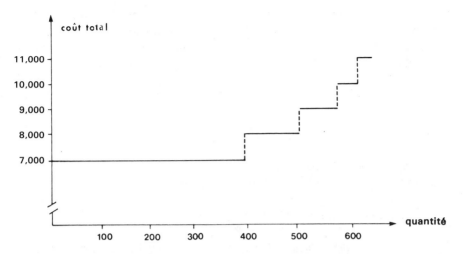

2°   Comme la "variable" pelleteuse est une variable "discrète", la courbe de coût moyen est formée de "dents de scie" (en fait il s'agit de morceaux d'hyperbole). En effet, les quantités transportées et les coûts moyens obtenus dans le tableau (colonnes 2 et 4) sont des quantités transportées et des coûts moyens lorsque l'**équipement est utilisé à pleine capacité**. Dès que l'on veut transporter une quantité additionnelle en partant d'une situation d'utilisation à pleine capacité, il faut immédiatement louer une pelleteuse supplémentaire, ce qui correspond à un accroissement brusque du coût total.

La colonne 4 du tableau des coûts pour les bennes de 1,200 pi ^{3} donne le coût moyen en cas d'utilisation à pleine capacité (cas le plus favorable), la colonne 5 donne le coût moyen en cas d'utilisation dans le cas le plus défavorable.

Ainsi pour transporter 396,000 pieds cubes avec les bennes de 1,200 pieds cubes, deux chargeuses seulement sont nécessaires d'où un coût moyen:

$$\frac{\$7,000}{396,000}$$

soit $17.67 les 1,000 pi ^{3}.

En appliquant rigoureusement nos limitations sur l'utilisation des pelleteuses pour transporter 1 pi^3 de plus, il serait nécessaire d'utiliser une pelleteuse supplémentaire, d'où un coût moyen de

$$CM = \frac{8,000}{396,000}$$

soit $20.20 les 1,000 pi ^{3}. Les valeurs du coût moyen dans le cas le plus défavorable ont été portées dans la 5e colonne du tableau des coûts.

La courbe passant par les points les plus bas donne la courbe de coût moyen habituelle. L'hypothèse que l'on est amené à faire c'est que l'on peut utiliser des «fractions» de pelleteuses. Autrement dit, qu'au lieu d'être louée à la semaine, une pelleteuse par exemple serait louée à l'heure.

3° La productivité marginale des pelleteuses est décroissante, le nombre de rotations additionnelles étant lui-même continuellement décroissant.

$$Pm = \frac{\Delta Q}{\Delta N} \text{ avec } N = 1$$

de 2 à 3 pelleteuses: $504 - 396 = 108$
de 3 à 4 pelleteuses: $576 - 504 = 72$
de 4 à 5 pelleteuses: $612 - 576 = 36$
de 5 à 6 pelleteuses: $630 - 612 = 18$

4° La productivité marginale des pelleteuses étant décroissante, le coût marginal du transport sera croissant.

5° Coût marginal $Cm = \frac{\Delta CT}{\Delta Q}$

de 2 à 3 pelleteuses: $Cm = \$9.25$
de 3 à 4 pelleteuses: $Cm = \$14.01$ pour 1,000 pi^3

TABLEAU DES COÛTS (CTGLL)

	Voyages	Pieds cubes (10^3)	Coût total	Coût moyen	CM cas défavorable	Cm
800 pi^3	300	240	5,000	20.83		
	450	360	6,000	16.66		
	540	432	7,000	16.20		
	605	484	8,000	16.52		
	660	528	9,000	17.04		
1,200 pi^3	330	396	7,000	17.67	20.20	9.25
	420	504	8,000	15.87	17.65	14.01
	480	576	9,000	15.62	17.36	27.77
	510	612	10,000	16.33	17.97	
	525	630	11,000	17.46		
1,600 pi^3	250	400	8,000	20.00		
	330	528	9,000	17.24		
	405	648	10,000	15.43		
	450	720	11,000	15.27		
	460	736	12,000	16.30		

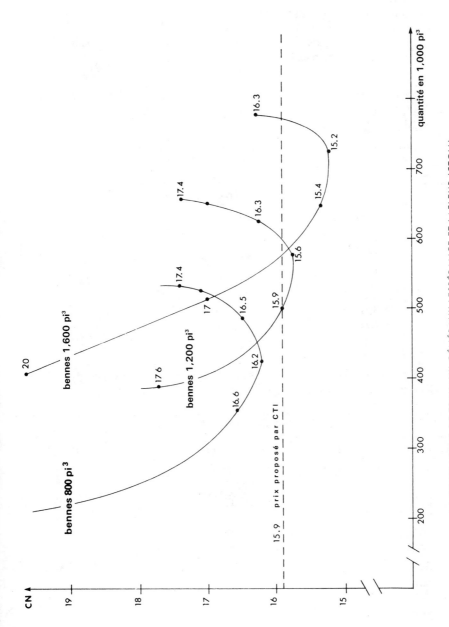

CN

19

18

17

16

15

bennes 800 pi³

bennes 1,200 pi³

bennes 1,600 pi³

• 20

17.6

17.4

17.4

16.6

17

16.5

16.2

15.9

15.6

16.3

15.9   prix proposé par CTI

16.3

15.4

15.2

200   300   400   500   600   700   quantité en 1,000 pi³

LA COMPAGNIE DE TRAVAUX GÉNÉRAUX LESPÉRANCE ET LAFLEUR (CTGLL)

95

Partie B   Cf. graphique ci-joint.

1° $\simeq 465,000 \text{ pi}^3$
    $\simeq 600,000 \text{ pi}^3$

2°   La quantité qui minimise son coût, soit aux alentours de 720,000 pi^3 avec des bennes de 1,600 pi^3.

3°   Cf. le graphique: le seuil serait d'environ 510,000 pi^3; pour moins de 510,000 pi^3 le travail serait confié à C.T.I.

-2-

Un fabricant de motos étudie la possibilité de sortir un nouveau modèle. Pour ce faire, il devra agrandir son usine. Il s'offre à lui trois possibilités, en fonction du degré d'automatisme de son installation.

Première possibilité: avec des coûts fixes annuels de $135,000, il pourra produire des motos avec les coûts suivants:

Procédé n° 1		
Quantité	Coût moyen	Coût marginal
100	2,025	525
150	1,518	506
200	1,275	600
250	1,158	806
300	1,125	1,125
350	1,154	1,556
400	1,237	2,100
450	1,368	2,756
500	1,545	3,525

Deuxième possibilité: avec des coûts fixes annuels de $250,000, il pourra produire des motos avec les coûts suivants:

Procédé n° 2		
Quantité	Coût moyen	Coût marginal
200	1,850	
250	1,512	
300	1,283	
350	1,126	
400	1,025	
450	968	637
500	950	950
550	967	1,337
600	1,016	1,800
650	1,097	2,337
700	1,207	2,950
750	1,345	3,637
800	1,512	4,000

Troisième possibilité: avec des coûts fixes de $640,000, on aurait les coûts suivants:

Procédé n° 3		
Quantité	Coût moyen	Coût marginal
600	1,567	500
650	1,491	668
700	1,439	875
750	1,410	1,118
800	1,400	1,400
900	1,436	2,025

Questions

1° Représentez sur un même graphique les trois courbes de coût moyen et de coût marginal.

2° Peut-on tracer une courbe de coût moyen à long terme?

3° Quand on passe du procédé 1 au procédé 2, y a-t-il des économies d'échelle?

4° Quand on passe du procédé 2 au procédé 3, y a-t-il des économies d'échelle?

5° Quelle est la quantité la plus avantageuse à produire pour le fabricant de motos?

6° Quel procédé choisira-t-il s'il doit produire 800 motos par an? (Comparez sur le graphique les procédés 2 et 3.)

7° Déterminez sur le graphique le seuil à partir duquel on aura intérêt à utiliser le procédé 2 plutôt que le procédé 1.

8° À partir de quelle quantité aura-t-on intérêt à utiliser le procédé 3 au lieu du procédé 2?

CHAPITRE 6

L'OFFRE

Dans les deux chapitres précédents, on a présenté un certain nombre d'outils qui sont traditionnellement utilisés en microéconomie pour analyser le phénomène de la production. Ils servent de cadre analytique et précisent un certain nombre de contraintes qui sont celles de l'entreprise.

Si un bien est produit, c'est qu'on estime ou qu'on sait qu'il y a un marché possible. Un bien est produit pour être vendu, pour satisfaire un besoin. Cependant, l'adéquation entre la production et la satisfaction d'un besoin ne se fait pas de façon automatique. L'entreprise doit avoir recours au marché où sera offert son produit (ou ses services). En conséquence, ce chapitre se consacrera à la détermination de certaines caractéristiques de l'offre.

6.1 LE CONCEPT D'OFFRE

6.1.1 Définition générale

Comme première approche, on peut donc dire que l'analyse de l'offre d'un bien, c'est l'analyse des relations entre les différentes quantités de ce bien (qu'un groupe d'entrepreneurs est prêt à produire) et différentes variables qui ont (ou ont eu) une influence sur la décision d'en entreprendre la production.

Par exemple, si l'on pense que la quantité offerte de la viande de boeuf est directement influencée par son prix P, par le coût des aliments pour le bétail C, par le coût du transport T et par le niveau des approvisionnements en autres viandes A, on peut écrire l'offre de la façon suivante :

$$Q = f(P, C, T, A)$$

À une valeur donnée de chacune des quatre variables P, C, T, A va correspondre une valeur Q qui est la quantité offerte. Si l'une de ces valeurs change, la valeur de Q sera modifiée. Ainsi, envisager toutes les combinaisons possibles de Q, P, C, T et A, c'est décrire l'offre de la viande de boeuf à un moment donné.

6.1.2 Définition étroite: une relation prix-quantité

Comme cela avait été le cas pour la demande[1], on conviendra qu'il peut être difficile d'analyser simultanément les effets de plusieurs variables sur les quantités offertes. Par ailleurs, si l'on se souvient que la détermination des prix a présidé à l'émergence de la microéconomie dont est en partie issue l'économie de l'entreprise[2], il n'est pas surprenant que la variable prix soit une fois encore privilégiée parmi toutes les variables explicatives. C'est ainsi que dans une définition plus étroite de l'offre, on la considérera uniquement comme une **relation** fonctionnelle **entre des prix et des quantités,** toutes choses étant égales par ailleurs.

GRAPHIQUE 1: L'offre

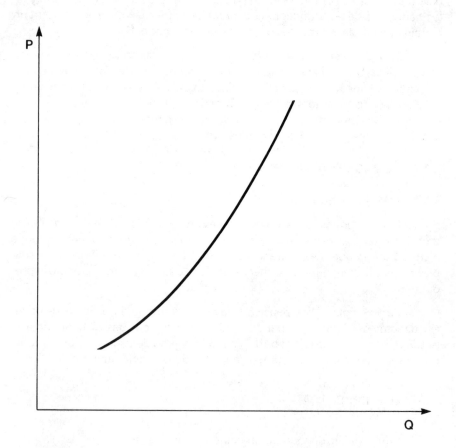

---

(1)   Cf. chapitre 1.

(2)   Cf. l'introduction.

Dans la représentation graphique de l'offre, on représente traditionnel-lement les différents niveaux de prix sur l'axe vertical et les quantités sur l'axe horizontal.

6.1.3 La nature de la relation prix-quantité

Tout comme au chapitre 1, on a admis que la relation prix-quantité au niveau de la demande était régie par une loi générale. On conviendra qu'il est également possible d'établir une loi pour préciser la nature de la relation entre les prix et les quantités offertes. On l'énoncera ainsi:

En règle générale, **lorsque le prix d'un bien (ou d'un service) aug-mente, la quantité offerte s'accroît.**

Toutefois, on pourrait aussi la formuler comme suit: pour que la quan-tité offerte d'un bien augmente, il est nécessaire que le prix augmente. Inver-sement, en cas de réduction de prix, les quantités offertes auront tendance à diminuer.

L'offre est souvent directement liée aux coûts de production. En effet, le prix qui paraît acceptable pour celui qui offre doit refléter d'une façon ou d'une autre les déboursés qu'il doit supporter pour fabriquer son produit. Sans anticiper sur ce qui se dira plus loin [3], on peut aisément admettre qu'il existe pour tout producteur un prix au-dessous duquel il n'est pas intéressant de produire. De la même façon, un producteur sera prêt à utiliser des techniques de production plus coûteuses (par exemple, payer des heures supplémentai-res, envoyer une partie de la fabrication en sous-traitance, accepter de payer plus cher certaines matières premières, louer des entrepôts temporaires, etc.) pour pouvoir accroître le volume de sa production, si les prix ont tendance à augmenter.

Le propriétaire d'un bien sera d'autant plus disposé à le mettre en ven-te que le prix augmente. Ce phénomène a été constaté par exemple sur le marché immobilier au début des années 80. Face à l'augmentation considéra-ble des prix dans les grandes villes canadiennes, certains propriétaires ont décidé de vendre leurs maisons, parce que cette flambée des prix représentait une excellente occasion pour passer d'un type de logement à un autre.

De la même façon, si la rémunération de certains services ou de certai-nes professions a tendance à augmenter, cela sera suffisant pour attirer plus de gens dans ces secteurs. On constatera alors une augmentation des inscrip-tions dans les universités, écoles ou collèges préparant à ces professions, ce qui se traduit à moyen terme par une augmentation de l'offre.

6.1.4 Offre d'un producteur et offre du marché

Au niveau analytique, on est souvent amené à faire la distinction entre

---

(3)   Cf. chapitre 7.

l'offre d'un producteur donné et l'offre globale de tous les producteurs ou offre du marché. Celle-ci n'est rien d'autre que la sommation horizontale des offres individuelles. Autrement dit, pour construire l'offre du marché, il suffit d'additionner pour un même niveau de prix toutes les quantités offertes par chacun des producteurs. Sur le graphique 2, on a supposé qu'il y a trois producteurs qui ont chacun une offre individuelle différente. L'offre globale ou offre du marché est la somme de chacune de ces offres.

GRAPHIQUE 2: Offres individuelles et offre du marché

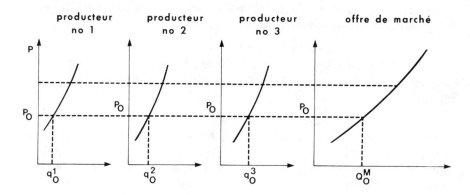

6.2 FACTEURS AFFECTANT L'OFFRE

Si la tradition veut que l'on privilégie le rôle du prix dans la fonction d'offre, on ne doit pas négliger les autres facteurs qui sont susceptibles de l'influencer.

6.2.1 L'existence d'autres biens

L'offre pour un bien peut être affectée par **l'existence d'autres biens**, soit qu'il y ait entre eux un fort degré de complémentarité, soit qu'ils soient produits simultanément. L'exemple le plus typique de cette situation est celle de l'industrie du raffinage où, à partir d'un produit de base (pétrole par exemple), on obtient conjointement toute une série d'hydrocarbures et de goudrons. De la même façon, en pétrochimie, la plupart des procédés de fabrication d'éthylène, par exemple, entraîne automatiquement la production de sous-produits (comme le propylène) ayant une plus ou moins grande valeur marchande.

6.2.2 Des changements technologiques

D'autre part, **les changements technologiques** peuvent expliquer des déplacements de la courbe d'offre. Ces changements peuvent tout d'abord se traduire par une réduction des coûts de production ou des accroissements de la productivité, de telle sorte que pour un même niveau de prix une firme (ou toute l'industrie) sera capable d'offrir des quantités plus grandes de bien. On a souvent l'impression que les activités de recherche et de développement visent essentiellement à l'apparition de nouveaux produits, mais en fait une bonne partie des sommes ainsi dépensées visent à l'amélioration des procédés de fabrication. Le résultat de ces améliorations est un déplacement de l'offre.

L'apparition de produits nouveaux a elle aussi une influence sur l'offre, en rendant désuets les produits fabriqués par une entreprise ou en limitant les marchés traditionnels[4]. La firme réagira en réduisant le niveau de sa production, sans que cela soit dû à un changement de prix. On pensera par exemple à l'effet qu'a pu avoir l'introduction des matières plastiques sur les plans de production dans l'industrie de la transformation métallurgique.

6.2.3 Considérations saisonnières

Pour un certain nombre de produits, l'offre varie de façon importante d'une saison à l'autre. On pense en particulier aux produits agricoles destinés à la consommation finale. Selon les saisons, un certain nombre de fruits et de légumes sont disponibles en abondance ou relativement rares, sans que cette variation dans l'offre soit réellement reliée à des variations dans le prix. Il apparaît même clairement que le prix dans ce cas réagit à court terme beaucoup plus à des variations de l'offre que l'inverse.

Toutefois, les progrès considérables qui ont été faits dans le domaine du stockage et de la conservation permettent d'allonger sensiblement les périodes de l'année où certains fruits et légumes sont disponibles sur le marché, par le biais de l'importation.

6.2.4 Conditions conjoncturelles — Anticipations

Les trois facteurs précédents expliquent des comportements de l'offre qui sont spécifiques à certains secteurs, à certaines industries. Pourtant, à court ou à moyen terme, les déplacements les plus importants sont souvent à imputer aux **conditions conjoncturelles**. Les firmes ne peuvent ignorer les conditions économiques dans lesquelles elles évoluent; une croissance soutenue se traduira par la réalisation de plans de production plus audacieux, tandis qu'une récession entraînera la réduction des activités. Bien souvent, le niveau des stocks sera un bon indicateur de la situation conjoncturelle. Les déplacements de la courbe d'offre résultant de celle-ci seront atténués ou amplifiés par le jeu des **anticipations** des entreprises, lesquelles adaptent à l'avance leur production en fonction de leur perception de l'évolution à moyen terme, de leur marché, de la technologie ou des conditions générales dans lesquelles elles opèrent.

---

(4) On aura l'occasion de revenir sur ce point au chapitre 17.

6.2.5 La réglementation et l'intervention gouvernementale

Les déplacements de l'offre sont aussi souvent attribuables à la **réglementation** et à l'**intervention** gouvernementale. Les autorités publiques peuvent tout d'abord, par différentes mesures d'encouragement, s'efforcer d'augmenter la production de certains biens. Ceci peut être obtenu par l'intermédiaire de subventions directes aux entreprises ou de dégrèvements fiscaux qui rendent les investissements dans des secteurs choisis plus rentables. On pourra penser à titre indicatif au rôle joué à cet égard par le gouvernement dans le développement de l'industrie agro-alimentaire, au Québec. De la même façon, les avantages fiscaux accordés par le gouvernement fédéral durant les années 70 ont stimulé l'exploration dans le secteur énergétique.

Toutefois, l'action gouvernementale peut se traduire par une restriction de l'offre. La réglementation, souvent justifiée, s'est traduite dans bien des cas par des changements profonds (à court ou à moyen terme) des conditions de production ou des rendements sur l'investissement, ce qui a entraîné le retrait des producteurs de certains secteurs. On a estimé qu'aux États-Unis, par exemple, la réglementation réduisait sensiblement l'offre dans le domaine du transport. La lutte contre la pollution, toute légitime qu'elle soit, a eu le même effet dans certains secteurs industriels (mines, pétrochimie, aciéries, etc.). Le contrôle des loyers, dans les villes ou les provinces où il a été implanté, s'est traduit au bout de quelques années par la diminution de la construction domiciliaire et la réduction de l'offre de logement.

6.3 CHANGEMENT DE LA QUANTITÉ OFFERTE ET CHANGEMENT DE L'OFFRE

Afin de faire la distinction entre les déplacements sur la courbe d'offre et les déplacements de la courbe d'offre, on utilisera les mêmes conventions que celles que nous avons adoptées au chapitre 1: lorsque le prix varie, toutes choses étant égales par ailleurs, on dira qu'il y a changement de la quantité offerte; lorsqu'un autre facteur que le prix varie, on aura un déplacement de la courbe d'offre.

Le graphique 3 illustre cette distinction. Sur le graphique de gauche, la quantité offerte est passée de Q_A à Q_B et ce changement est attribuable à la seule variation de prix (P_A à P_B), toutes choses étant égales par ailleurs. Sur le graphique de droite, la quantité demandée est passée de Q_A à Q_B mais cette variation est due à d'autres facteurs que le prix qui est resté constant.

GRAPHIQUE 3: Changement de la quantité offerte et changement de l'offre

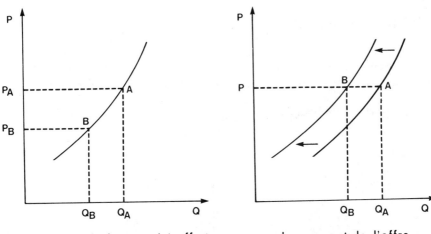

changement de la quantité offerte   changement de l'offre

6.4 ÉLASTICITÉ D'OFFRE

On a admis comme principe général que lorsque le prix d'un bien augmente, la quantité offerte augmente (et vice-versa). Il est à nouveau intéressant de mesurer l'amplitude des réactions des quantités offertes aux variations de prix. Ceci se fait grâce à l'élasticité.

6.4.1 Définition

L'élasticité d'offre est une mesure de la sensibilité relative des quantités offertes aux variations de prix.

$$E_0 = \frac{\% \, \Delta Q}{\% \, \Delta P}$$

Elle mesure de combien (en pourcentage) varient les quantités offertes quand les prix changent d'un certain pourcentage. Par exemple, si l'élasticité de l'offre est égale à 3, cela veut dire que si les prix diminuent de 1%, les quantités offertes vont diminuer de 3%.

Comme dans le cas de la demande[4], on peut écrire:

$$E_0 = \frac{\dfrac{\Delta Q}{Q}}{\dfrac{\Delta P}{P}} = \frac{\Delta Q}{\Delta P} \cdot \frac{P}{Q}$$

---

(4)   Cf. graphique 2. Il sera possible également de calculer une élasticité d'offre sur un arc.

Les propriétés de l'élasticité d'offre sont les mêmes que celles énoncées pour l'élasticité de la demande avec la notoire différence que l'élasticité d'offre est toujours positive.

6.4.2 Un cas particulier

En règle générale, l'élasticité varie en tout point sur une courbe d'offre. Mais ce n'est pas toujours le cas. Ainsi, si l'offre est représentée par une droite verticale, l'élasticité en tout point est constante et est strictement nulle.

GRAPHIQUE 4: L'élasticité d'offre

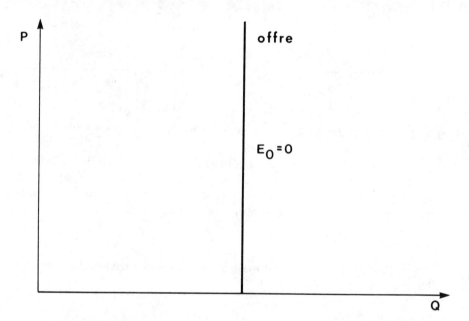

En effet, on voit que la quantité offerte est toujours la même quelle que soit la variation de prix.

6.4.3 Différents types d'élasticité d'offre

On peut utiliser différents types d'élasticité d'offre. On peut tout d'abord opposer l'élasticité d'offre d'une entreprise par rapport à l'élasticité d'offre globale, selon que l'on s'intéresse aux réactions d'une firme ou à celle du marché.

On peut ensuite opposer l'élasticité d'offre à court terme et l'élasticité d'offre à long terme en fonction de la période de réaction envisagée.

Enfin, on peut aussi utiliser des élasticités d'offre croisées, décrivant les réactions d'une entreprise (ou d'une industrie) aux variations de prix d'une autre entreprise (ou d'une autre industrie).

6.5 ASPECTS SPÉCIFIQUES DE L'ANALYSE DE L'OFFRE

Lorsqu'on analyse l'offre, il faut tenir compte d'un certain nombre d'éléments qui lui sont propres.

a) Même si les phénomènes d'anticipations peuvent jouer et même si les producteurs peuvent à certains égards stimuler la demande (par la publicité, par exemple) pour écouler leur production, on peut cependant constater que les changements dans l'offre constituent le plus souvent des **adaptations** aux changements dans la demande. Cette adaptation se faisant plus ou moins rapidement, il sera intéressant de faire une distinction entre l'offre à court terme et l'offre à long terme.

b) La notion d'offre doit être rapprochée de la notion de **capacité de production**. L'offre, c'est la quantité effectivement produite qui est mise sur le marché. Mais il est possible que cette quantité produite ne représente qu'une partie de ce qui pourrait être effectivement fabriqué par la firme. La capacité de production représente davantage l'offre potentielle. La différence entre capacité installée et capacité effectivement utilisée peut être considérée comme une réserve pour répondre aux conditions changeantes du marché ou de l'environnement économique. On notera qu'à court terme l'entreprise n'a qu'un contrôle limité du pourcentage effectif d'utilisation de sa capacité de production.

c) Les conditions spécifiques qui vont prévaloir à l'ajustement de l'offre dépendent également de l'existence de **stocks** et de la capacité de stockage.

Tout d'abord, il y a lieu de faire une distinction entre les stocks volontaires et les stocks involontaires. Les stocks volontaires vont avoir pour origine un désir des fabricants d'étaler dans le temps leur production pour répondre à des fluctuations de la demande qui peuvent être saisonnières ou conjoncturelles. Ils peuvent aussi résulter d'une volonté délibérée des producteurs de retenir leur production lorsque les prix du marché ne sont pas jugés satisfaisants. Les stocks involontaires résultent davantage de conditions de marché difficiles et de l'incapacité d'écouler la production.

L'existence des stocks constitue en règle générale un point à considérer pour ceux qui offrent. Un gonflement des stocks rend difficile la résistance aux variations de prix. L'offre effective sur un marché peut être beaucoup affectée par des changements de la politique de stockage des entreprises, lesquels peuvent s'expliquer par des variations dans le coût de financement de ces stocks. C'est ainsi que la politique de stockage est fortement affectée par les fluctuations du taux d'intérêt.

d) Si l'on se place dans une optique de long terme, l'offre est directement liée à la **politique d'investissement** de l'entreprise et des contraintes qui pèsent sur elle. En particulier, on notera que certains investissements sont indivisibles et donc que l'accroissement de la production (ou de la capacité installée) résultant d'un investissement peut être massive par rapport à la taille du marché. Pensons, par exemple, à l'industrie pétrochimique où la construction d'une installation se fait toujours au moins à la "taille minimale d'efficacité"[5] qui peut représenter une part importante du marché.

e) Alors que les changements dans la demande se font très rapidement, les changements dans l'offre sont beaucoup plus longs à se concrétiser ; ceci ne tient pas seulement à l'indivisibilité de l'investissement qui vient d'être évoquée, mais aussi au fait que les offreurs doivent juger si les changements qu'ils perçoivent dans la demande (et qui justifieraient des changements dans l'offre) sont **durables ou passagers.** De même, un changement dans l'offre nécessite le plus souvent de la part du producteur une étude stratégique basée essentiellement sur une anticipation des réactions de ses principaux concurrents dans son secteur.

f) La **banalisation d'une technologie** peut être à la source d'une offre excédentaire sur un marché. Ainsi, sur le plan mondial, les procédés de fabrication de produits pétrochimiques appartiennent à des sociétés **d'ingénierie** qui sont disposées à les vendre à tout nouveau producteur du secteur privé ou public. Cette facilité d'accès à la technologie pétrochimique a souvent été évoquée pour expliquer la surproduction et l'offre excédentaire des produits chimiques de base.

g) De plus en plus, les conditions d'offre dans un secteur industriel sont directement influencées par l'ouverture des marchés à la **concurrence internationale.** Par exemple, le marché de l'automobile aux États-Unis et au Canada au cours des deux dernières décennies a été davantage bouleversé par l'arrivée des producteurs japonais que par tout autre facteur.

En fait, les possibilités d'offre pour les producteurs locaux dépendent de plus en plus de leur compétitivité internationale. Cette compétitivité, à court terme, peut être influencée par la valeur de la monnaie locale ; mais à long terme, elle est surtout influencée par la productivité et l'innovation, ainsi que le démontre éloquemment des pays comme le Japon et l'Allemagne dont la compétitivité internationale se maintient année après année, malgré une appréciation continuelle de leur monnaie.

---

(5) On analysera en détail cette notion au chapitre 12.

ANNEXE A

Exercices et applications

-1-

La décennie 80 aura vu se multiplier les points de vente de restauration rapide ("Fast Food"). Or, cette augmentation de l'offre ne peut être expliquée par une augmentation des prix. Pourriez-vous énumérer tous les facteurs qui sont entrés en ligne de compte pour provoquer cette croissance, en distinguant ceux qui sont liés aux changements de la demande et ceux qui affectent l'offre directement.

-2-

Expliquez pourquoi la production d'une mine d'or et d'argent est influencée à moyen terme par la tendance des prix des métaux précieux.

-3-

Croyez-vous que l'offre de travail est touchée par le prix du travail (salaire)? Donnez des exemples.

-4-

Depuis le début de la décennie 90, les pays de l'Europe de l'Est et de l'ancienne U.R.S.S. s'efforcent de passer à l'économie de marché. Pourquoi les problèmes les plus compliqués à résoudre sont-ils des problèmes d'offre?

-5-

Sur un marché, il y a trois entreprises qui offrent un même produit. Les fonctions d'offre de chacune des entreprises sont respectivement:

1re entreprise: $P = 2Q_1 + 20$

2e entreprise: $P = Q_2 + 15$

3e entreprise: $P = 0.5Q_3 + 18$

Questions

1° Construire la courbe d'offre globale en repérant les quantités offertes respectivement pour les prix de $24, $25 et $30.

2° Rappelez la définition de l'élasticité d'offre et précisez pourquoi son signe doit être positif.

3° Quelle est la valeur de l'élasticité-prix de l'offre globale lorsque le prix passe de $24 à $25?

On a dit que l'organisation des pays exportateurs de pétrole (OPEP) a pu quadrupler le prix du pétrole brut en 1974, parce que l'élasticité d'offre à court terme était pratiquement nulle. Pouvez-vous interpréter cette affirmation et dire ce que vous pensez de l'élasticité d'offre à long terme dans ce cas précis?

Les grandes chaînes d'hôtels en Amérique du Nord semblent toutes accorder beaucoup d'importance à un critère pour décider d'une nouvelle implantation ou pour augmenter le nombre de chambres disponibles. Ce critère est le taux de remplissage des hôtels actuellement en place. Au début des années 70, le taux d'occupation était très élevé à Montréal. De plus, la perspective des Jeux olympiques en 76 poussait les chaînes d'hôtels à s'intéresser plus particulièrement à Montréal.

En 1982, le taux d'occupation était l'un des plus bas en Amérique du Nord

À la lumière de ces faits, êtes-vous d'accord avec la phrase suivante: ''L'offre ne fait que s'adapter à la demande?''

IIᵉ PARTIE

LES SITUATIONS DE RÉFÉRENCE

On a dit dans l'introduction que l'économie d'entreprise se rattache à l'approche microéconomique traditionnelle. De cette filiation, elle a acquis une démarche et des outils d'analyse. Mais l'influence de la microéconomie ne se limite pas à ces deux aspects. En effet, la microéconomie a imposé des schémas de référence, des modèles simplificateurs servant de repères. Et ce sont ces schémas de référence que l'on présentera dans cette seconde partie.

Tout d'abord, en microéconomie, on considère que la firme a un objectif unique qui va expliquer tout son comportement: cet objectif c'est la maximisation des profits.

D'autre part, on considère qu'il y a deux situations extrêmes, deux schémas simplificateurs de la fixation des prix: le modèle de monopole et le modèle de concurrence complète. Dans le premier modèle, il y a un seul vendeur ayant tout le pouvoir et la liberté pour fixer les prix; dans le second, caractérisé par un grand nombre de vendeurs offrant un produit strictement homogène, aucun vendeur ne peut exercer quelque pouvoir que ce soit et le prix est le résultat des forces du marché, de la confrontation de l'offre globale et de la demande globale.

Dans son effort de schématisation de la réalité, l'analyse microéconomique est amenée à utiliser un concept de firme très simplifié, très dépouillé et donc théorique.

Dans les deux modèles de fixation de prix ci-après, on supposera donc que:

- la firme est avant tout une unité de production;
- il n'y a pas de distinction entre vendeurs et producteurs;
- la firme est mono-productrice;
- elle a un but unique: la maximisation des profits;
- elle travaille en «avenir certain»;
- son comportement peut être analysé de façon statique.

Utiliser des modèles, c'est faire ces hypothèses simplificatrices afin de pouvoir plus aisément tirer des conclusions, quitte ensuite à s'interroger pour savoir si ces conclusions sont pour l'essentiel affectées lorsque l'on remet en cause une ou plusieurs des simplifications acceptées comme hypothèses de départ.

Si ces modèles sont théoriques et très simplificateurs, on n'oubliera pas, ainsi que nous l'avons dit dans l'introduction, qu'un modèle a trois fonctions: une fonction pédagogique, une fonction explicative et une fonction prévisionnelle.

C'est à la lumière de ces trois fonctions qu'il faut analyser la validité des schémas simplificateurs que l'on va présenter dans les deux chapitres suivants.

CHAPITRE 7

UN OBJECTIF SERVANT DE REPÈRE:

LA MAXIMISATION DES PROFITS

Par définition, le profit total d'une firme sera la différence entre la recette totale et le coût total. Le profit total résultant de la vente d'un produit est la différence entre ce que ce produit rapporte et ce que ce produit a coûté à produire. Entre deux situations, en termes de prix de vente et de quantité vendue, celle qui devrait être préférée est celle qui se traduit par le plus grand bénéfice. Le profit total étant fonction des quantités (puisque c'est la différence de deux fonctions de quantités), le problème qui se pose est alors le suivant: peut-on trouver une règle simple, basée sur les outils que nous avons utilisés précédemment, qui permette de déterminer quelle doit être **la quantité** de bien qu'il faut produire pour maximiser le profit?

Pour répondre à cette question, on se placera dans le cas le plus simple quitte à généraliser par la suite le résultat obtenu.

7.1 UNE RÈGLE GÉNÉRALE DE MAXIMISATION DU PROFIT

Un producteur fabrique un bien dont le prix de vente (P_o) est fixé (par le marché ou par réglementation peu importe). Il n'a aucun pouvoir pour faire changer ce prix. En revanche, on suppose qu'il peut vendre toute quantité qu'il désire à ce prix P_o. On sait dès lors que sa recette moyenne et/ou recette marginale sont confondues et représentées par une droite horizontale [1]. Sa recette totale est représentée par une droite croissante dont la pente est P_o (graphique 1).

En traçant sur le même graphique une courbe de coût total (ayant la forme correspondant au cas général), on peut représenter graphiquement la fonction de profit qui sera la différence entre la recette totale et le coût total. Dans le cas illustré par le graphique 1, le profit est d'abord négatif (une perte) puis devient positif et passe par un maximum en Q^*.

---

(1) Cf. chapitre 3.

GRAPHIQUE 1: Le profit total: différence entre la recette totale et le coût total

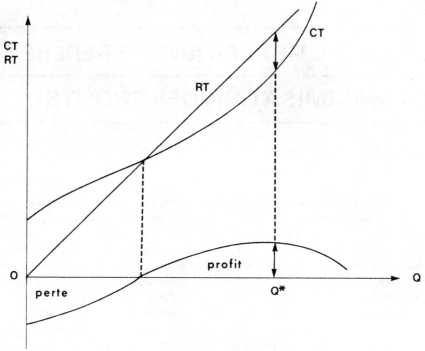

On constate alors que la tangente au coût total est parallèle à la recette totale.

Traçons maintenant un graphique où sont représentés la recette moyenne, la recette marginale et le coût marginal (graphique 2).

GRAPHIQUE 2: La maximisation du profit

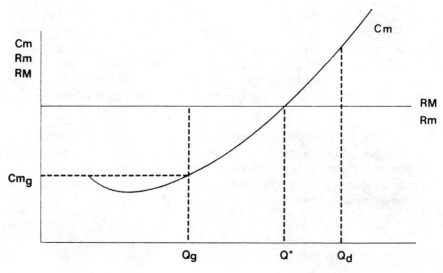

Soit une quantité Q_g pour laquelle le coût marginal est égal à Cm_g. Interrogeons-nous pour savoir si cela vaut la peine de produire cette unité. Comme le coût de production additionnel est inférieur à la recette additionnelle, la production de cette unité engendrera un profit additionnel (le profit marginal sera positif). On a donc intérêt à produire cette unité.

Ceci est vrai pour Q_g mais également pour toute unité pour laquelle la recette marginale est supérieure au coût marginal.

Plaçons-nous en revanche en Q_d. Le coût marginal de production est alors supérieur à la recette marginale. Ainsi, la production de cette unité entraînera une perte (le profit marginal est négatif). On n'a donc pas intérêt à produire cette unité. Et de la même façon, on n'a pas intérêt à produire toute unité dont le coût marginal est supérieur à la recette marginale.

Conclusion: si l'on veut maximiser le profit (total), on doit produire **toutes** les unités qui ont une recette marginale supérieure à leur coût marginal et **aucune** des unités dont le coût marginal de production est supérieur à la recette marginale.

D'où l'on peut énoncer la règle suivante:

La **quantité** qui maximise le profit est la **quantité** pour laquelle la recette marginale est égale au coût marginal.

Max Π → Rm = Cm

Cette règle a été démontrée dans le cas où le prix est indépendant de la quantité. En fait, on pourrait démontrer que cette règle est générale et peut s'appliquer à toute situation, que le prix dépende des quantités ou non.

On notera avec soin qu'il s'agit ici d'une règle de maximisation du profit total et non du profit moyen ou unitaire.

7.2 COURBE D'OFFRE DE L'ENTREPRISE QUI NE PEUT CONTRÔLER SON PRIX DE VENTE ET QUI VEUT MAXIMISER SON PROFIT

7.2.1 La courbe d'offre

Partons de la règle de maximisation de profit que l'on vient d'énoncer: la quantité Q^* qui maximise le profit est la quantité telle que la recette marginale est égale au coût marginal. Nous allons essayer de déterminer la courbe d'offre d'une entreprise qui se trouve sur un marché où elle ne peut imposer son prix de vente. Les conditions du marché sont telles qu'**elle doit s'adapter au prix qui est le prix du marché.** Elle ne contrôle pas le prix. Elle prend ce prix comme une donnée. D'autre part, on supposera que la firme a toutes les raisons de croire que, quelle que soit la quantité qu'elle vend, elle n'influence pas ce prix établi par le marché.

Construisons côte à côte deux graphiques. Le premier présentera les courbes de coût moyen et de coût marginal. Le second représentera l'offre de l'entreprise qui veut **maximiser** son profit. Par définition, l'offre est une liaison fonctionnelle entre des prix et des quantités. Par convention, on mettra sur le graphique les quantités sur l'axe horizontal et les prix sur l'axe vertical.

Supposons que le prix que l'entreprise prend comme une donnée est de P_1. Alors la recette moyenne sur le graphique de gauche est représentée par une ligne horizontale. Cette droite sera également la représentation de la recette marginale. Au point A, la courbe de coût marginal coupe la droite de recette marginale. Ainsi, le prix est de P_1, on offrira une quantité Q_1 si l'on veut maximiser le profit.

GRAPHIQUE 3

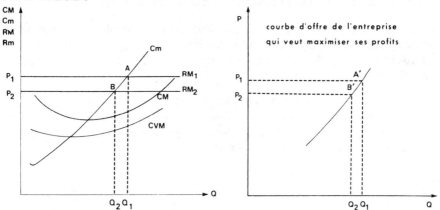

Reportons donc sur le graphique de droite ce résultat. Le point A' est l'image du couple (P_1, Q_1) sur la courbe d'offre. Et ainsi, on obtient un point de la courbe d'offre de l'entreprise qui veut maximiser son profit.

Recommençons l'opération, en supposant maintenant que le prix de vente imposé par le marché est de P_2. La quantité Q_2 est la quantité qui maximise le profit au prix P_2 puisqu'en B la recette marginale est égale au coût marginal. Reportons donc ces valeurs sur le graphique de droite; le point B' est l'image du couple (P_2, Q_2). C'est un autre point de la courbe d'offre. On se rend bien compte que sur le graphique de droite on ne fait que reconstituer la courbe de coût marginal.

Ainsi, la courbe d'offre de l'entreprise qui veut maximiser ses profits se confond avec la courbe de coût marginal. En fait, nous allons voir que la courbe d'offre n'est qu'une partie de la courbe de coût marginal : c'est la branche ascendante[2] du coût marginal dans la partie qui est supérieure au coût variable moyen.

---

(2) L'analyse des conditions du deuxième ordre pour avoir un maximum impose que la pente du coût marginal soit positive.

7.2.2 Courbe d'offre; seuil de rentabilité; seuil de fermeture; point mort

a) **Seuil de rentabilité et seuil de fermeture**

Que se passe-t-il lorsque le prix qui s'impose à la firme est tel que sa recette marginale coupe le coût marginal pour la quantité correspondant au minimum du coût moyen? Sur le graphique ci-dessous, le point R illustre ce cas. L'application de la règle de maximisation du profit permet de dire qu'il faudrait produire une quantité Q_r. Le profit dans ce cas est nul puisque la recette moyenne est égale au coût moyen. Néanmoins, la quantité Q_r est bien la quantité qui doit être produite puisque toute autre quantité aboutirait à une perte. Ainsi, pour tout prix supérieur à P_r, il y a possibilité de faire du profit. Tout prix inférieur à P_r aboutira à une situation de perte. Ainsi, le prix P_r est une limite. Sur le graphique, le point R sera appelé seuil de rentabilité.

Au sens économique du terme, le seuil de rentabilité est atteint pour un **prix** correspondant au minimum du coût moyen; c'est le prix au-delà duquel l'entreprise commence à réaliser des profits. Sur le graphique, le seuil de rentabilité est atteint pour le prix P_r; la quantité offerte est alors Q_r.

GRAPHIQUE 4

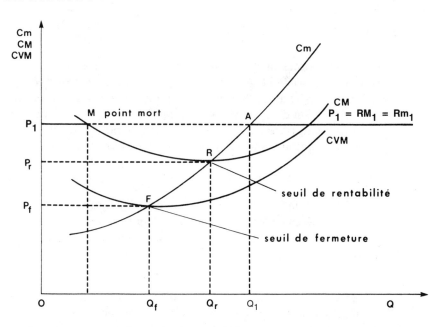

Si le prix descend au-dessous de P_r, mais est compris entre le minimum du coût moyen et du coût variable moyen, l'entreprise qui fera une perte aura néanmoins intérêt à produire puisqu'elle couvrira tous ses coûts variables et une partie des coûts fixes. Cette situation ne sera néanmoins tenable qu'à court terme.

En revanche, si le prix descend jusqu'au prix P_f, tel que la recette marginale coupe le coût marginal juste au minimum du coût variable moyen, alors on a atteint une nouvelle limite puisqu'en produisant la quantité Q_f, l'entreprise couvrira seulement l'ensemble de ses frais variables. Le point F sur le graphique est le seuil de fermeture.

Au sens économique du terme, le seuil de fermeture est atteint pour un **prix** correspondant au minimum du coût variable moyen; c'est le prix le plus bas pour lequel il y aura une quantité offerte.

En résumé, la courbe d'offre de l'entreprise lorsque le prix est donné correspond à la courbe de coût marginal pour tout niveau de production égal ou supérieur au niveau associé avec le minimum du coût variable moyen. Pour des prix inférieurs à ce minimum, la quantité offerte est nulle.

b) *Point mort (break-even-point)*

Il faut noter qu'il y a une autre acception de la notion de «seuil de rentabilité». Il désigne parfois **pour un prix donné**, la quantité à partir de laquelle l'entreprise commence à réaliser un profit. Pour ne pas créer d'équivoque avec la définition que nous avons donnée auparavant, nous parlerons dans ce cas de point mort (break-even-point). Dans le graphique précédent, le point mort pour le prix P est en M.

*

Le seuil de rentabilité et le seuil de fermeture peuvent également être repérés à l'aide des courbes de coût total et de coût variable total. Sur le graphique suivant, ces deux courbes ont été représentées.

La recette totale est par définition le produit du prix par les quantités. Ainsi, si le prix est une donnée pour l'entreprise, la représentation graphique de la recette totale est une droite issue de l'origine et dont la pente est le prix. À chaque niveau de prix correspond une droite différente représentant la recette totale.

GRAPHIQUE 5

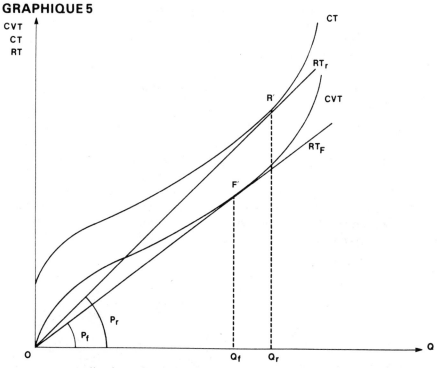

Il existe un prix (donc une pente) pour lequel la droite de recette totale est tangente à la courbe de coût total. Ce prix correspond au seuil de rentabilité. De la même façon, il existe un prix pour lequel la droite de recette totale est tangente à la courbe de coût variable total. Ce prix correspond au seuil de fermeture. Ces points de tangence sont respectivement notés R′ et P′ sur le graphique précédent.

GRAPHIQUE 6

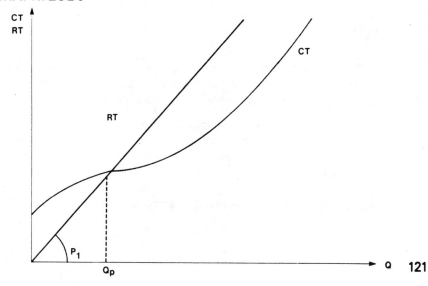

Il est également possible à l'aide de ces deux courbes (RT et CT) de repérer le point mort. Pour un prix donné (P_1) le point mort est atteint pour la quantité Q_p pour laquelle la recette totale est égale au coût total. Pour une quantité supérieure à Q_p, il y aura du profit.

c) *Rapprochement avec l'utilisation du point mort dans d'autres disciplines*

En production et en comptabilité, on utilise la notion de point mort. Le concept utilisé alors est plus proche de la deuxième acception retenue pour ce terme. Il s'agit en fait de repérer la quantité minimale à produire pour couvrir ou les frais fixes ou l'ensemble des frais fixes et variables. On remarquera que dans ces disciplines, une **droite** est utilisée pour représenter l'évolution de l'ensemble des frais de production; la figure suivante serait une illustration de cette recherche de point mort.

GRAPHIQUE 7

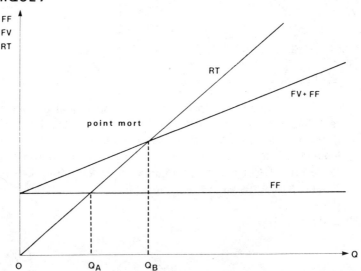

Dans cette figure, Q_A est la quantité minimale nécessaire pour couvrir les frais fixes; Q_B, **le point mort**, est la quantité minimale qui doit être produite pour couvrir les frais fixes et les frais variables.

En plus de considérer que les prix sont indépendants des quantités à vendre (puisque la recette totale est une droite), on suppose que les frais variables sont strictement proportionnels à la quantité produite (puisque les frais totaux sont décrits par une droite). Pour reprendre la terminologie économique, on suppose ici que la productivité marginale physique du «facteur de production» est constante.

Exercices d'application

- 1 -

Les ouvriers de l'atelier ABC sont payés $100 par semaine. Les frais fixes sont estimés à $200 par semaine. On possède les données suivantes sur la production hebdomadaire du produit unique X en fonction du nombre d'ouvriers employés.

Ouvriers	0	1	2	3	4	5	6	7	8	9
Quantité de X	0	10	26	40	52	62	69	75	80	84

Questions

Si l'on fait l'hypothèse que l'entreprise dont il est question ici **ne peut pas contrôler son prix**, c'est-à-dire qu'elle prend le prix du marché comme une donnée,

1° Repérez le seuil de rentabilité.

2° Repérez le seuil de fermeture.

3° Quelle quantité sera produite si le prix est de $20 et que l'on veut maximiser les profits?

- 2 -

Dans un atelier, le nombre d'employés peut varier de 2 à 10. Les productions obtenues en fonction du nombre d'employés sont données dans le tableau suivant:

Nombre d'employés	2	3	4	5	6	7	8	9	10
Quantités produites	26	41	52	62	70	77	83	88	92

On a pu calculer que les valeurs du coût variable moyen et du coût fixe moyen sont les suivantes:

Quantités	26	41	52	62	70	77	83	88	92
CVM	7.69	7.32	7.69	8.06	8.57	9.09	9.64	10.23	10.87
CFM	11.54	7.32	5.77	4.84	4.29	3.90	3.61	3.41	3.26

Questions

1° Définissez le seuil de rentabilité et le seuil de fermeture.

2° Quelles sont, dans ce problème, les valeurs du seuil de rentabilité et du seuil de fermeture?

3° Quelle quantité faut-il produire si le prix est de $25?

4° Quelle quantité faut-il produire si le prix est de $9?

CHAPITRE 8

DEUX MODÈLES DE FIXATION DE PRIX

SERVANT DE RÉFÉRENCE

On utilise en microéconomie deux modèles de fixation de prix servant de référence: le modèle de monopole caractérisé par un seul vendeur et le modèle de concurrence complète caractérisé par une infinité de vendeurs. On présentera succinctement ces deux modèles.

8.1 PREMIER MODÈLE DE RÉFÉRENCE: LE MONOPOLE PUR

8.1.1 La situation

On envisage la situation où une seule firme produit un bien pour lequel il n'existe pas de substituts proches, actuellement en vente sur le marché.

8.1.2 Conséquences

. S'il existe pour le bien une demande, la demande du marché dans ce cas précis **se confond avec la demande à la firme.**

. Dès lors, puisque la recette moyenne est l'équivalent de la demande à la firme, dans un cas général, la recette moyenne sera une fonction décroissante des quantités (à titre de simplification, la recette moyenne sera représentée par une droite décroissante).

. Le monopole jouit d'une liberté totale pour fixer son prix. On dit que c'est un «price maker».

8.1.3 Fixation du prix

En cas de maximisation des profits, le monopoleur choisira de produire (et de vendre) une quantité Q^* telle que sa recette marginale soit égale à son coût marginal. Le prix fixé par le monopole P^* sera donc celui pour lequel la quantité demandée est Q^*.

GRAPHIQUE 1

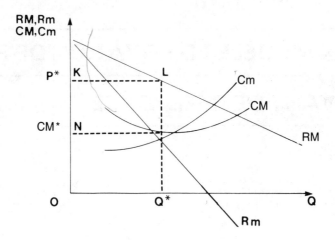

Le profit unitaire du monopole est de P* – CM* et son profit total est repéré par la surface KLMN.

8.1.4 Évolution à long terme

Si la firme reste seule sur le marché, s'il n'apparaît pas d'autres producteurs ou d'autres substituts, rien ne viendra faire disparaître le profit réalisé par cette firme. On peut imaginer qu'en longue période, elle puisse changer la taille de son installation (donc sa courbe de coût) pour essayer d'améliorer encore son profit.

8.2 DEUXIÈME MODÈLE DE RÉFÉRENCE: LA «CONCURRENCE COMPLÈTE»

8.2.1 La situation

On dit qu'un marché est un marché de concurrence complète [1] lorsque les quatre conditions suivantes sont remplies:

a) *Atomicité*

Un grand nombre de vendeurs et d'acheteurs se retrouvent sur le marché et tous sont de petite taille. **Aucun acheteur ou vendeur ne peut alors influencer le prix de vente du produit en question par une action individuelle** sur le marché. La concurrence entre les firmes sera impersonnelle. Le prix de vente et les quantités vendues ne se déterminent que par la somme des comportements individuels.

---

(1)   On pourrait dire aussi de concurrence pure et parfaite.

b) *Homogénéité*

Le produit vendu est homogène (par opposition à hétérogè-ne ou différencié). L'acheteur est alors totalement indifférent quant au choix du vendeur car toutes les firmes produisent exacte-ment le même bien.

c) *Fluidité*

C'est un marché où il est facile de devenir producteur. On dit qu'il y a liberté d'entrée sur le marché et liberté de sortie.

d) *Transparence*

L'information complète existe sur ce marché autant pour les acheteurs que pour les producteurs.

8.2.2 Conséquences des hypothèses

Les hypothèses qui sont faites pour que l'on ait un marché de con-currence parfaite conduisent, d'un point de vue analytique, aux conséquences suivantes:

a) Le prix auquel sera échangé le produit entre consommateurs et pro-ducteurs sera le prix déterminé par les **forces du marché**, c'est-à-di-re que la firme ne choisit pas son prix de vente et que le consomma-teur ne choisit pas son prix d'achat. On dit que la firme est un «**price-taker**».

b) Le prix étant déterminé par le marché, **la firme considère ce prix comme une donnée.** Aussi, la demande à la firme est représentée par une droite horizontale. Cette droite est alors également la repré-sentation de la recette moyenne (RM). On sait que dans ce cas la re-cette marginale et la recette moyenne sont confondues[2].

c) La firme ne pouvant influencer le prix qu'elle considère comme une donnée, sa fonction d'offre, **si elle veut maximiser son profit,** se confondra avec la branche ascendante du coût marginal dans la par-tie qui est supérieure au coût variable moyen. On se souviendra que si le prix du marché correspond au minimum du coût moyen de la fir-me, elle ne pourra pas faire de profit. Ce prix correspond au **seuil de rentabilité.** Si le prix du marché correspond au minimum du coût va-riable moyen de la firme, la firme ne peut couvrir ses frais fixes; elle encourt la plus grande perte admissible. Ce prix correspond au **seuil de fermeture.**

---

(2) Cf. chapitre 3.

8.2.3 Fixation du prix à court terme

Pour faire l'analyse de la fixation du prix en concurrence complète, il faut distinguer ce qui se passe au niveau du marché dans son ensemble et ce qui se passe au niveau de la firme.

Le prix, avons-nous dit, est déterminé par le marché: c'est le prix qui rend compatible les plans des offreurs et des demandeurs; il correspond à l'intersection de la demande sur le marché et de l'offre globale. L'offre globale est la sommation des offres individuelles des producteurs: c'est donc la sommation horizontale de toute une série de branches ascendantes de coûts marginaux.

GRAPHIQUE 2

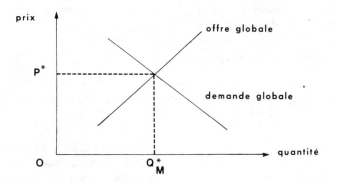

Dans le cas du graphique ci-dessus, il sera échangé sur le marché la quantité Q_M^* au prix de P^*.

Connaissant ce prix sur le marché, il est possible de déterminer pour une des firmes (par exemple la firme i) la quantité qu'elle va produire et vendre, en supposant qu'elle cherche à maximiser ses profits. Cette quantité (Q_i^*) est la quantité pour laquelle on aura l'égalité du coût marginal (Cm_i) et la recette marginale (Rm_i) qui, on l'a rappelé précédemment, sera une droite horizontale.

GRAPHIQUE 3

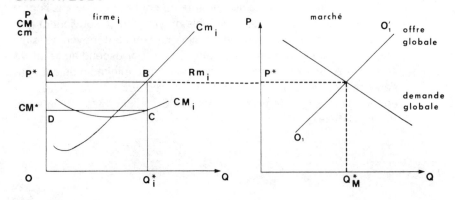

Dans le cas du graphique précédent, la firme i vendra la quantité Q_i^* et elle fera un profit puisque son coût moyen est inférieur à son prix de vente P^*. Ce profit total réalisé est représenté par la surface ABCD.

8.2.4 Évolution à long terme

Si l'on se place en longue période, la situation décrite précédemment va être affectée par deux éléments: tout d'abord, les firmes en place sur le marché vont ajuster la taille de leurs installations afin de produire de la façon la plus efficace; de plus, du fait des hypothèses de transparence et de fluidité, de nouvelles firmes vont rentrer sur le marché, attirées par la possibilité de faire des profits.

La conséquence de ce double changement, c'est que l'offre sur le marché va augmenter: elle passe de O_1O_1' à $O_2 O_2'$.

GRAPHIQUE 4

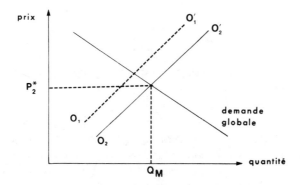

Dès lors, le prix du marché qui était P^* diminue et devient P_2^*. Le prix ayant baissé, le profit de toutes les firmes (et en particulier le profit de la firme i) va baisser.

GRAPHIQUE 5

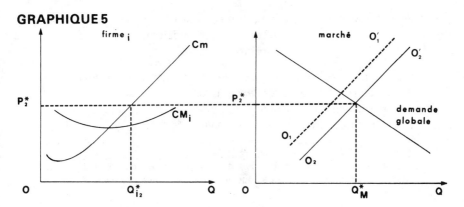

Ce que l'on vient de décrire quand le prix passe de P^* à P_2^* va se poursuivre tant et aussi longtemps qu'il y aura du profit possible. Et chaque ajustement se traduira par une baisse du prix et une diminution du profit.

Quelle serait la **situation limite** de ce processus ? Elle est décrite dans le graphique 6 : le prix sur le marché s'est fixé au niveau P_f^*. La firme produit au **minimum de son coût moyen**[3] et elle ne fait **aucun profit**.

GRAPHIQUE 6 : Situation limite à long terme

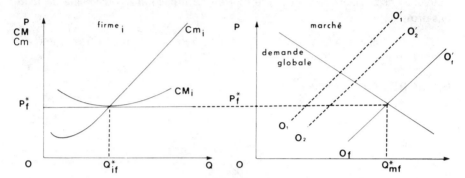

8.3 LES MODÈLES DE MONOPOLE ET DE CONCURRENCE COMPLÈTE: SITUATION DE RÉFÉRENCE

Les deux «modèles» que l'on vient de présenter sont des situations extrêmes de fixation des prix. Dans le premier, la firme a **tout le pouvoir** d'imposer son prix (price maker), dans le second, la firme n'a **aucun pouvoir** de fixer son prix; elle prend le prix du marché (price taker). Mais les conclusions que l'on peut tirer sont importantes à deux niveaux:

- au niveau du coût moyen: à long terme, la firme en concurrence complète doit produire de façon efficace (au minimum de son coût moyen). Le monopole n'y est pas contraint.

- au niveau des profits: à long terme, **la tendance** est à la disparition du profit en concurrence complète, ce qui n'est pas le cas du monopole.

Ainsi, plus on se rapprochera d'une situation de concurrence complète et plus (théoriquement) on aura tendance à voir diminuer les profits; par contre plus on se rapprochera d'une situation de monopole et plus on aura tendance à trouver des firmes pouvant maintenir leur niveau de profit.

(3) Comme l'analyse est faite ici en longue période, on peut supposer que la firme a pu choisir la taille d'installation qui est la meilleure pour elle et donc qu'elle est au minimum de son coût moyen à long terme.

Historiquement, le développement de la microéconomie s'est fait autour de ces deux modèles de référence. Et l'analyse microéconomique traditionnelle s'est attachée à expliquer le système des prix et l'allocation efficace des ressources autour de ceux-ci. Elle y a été poussée entre autres parce que le père de la microéconomie, Walras, a démontré de façon irréfutable que si tous les marchés étaient des marchés de concurrence complète, nous serions certains d'avoir la meilleure répartition possible des ressources rares. Pour beaucoup alors cette situation est devenue une norme, un point de référence. Certes, l'économie dans laquelle nous vivons n'est pas une économie de concurrence complète. Mais le pari fait par les microéconomistes traditionnels était le suivant: puisque nous pouvons comprendre le système de prix dans un monde de concurrence complète (et qu'alors se trouve résolue de façon satisfaisante l'allocation des ressources), nous pouvons peut-être expliquer également le système de prix si nous remettons en cause les plus contraignantes des hypothèses du modèle.

C'est ainsi qu'on proposa le modèle de la «**concurrence monopolistique**». Ce modèle, dû à J. Robinson et E. Chamberlin, explique le mécanisme de fixation des prix lorsqu'on remet en cause l'une des quatre hypothèses du modèle de concurrence complète, celle portant sur l'homogénéité des produits. Le modèle du **monopsone** quant à lui explique la fixation des prix dans une situation où il n'y a qu'un seul acheteur, ayant donc tout le pouvoir, face à une multitude de vendeurs. Le modèle de **monopole bilatéral** décrit une situation où se font face un acheteur et un seul vendeur, tandis que les modèles d'**oligopole** schématisent la fixation des prix quand il y a un petit nombre de vendeurs.

Nous aurons l'occasion de revenir sur certains de ces modèles. Pour le moment, on rappellera que le modèle du monopole et le modèle de la concurrence complète qui viennent d'être présentés sont avant tout des **modèles de fixation des prix. Ils reposent sur une hypothèse de comportement: la maximisation des profits, et sur une vision extrêmement simplifiée et théorique de la firme, du marché et du phénomène concurrentiel.**

ANNEXE A

Monopole et concurrence complète : quelques applications

-1-

Pourquoi, dans bien des pays, la distribution d'électricité, la distribution de l'eau et le transport urbain sont-ils confiés à des monopoles ?

-2-

À votre avis, pourquoi certains monopoles, dans le domaine des télécommunications, sont-ils remis en cause dans plusieurs pays ?

-3-

La diffusion très rapide du magnétoscope a eu comme conséquence la multiplication des points de distribution des films en location. Pouvez-vous analyser ce marché en vous demandant s'il ressemble au marché théorique de la concurrence complète. Que peut-on prévoir à long terme sur la rentabilité de tels commerces ?

-4-

En quoi la distance ou les facteurs d'éloignement géographique doivent-ils être pris en considération pour apprécier les ''monopoles locaux de distribution'' ?

ANNEXE B

Exercice numérique

La concurrence complète

La demande totale pour le produit homogène X est résumée dans le tableau suivant:

Prix	Quantités demandées
10	1,700,000
15	1,450,000
20	1,200,000
25	950,000
30	700,000
35	450,000

Il existe 100 petites firmes produisant le bien X. On supposera qu'elles ont toutes la même structure de coût.

Les coûts fixes sont de 10,000 et les coûts variables sont donnés dans le tableau ci-après:

Quantités produites	Coûts variables
3,000	60,000
4,000	70,000
5,000	75,000
6,000	80,000
7,000	90,000
8,000	105,000
9,000	125,000
10,000	150,000
11,000	180,000
12,000	215,000

Questions

1° Calculez le coût variable moyen, le coût moyen et le coût marginal pour une firme.

2° Précisez l'offre d'une firme ainsi que le seuil de rentabilité et le seuil de fermeture. (On supposera que chaque firme veut maximiser son profit.)

135

3° Quel est le prix sur le marché et la quantité totale échangée?

4° Quelle est la recette moyenne et la recette marginale pour une des firmes?

5° Quelle est la quantité produite pour chaque firme?

Faire une représentation graphique.

Solution

Question 1

L'ensemble des coûts sont calculés dans le tableau ci-joint.

Question 2

Comme sont réunies les conditions de la concurrence complète, la courbe d'offre d'une entreprise qui maximise ses profits se trouve confondue avec la branche ascendante du coût marginal dans la partie qui est supérieure au coût variable moyen. Elle est représentée sur le graphique par le segment FG.

Le seuil de rentabilité est un prix, c'est le prix minimum à partir duquel l'entreprise va pouvoir faire du profit. Ce prix correspond au minimum du coût moyen. Dans le cas présent, le seuil de rentabilité serait proche de $14.3.

TABLEAU 1: Calcul des coûts pour une firme

Q	CF	CV	CT	CVM	CM	Cm
3,000	10,000	60,000	70,000	20.0	23.3	
3,500						10
4,000	10,000	70,000	80,000	17.5	20.0	
4,500						5
5,000	10,000	75,000	85,000	15.0	17.0	
5,500						5
6,000	10,000	80,000	90,000	13.3	15.0	
6,500						10
7,000	10,000	90,000	100,000	12.9	14.3	
7,500						15
8,000	10,000	105,000	115,000	13.1	14.4	
8,500						20
9,000	10,000	125,000	135,000	13.9	15.0	
9,500						25
10,000	10,000	150,000	160,000	15.9	16.0	
10,500						30
11,000	10,000	180,000	190,000	16.4	17.3	
11,500						35
12,000	10,000	215,000	225,000	17.9	18.8	

GRAPHIQUE 7

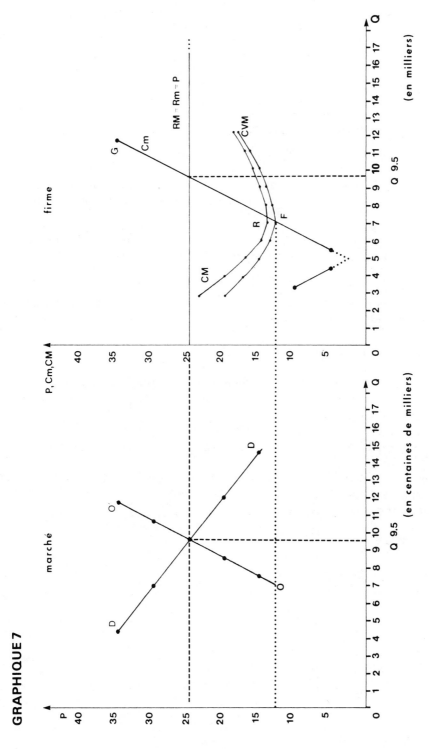

Le seuil de fermeture est un prix. C'est le prix au-dessous duquel la firme n'a nullement intérêt à produire puisque non seulement elle ne couvre pas ses frais variables mais elle ne peut rémunérer ses frais fixes. Dans le cas présent, le seuil de fermeture est proche de 12.9.

Question 3

Pour déterminer le prix du marché, il faut trouver l'intersection de la demande globale et de l'offre globale.

La demande globale est donnée dans l'énoncé. Il faut en revanche calculer l'offre globale. Ceci ne présente pas vraiment de difficulté. En effet, toutes les firmes étant identiques, elles ont la même offre individuelle. Il suffit pour chaque niveau de prix de multiplier la quantité offerte par une firme par 100.

Ainsi, si le prix est 30, la quantité offerte par une firme est de 10,500; pour ce prix, l'offre globale sera donc de 1,050,000 unités.

La construction de l'offre globale a été reproduite sur le graphique.

Il apparaît dès lors que pour un prix de 25, l'offre globale est égale à la demande globale. La quantité échangée sur le marché est de 950,000 unités.

Question 4

Sur ce marché, le prix de 25 s'impose à toutes les firmes et la recette moyenne se confond avec la recette marginale. Elle est représentée par une droite horizontale.

Question 5

La quantité produite par chaque firme (qui maximise son profit) est trouvée à l'intersection de la recette marginale et du coût marginal. Chaque firme produit donc 9,500 unités.

IIIᵉ PARTIE

L'ENTREPRISE, LE MARCHÉ

ET LA COMPÉTITION

Il serait vain de vouloir faire dire aux modèles traditionnels de la microéconomie plus qu'ils ne peuvent dire. Alors qu'il s'agit essentiellement de modèles explicatifs de fixation des prix, on ne peut leur demander de décrire le comportement général des firmes, la «compétition» entre firmes. C'est pourquoi, parallèlement à l'analyse microéconomique, s'est développé tout un courant d'analyse tentant d'aborder les problèmes de comportements des entreprises, les problèmes de compétition entre entreprises et les problèmes de la structure industrielle.

Aborder ces problèmes de comportements et de structures suppose que nous commencions par nous interroger sur ce qu'est une entreprise et sur ce que sont ses objectifs. C'est ce qu'on fera dans un premier chapitre. On s'interrogera ensuite sur les stratégies envisageables pour une entreprise et sur la notion de marché. Enfin, on s'attardera à décrire ce qu'est la compétition contemporaine entre les firmes.

CHAPITRE 9

L'ENTREPRISE ET

SES OBJECTIFS

Pour présenter les traits principaux de l'entreprise contemporaine, on utilisera trois paragraphes: le premier vise à proposer une définition aussi complète que possible de ce qu'est l'entreprise, le second s'intéresse au problème du contrôle et le troisième portera sur les objectifs.

9.1 COMMENT CONCEVOIR L'ENTREPRISE MODERNE?

Parler de la firme d'une façon générale est une tâche plus compliquée qu'il n'apparaît de prime abord. C'est que le concept doit être capable de couvrir des entités aussi différentes que l'Imperial Oil, la Banque de Montréal, la pizzeria du coin ou un salon de coiffure.

Une façon d'aborder le problème est de s'interroger sur les critères qui servent à classifier les entreprises. Sans prétendre être exhaustif, on peut admettre qu'une telle classification peut être basée:

- sur la taille: grandes entreprises par opposition aux PME;

- sur le champ d'intervention: compagnie multinationale ou compagnie nationale;

- sur le type de propriété: société à capital fort dispersé ou compagnie à propriétaire unique;

- sur le domaine d'intervention: société du secteur de la construction par opposition à société du secteur bancaire par exemple;

- sur le type de management: société centralisée ou fortement décentralisée;

- sur la réussite: société performante par opposition à société en stagnation.

De telles bases de classification permettent de voir que toutes les entreprises ont un certain nombre de choses en commun et c'est autour de ces éléments communs que l'on peut proposer une définition de l'entreprise.

On dira que l'entreprise est une **organisation combinant du capital et des compétences dont le but est en général la rémunération la plus satisfaisante possible du capital; cette organisation est animée par une équipe dirigeante qui, avec plus ou moins d'autonomie, définit sa stratégie, coordonne ses activités; elle fournit des biens et services dans un environnement donné.**

9.1.1 Une organisation combinant du capital et des compétences

Il apparaît tout d'abord que le concept d'entreprise ne peut être dissocié du cadre dans lequel elle existe et ce cadre c'est celui de la société capitaliste dont l'une des caractéristiques essentielles est l'appropriation privative des moyens de production. Qui dit entreprise dit donc capital.

Mais on ne peut parler d'entreprise sans parler des agents qui la composent et des compétences qu'elle réunit. On ne fait pas simplement référence ici à l'entrepreneurship mais aussi à la compétence administrative, la compétence technique et la main-d'oeuvre.

9.1.2 Une organisation dont le but ultime est la rémunération la plus satisfaisante possible du capital

Nous serons amenés à discuter des objectifs de la firme et des objectifs divergents qui peuvent être poursuivis par les différents éléments qui la composent; cependant, affirmer que le but de l'entreprise est le profit est un raccourci commode. On ne dit pas que son but est la maximisation du profit, on préfère parler d'une rémunération satisfaisante du capital. La notion de ce qui est satisfaisant est suffisamment générale pour couvrir la plupart des situations.

Pour la mise en route de l'entreprise et pour sa survie, des capitaux ont été investis. Ils ne l'ont pas été pour la beauté de la chose, ils l'ont été pour obtenir un certain rendement. Ceci est tellement vrai que la performance de la firme à long terme sera appréciée à l'aide de ce critère: le rendement sur capital investi.

Beaucoup d'actions seront prises et beaucoup d'attitudes seront justifiées par l'équipe dirigeante en se référant à la «responsabilité vis-à-vis des actionnaires». Cette responsabilité à laquelle on fait référence, c'est la responsabilité de faire fructifier les capitaux investis.

9.1.3 Une organisation animée par une équipe dirigeante

Une caractéristique essentielle d'une entreprise contemporaine c'est d'être un «**centre de décisions**», décisions à court terme (de tactiques) ou

144

décisions à plus long terme (stratégie et planification). L'analyse du mode de fonctionnement de cette organisation moderne qu'est l'entreprise peut se faire autour des problèmes de la prise de décision (du mode de décision ou des agents prenant les décisions).

L'évolution des entreprises est telle que l'on doit fortement relativiser l'image traditionnelle du chef d'entreprise, propriétaire principal prenant toutes les décisions. La complexité des tâches, le morcellement des activités et la dilution des responsabilités font que les décisions sont de nos jours beaucoup plus du domaine d'une équipe que de celui d'une seule personne.

C'est ainsi que la notion d'**équipe dirigeante**, de cadres d'entreprise a remplacé, en termes d'importance, celle de propriétaire ou même d'entrepreneur. L'évolution de la firme a conduit à l'émergence d'un groupe d'agents économiques appelés à jouer un rôle primordial: les managers ou les cadres de l'entreprise.

Ce sont ces cadres qui coordonnent l'ensemble des activités de la firme. Ce sont eux qui tracent les orientations futures, effectuent la planification et exercent le contrôle des activités journalières de la firme.

9.1.4 Une équipe dirigeante plus ou moins autonome

Cette émergence de l'importance des cadres a conduit les observateurs à se demander si l'on n'a pas assisté à une lente évolution du système capitaliste dans laquelle le pouvoir effectif est passé de ceux qui possèdent à ceux qui gèrent: des propriétaires de capitaux aux managers. Et dans l'histoire de l'organisation économique cette mutation ne serait pas la première: on a déjà assisté à un glissement du pouvoir de ceux qui possédaient la terre à ceux qui possédaient les capitaux au moment de la révolution industrielle. Une nouvelle mutation de ce genre a-t-elle eu lieu qui a fait basculer le pouvoir des mains des propriétaires à celles des gestionnaires?

Poser cette question, c'est poser la question de l'autonomie effective des gestionnaires par rapport aux propriétaires. Sans anticiper sur ce que l'on sera amené à dire sur le problème du contrôle dans les entreprises, on notera ici que l'autonomie des gestionnaires est très relative et que souvent cette autonomie et cette indépendance des managers ne sont que **déléguées** et que s'ils peuvent jouir d'une certaine liberté dans la conduite des activités de la firme, ils sont de façon générale appelés à **rendre des comptes**. Leur autonomie est limitée par le contrôle a posteriori, par l'évaluation de leurs résultats et par la possibilité de sanctions qui peuvent accompagner cette évaluation.

9.1.5 Une organisation qui fournit des biens et des services dans un environnement donné

S'il est important quand on parle de l'entreprise de parler de ses composantes et de leurs attributs, on ne peut oublier sa finalité économique première qui est la fourniture de biens ou de services. D'ailleurs, de l'extérieur, l'entreprise sera surtout perçue en fonction de son produit final et de sa contribution aux échanges. Il y aurait à vrai dire quelque chose de très malsain de se contenter de s'intéresser aux problèmes de gestion en les voyant simplement en fonction d'objectifs financiers ou en fonction de la répartition des pouvoirs à l'intérieur de l'entreprise, en négligeant les problèmes de marchés et de produits.

Comme on l'a dit, sans capital il n'y a pas d'entreprise. Mais on peut également affirmer que sans produits ou services trouvant une demande effective et solvable il n'y a pas non plus d'entreprise.

Enfin, l'entreprise est une organisation qui évolue dans un environnement donné. Cet environnement définit les «règles du jeu» à l'intérieur desquelles la firme exerce ses activités, et il présente des limites au pouvoir et à la liberté d'action des managers. L'équipe dirigeante visera à ce que la finalité de l'entreprise puisse être compatible avec les contraintes que peut représenter le milieu dans lequel elle se trouve. Il est tout à fait remarquable à cet égard que les modes de gestion, les stratégies retenues et les attitudes des dirigeants varient d'un pays à l'autre ou même d'une région à l'autre, et reflètent le cadre dans lequel fonctionne l'entreprise.

9.2 LA PROPRIÉTÉ ET LE CONTRÔLE

Les sociétés par actions ont joué un rôle primordial dans le développement industriel. Elles constituent aujourd'hui la trame de la structure industrielle dans les pays occidentaux.

Mais en fait qui détient le pouvoir et qui exerce le contrôle dans ces sociétés par actions? Ce contrôle est-il entre les mains des actionnaires, entre les mains du Conseil d'administration ou dans celles de la direction exécutive?

9.2.1 Le pouvoir et le contrôle

On situera mieux les choses en disant que les actionnaires possèdent trois types de droits: un droit de participer aux bénéfices (sous forme de dividende versé ou par l'intermédiaire du gain de capital), un droit de participer aux élections des administrateurs de la compagnie au prorata de leurs avoirs et un droit de se départir de leurs avoirs (la vente de leurs actions).

Or comme les activités d'une compagnie sont supervisées par le Conseil d'administration, qui a le pouvoir de nommer et de révoquer la haute direction de la compagnie, le pouvoir est détenu en dernier ressort par le Conseil d'administration. Ainsi, la personne ou le groupe qui a le pouvoir d'élire le Conseil contrôle la société. Ce pouvoir d'élire le Conseil peut avoir pour origine le contrôle direct ou indirect des votes ou la possibilité d'exercer une pression pour imposer des administrateurs.

Par opposition à l'entreprise à propriétaire unique (ou à la plupart des PME) où on ne peut vraiment faire de distinction entre la possession et le contrôle, le fonctionnement de l'entreprise dont le capital est dispersé entre plusieurs actionnaires met en lumière que le fait de posséder des actions ne donne pas forcément le contrôle sur la compagnie.

9.2.2 Les actionnaires

Les actionnaires n'ont d'ailleurs pas tous les mêmes types de préoccupation quand ils détiennent des titres. Certains s'intéressent pratiquement exclusivement aux résultats (valeur des titres et bénéfices); d'autres sont tout autant intéressés au contrôle, d'où la division devenue classique entre les actionnaires **bailleurs de fonds** et les **actionnaires actifs**. Les premiers ne participent pas aux activités de la compagnie et délèguent volontiers leurs droits à cet égard. Les seconds participent directement ou influencent et contrôlent les élections du Conseil d'administration.

Le plus souvent les petits actionnaires et ceux que l'on vient de qualifier de bailleurs de fonds ne se présentent pas aux assemblées annuelles et préfèrent déléguer leur droit de vote. Retourner à l'équipe en place la procuration du vote est considéré comme une preuve de satisfaction et de confiance. Cette pratique favorise grandement le maintien des situations acquises et il est extrêmement rare qu'un Conseil d'administration se trouve bouleversé suite à l'assemblée générale annuelle des actionnaires.

Qui sont-ils ces actionnaires? On peut les classer en trois catégories: les particuliers, les ''investisseurs institutionnels'' et les compagnies.

Les particuliers sont les propriétaires réels de titres émis par les compagnies. Ce sont des personnes physiques qui ont investi des capitaux dans une entreprise. On a tendance à distinguer les petits porteurs disposant de quelques titres de ceux possédant des intérêts plus considérables pouvant les amener à détenir une partie du pouvoir. Il est néanmoins remarquable que les particuliers possédant des intérêts considérables dans des compagnies s'adressent en fait à des sociétés de placement pour les aider dans la gestion de leur portefeuille. Sauf s'ils possèdent de forts volumes d'actions, les actionnaires particuliers sont très souvent de simples bailleurs de fonds, qui ne s'intéressent à la compagnie qu'à travers ses résultats. Ils n'assistent que rarement aux assemblées générales et se contentent de recevoir le rapport annuel de la compagnie. Bien souvent ils sont dans l'incapacité totale d'interpréter les états financiers ou la situation d'ensemble de la compagnie; ils se fient beaucoup plus aux fluctuations du marché à la bourse. Ils donnent globalement l'impression d'une grande passivité. En fait, leur pouvoir n'est jamais aussi grand qu'en cas d'offre publique d'achat quand il y a une tentative de prise de contrôle de la compagnie dont ils détiennent des titres. Conscients de leur impuissance à changer les destinées de la compagnie, en cas de désaccord avec les orientations de celle-ci ou la performance de la direction, ils expriment leur mécontentement en vendant leurs actions.

Depuis le début des années 60, les investisseurs institutionnels ont pris une place croissante sur le marché des valeurs mobilières, à tel point que plus de 50% des transactions en valeur sur les grandes bourses canadiennes sont faites en leur nom. Les investisseurs institutionnels, ce sont les caisses de retraite, les compagnies d'assurances, les fonds de pension, les sociétés de fiducie ou les banques. Contrairement à ce qu'on pourrait croire a priori, les institutions financières se comportent elles aussi principalement comme des bailleurs de fonds et sont inactives en ce qui a trait au contrôle des activités de la firme. Comme la plupart des particuliers, elles n'exercent que très rarement leurs droits de vote directement, se contentant de remettre leurs procurations à l'équipe en place. L'insatisfaction se manifestera ici aussi par la vente des titres. On notera néanmoins que du fait de leur taille et de l'importance de leurs transactions, elles sont l'objet de plus d'attention de la part de la direction. Leurs actions sont par ailleurs plus «éclairées» que celles des simples particuliers, la lecture des états financiers et l'appréciation de la situation réelle de la compagnie étant tout à fait du domaine de leur compétence.

La troisième catégorie d'actionnaires est celle des corporations (sociétés de placement ou de portefeuille, compagnies privées ou publiques). Bien souvent, ces compagnies ne se contentent pas d'une attitude passive et la nature de leur engagement, leur volonté de contrôle, dépendra largement du degré de leur participation, du pourcentage d'actions qu'elles possèdent ou contrôlent dans la compagnie. Contrairement aux investisseurs institutionnels ou aux particuliers, elles essaieront de se faire nommer un allié au Conseil d'administration. Par ailleurs, en cas de conflit et de lutte pour le contrôle, cette catégorie d'actionnaires sera la plus active pour chercher des appuis, rallier des votes ou transiger son influence.

On comprend bien que c'est cette catégorie d'actionnaires qui en fait joue un rôle déterminant sur la vie de la compagnie. Certains n'hésitent pas à parler d'oligarchie financière pour qualifier l'ensemble somme toute restreint que constitue ce groupe d'actionnaires.

9.2.3   Les types de contrôle

On peut distinguer quatre types de contrôle: le contrôle absolu, le contrôle majoritaire, le contrôle minoritaire et le contrôle interne.

- *Le contrôle absolu*

On parle de contrôle absolu quand un actionnaire ou un groupe d'actionnaires détient la totalité ou la quasi-totalité des titres émis par la compagnie. Cette situation permet à l'actionnaire ou au groupe d'actionnaires de contrôler l'ensemble du droit de vote aux assemblées et donc d'imprimer l'orientation voulue aux activités de l'entreprise. Cette situation de contrôle absolu est la caractéristique de beaucoup de petites entreprises de type familial ou au contraire de filiales à part entière de grandes corporations ou de firmes multinationales. Dans ce cas, il y a parfaite identification entre le contrôle et la possession. Ce pouvoir est totalement dans les mains de ceux qui déterminent le capital.

- ### Le contrôle majoritaire

La situation de contrôle majoritaire est la situation où un actionnaire (ou un groupe d'actionnaires) détient plus de cinquante pour cent des actions d'une compagnie sans pour autant en détenir la totalité. Détenir la majorité des actions donnant droit de vote permet de faire élire la totalité ou la majorité des administrateurs. L'actionnaire majoritaire (qui peut être une compagnie) peut donc exercer un contrôle total sur les actions et l'orientation de l'entreprise sans pour autant s'approprier la totalité des bénéfices. S'il existe une dissociation entre le capital et le pouvoir, elle n'est que partielle. Cette situation suppose que cohabitent des actionnaires actifs et des actionnaires bailleurs de fonds dont les objectifs peuvent être distincts.

- ### Le contrôle minoritaire

Un actionnaire (ou un groupe d'actionnaires) peut avoir le pouvoir effectif dans une compagnie sans pour autant détenir la majorité des actions votantes. On dit alors qu'on se trouve face à une situation de contrôle minoritaire. Cette fois-ci on ne peut plus dire qu'un groupe d'actionnaires a délibérément abandonné sa volonté de contrôle entre les mains d'actionnaires disposant de plus de 50% du capital. Or l'entreprise dans ce cas est contrôlée; elle l'est le plus souvent par l'actionnaire (ou le groupe) détenant le bloc d'actions le plus important et qui a pu établir son rôle de leadership en se basant sur des ententes ou coalitions entre groupes minoritaires. La dissociation entre le pouvoir et la propriété est ici encore plus nette. On notera néanmoins qu'a priori le contrôle exercé peut être combattu car il ne résulte pas d'une situation de droit mais plus d'une situation de fait.

- ### Le contrôle interne

La dispersion du capital peut être telle qu'aucun actionnaire, ou aucun groupe ne possède une fraction suffisamment importante du capital pour exercer un contrôle minoritaire. Les dirigeants se contrôlent eux-mêmes; leur situation est a priori précaire. Cependant, leur pouvoir peut être maintenu (et l'est le plus souvent) parce qu'ils contrôlent les procurations. Nous sommes ici au stade le plus avancé de la dissociation entre le pouvoir et la propriété. La «légitimité» du pouvoir basée sur le risque couru du fait de l'investissement du capital est alors battue en brèche. Dans une situation de contrôle interne, le management a le pouvoir sans l'appropriation.

9.3 LES OBJECTIFS DE LA FIRME

Il est peu de domaines en économie à avoir fait l'objet d'autant de débats que celui de la définition des objectifs de la firme, il est peu de sujets ayant donné l'occasion à des opinions aussi contradictoires de s'exprimer. Sans vouloir régler la question et donner raison à qui que ce soit, on résumera ici certains des arguments en présence[1].

Dans un premier temps, seront synthétisées les critiques faites à l'hypothèse de maximisation des profits; on présentera ensuite d'autres objectifs pouvant être retenus; on se demandera à la lumière de ces possibilités alternatives si l'on doit rejeter la règle de maximisation des profits; ceci nous conduira à replacer les objectifs dans le cadre général de la conception même de l'entreprise.

9.3.1 La remise en cause de l'hypothèse de maximisation des profits

La simplification et la norme que représente la recherche de la maximisation des profits ont été fortement remises en cause parce qu'elles ne décrivent pas ce qui se passe effectivement ou parce qu'elles ne seraient pas pratiquement réalisables.

a) La maximisation des profits ne peut être repérée. On se souviendra que l'hypothèse de maximisation des profits a été avancée lorsque l'on a présenté les modèles de référence de la fixation des prix. Et c'est justement en analysant les objectifs et les pratiques du «pricing» dans les grandes entreprises et dans les PME que certains auteurs en sont venus à la conclusion que la règle de l'égalisation du coût marginal et de la recette marginale n'est pas utilisée dans les faits. D'ailleurs, disent ces auteurs, il peut être fort difficile de repérer une recette marginale et un coût marginal dans les entreprises diversifiées ou lorsque les opérations de production sont très sophistiquées.

b) D'autres critiques ont été faites à l'hypothèse sur la base de la constatation que l'entreprise ne vit pas un avenir certain. Cette **incertitude** ou cette incapacité à maîtriser suffisamment l'évolution des marchés et l'environnement est suffisante pour empêcher l'entrepreneur de maximiser ses profits.

c) Pour arriver à maximiser les profits, il serait nécessaire dans une grande entreprise moderne que toutes ses composantes soient tendues vers ce but unique. Il faudrait qu'aucune erreur ne soit commise, que l'information venant de la direction soit parfaitement transmise, comprise et acceptée. La réalité tend à montrer que la **complexité** de l'entreprise rend un tel mode de fonctionnement impossible.

---

(1) La plupart des arguments sont très bien analysés dans l'article F. Machlup. "Theories of the firm: marginalist, behavioral, managerial". **American Economic Review.** Mars 1967.

d) Le souci de **perfection technique** pousse ingénieurs et techniciens à adopter des normes de qualité, des modes de fabrication et à choisir des technologies qui ne reflètent nullement le désir de rechercher le profit maximal. Les priorités accordées aux problèmes de sécurité au travail et à la protection de l'environnement seraient également des éléments qui éloigneraient de la maximisation des profits.

e) La théorie financière établit que lors d'une décision d'investissement, il est toujours nécessaire de faire l'arbitrage entre le rendement et le risque. Dès lors, maximiser le profit supposerait que l'on accepte de maximiser le risque. Or, on peut constater en règle générale que les investisseurs comme la plupart des individus ont une forte aversion à l'égard du risque.

f) Enfin, pour certains[2], on ne peut retenir l'hypothèse de maximisation de profit car une telle attitude serait immorale. On ne peut nier que les dirigeants d'entreprise doivent se préoccuper des conséquences de leurs actes et ménager le milieu dans lequel ils sont amenés à opérer.

9.3.2 La firme a d'autres objectifs

Non seulement on remet en cause l'hypothèse de la maximisation des profits mais on avance aussi que l'entreprise a d'autres objectifs.

a) Pour certains, le but de l'entreprise c'est d'utiliser le plus efficacement possible ses ressources pour produire des biens et des services. L'entreprise fait face à des marchés; elle a relativement peu de liberté d'action; la seule chose qu'elle puisse faire, c'est de produire efficacement et de constater en fin d'exercice si ses opérations sont profitables ou déficitaires et d'en tirer les conclusions quant à la marche à suivre.

b) Pour d'autres, l'objectif de l'entreprise c'est la maximisation des ventes ou du chiffre d'affaires. Le pouvoir et l'indépendance de l'entreprise dépendent de sa place sur les marchés; tout sera donc mis en branle pour maximiser les ventes.

c) Proche de la proposition précédente est celle selon laquelle le véritable objectif de l'entreprise est la maximisation de sa croissance: les firmes essaieraient d'augmenter le plus rapidement possible le volume d'actifs contrôlés.

d) Bien célèbre est la proposition de Baumol[3], pour qui l'objectif de la firme c'est la maximisation des ventes sous contrainte de profit. La

---

(2) On trouvera par exemple un tel argument avancé par R.N. Anthony dans "The trouble with profit maximisation". *Harvard Business Review*. Décembre 1960.

(3) BAUMOL, W.J. *Economic and Operations Analysis*. Prentice Hall, 1961.

firme est tenue de faire un certain volume de profit pour assurer la rémunération du capital: une fois rencontrée cette obligation, elle cherchera à augmenter son pouvoir sur le marché en augmentant son chiffre d'affaires.

e) Du fait de la dissociation entre la possession et le contrôle du capital et donc de la relative autonomie des dirigeants face aux actionnaires, les objectifs de l'entreprise, selon certains, reflètent beaucoup plus les priorités de ceux qui dirigent que de ceux qui sont les propriétaires. Ces priorités seraient selon le cas les suivantes:

- Le pouvoir et l'ambition personnelle

Cette recherche d'une reconnaissance du milieu conduit les dirigeants à essayer d'augmenter le contrôle exercé sur d'autres compagnies ou d'augmenter le chiffre d'affaires même si cela se fait au détriment du profit.

- La sécurité et le maintien de leur position

Cet argument peut sembler tout à fait opposé au précédent. Il reflète en fait une situation de contrôle différent. Si les dirigeants craignent des réactions des actionnaires, ils auront comme priorité leur propre survie. Or, il s'avère que les managers mettent d'autant plus leur situation en jeu qu'ils prennent le risque de présenter de fortes fluctuations dans les résultats. Ils ont tout intérêt dans ce cas à négliger des possibilités d'affaires ayant un fort potentiel mais assez risquées pour se contenter de réalisations moins brillantes mais dont les résultats sont assurés.

- Les bonis et avantages liés à la position de manager

Au lieu de s'intéresser en priorité aux résultats en termes de profit, les managers seraient plutôt intéressés à bénéficier des avantages que leur procure leur position. Il en résulterait des dépenses qui ne sont pas indispensables et qui viennent diminuer les profits présentés aux actionnaires.

9.3.3 Faut-il rejeter l'hypothèse de maximisation des profits?

Devant tant d'arguments, on doit se demander s'il ne faut pas tout simplement rejeter l'hypothèse de maximisation des profits. Avant de le faire, il est bon de jeter un regard critique sur les remises en question de l'hypothèse.

On remarquera qu'elles sont de deux genres: celles portant sur le principe même de la maximisation et celles concernant plus spécifiquement le profit.

a) La maximisation

Pour ce qui a trait à la maximisation proprement dite, on peut commencer par faire remarquer que les arguments avancés peuvent également être servis lorsque l'on accepte l'idée fort séduisante de Baumol (maximisation des ventes sous contrainte de profit). Mais plus positivement, Machlup a défendu de façon fort convaincante le principe même du raisonnement marginal. Les producteurs n'agissent peut-être pas selon la règle stricte d'égalisation de la recette marginale et du coût marginal, mais **le résultat de leurs comportements est le même que s'ils appliquaient cette règle.** Les managers, avance Machlup, ont une connaissance intuitive de la façon de faire du profit et du comportement marginal; la règle de maximisation des profits a de toute façon une **bonne valeur pour prédire** le comportement de la firme et les décisions des entrepreneurs.

De plus, on a fait remarquer que l'évolution et la sophistication des techniques de gestion passent de plus en plus dans les grandes entreprises, par l'utilisation d'outils directement issus de l'approche de la programmation linéaire. Dans cette démarche, la logique de résolution des problèmes est une logique inspirée de principes de maximisation ou de minimisation et donc voisine de l'approche marginale.

Enfin, on ne peut nier que cette règle de maximisation sert de norme, de point de repère, fort utile lorsque l'on veut schématiser, simplifier des situations de marché.

b) Le profit

Si l'on peut utiliser certains arguments pour remettre en question que l'objectif de la firme est le profit, d'autres peuvent être avancés pour défendre ce point de vue.

- On peut bien soupçonner que les dirigeants pensent d'abord à leur position et aux avantages qui l'accompagnent plutôt qu'aux actionnaires. Il n'empêche que leur performance sera appréciée, tout au moins en partie, sur la base de leurs **résultats** en termes de rendement sur capital investi, et donc indirectement sur leur capacité à faire du profit.

- On a fait remarquer que beaucoup d'entreprises mettent à la disposition de leurs cadres supérieurs des possibilités **d'intéressement aux résultats** sous forme de distribution d'actions et de bonis basés sur les performances. Les managers ne peuvent se permettre dans ces conditions d'exercer une gestion trop désintéressée quant aux profits de la compagnie.
La valeur de cet argument comme du précédent dépend bien sûr largement du type de contrôle exercé par les actionnaires.

- On ne peut négliger le fait que l'évolution des techniques de gestion a poussé beaucoup de grandes firmes à décentraliser leurs activités et à créer à l'intérieur de la compagnie des divisions munies d'une grande autonomie dont la survie est liée à leur rentabilité. Ces «**centres de profits**» peuvent être une réponse à l'argument selon lequel la complexité des organisations est incompatible avec la recherche de la maximisation du profit.

- Ce qui modulera la vie future de l'entreprise, ce dont dépend à terme sa survie, ce sont ses investissements. Il s'agit d'ailleurs de l'une des décisions majeures de toute firme. La technique de choix des investissements est dès lors primordiale. Or on constate que dans les grandes entreprises, les techniques les plus utilisées sont celles du taux de rendement interne ou de la valeur actualisée nette, autant de techniques qui ont pour objet de choisir parmi toutes les possibilités d'investissement celles qui sont les plus rentables.

- On avance enfin que l'objectif de croissance ou d'augmentation du pouvoir n'est peut-être que la transposition en termes dynamiques de l'objectif de profit. Si la firme ou ses dirigeants recherchent avant tout la croissance dans le court terme, c'est peut-être pour s'assurer du profit dans le long terme.

9.3.4 Les objectifs, les composantes et l'environnement de la firme

La perception des objectifs n'est indifférente ni aux composantes de la firme, ni au type de contrôle qui la régit, ni au milieu environnant. C'est pourquoi pour terminer, on présentera rapidement trois visions de la firme et de ses objectifs qui viendront compléter ce qui précède.

a) **La firme et ses objectifs chez Cyert et March**

L'idée centrale de Cyert et March[4], c'est que l'entreprise est avant tout une **coalition d'intérêts** qui peuvent être différents. Chaque individu ou chaque groupe d'individus poursuit des buts dans l'entreprise et l'objectif global est la résultante de toutes ces forces qui s'exercent en s'additionnant ou en s'opposant.

C'est ainsi que:

- les actionnaires sont surtout intéressés par les dividendes et les gains de capital;

- les dirigeants sont surtout intéressés par les avantages liés à leur position;

- les ingénieurs sont intéressés par la sophistication de la production ou par la recherche et le développement;

---

(4)   CYERT-MARCH. **A Behaviorial Theory of the Firm**. Prentice Hall:1964

- les gens du marketing pensent surtout en termes de part de marché;
- les financiers pensent surtout en termes de "cash-flow";
- les ouvriers sont prioritairement préoccupés par leurs salaires, leur sécurité et leurs conditions de travail.

Chacun des groupes composants obéit à sa propre logique, à son propre mode de fonctionnement; pourtant ces attentes et ces ambitions finissent par se traduire par un comportement global de l'entreprise.

Pour Cyert et March, les objectifs de la firme à un moment donné seront le **résultat d'arbitrage** entre les objectifs des différentes composantes; ces objectifs seront orientés dans un sens ou dans un autre en fonction du **pouvoir de négociation** de chacun des groupes composants.

b) **La firme et ses objectifs chez Galbraith**

C'est une vision assez différente que propose Galbraith[5]. Pour lui, les objectifs de la firme ne sont pas la résultante des buts poursuivis par ses composantes. Les objectifs de la firme au contraire seraient pratiquement **autonomes**. Les aspirations des composantes de la firme passent après celles de l'organisation, ou plus exactement elles s'adaptent aux objectifs de l'organisation.

La firme ne peut être dissociée du milieu dans lequel elle évolue, de l'«état industriel». Et l'entreprise, à son tour, s'adapte pour répondre aux volontés du milieu. Pour Galbraith, il existe un consensus dans le système économique que nous connaissons, et ce consensus c'est celui de la **croissance**. La firme (ou la techno-structure comme l'appelle Galbraith) vit de façon à répondre à ce consensus sur la croissance. Les divers groupes composant la firme adaptent leur comportement et leurs objectifs à ceux de l'organisation qu'ils composent. Et ceci est d'autant plus facile que les individus ont un besoin de s'identifier au milieu dans lequel ils travaillent et que l'organisation dispose de moyens pour motiver ses membres à poursuivre ses objectifs; d'autant plus facile également que les individus ou les groupes composant la firme poursuivent également des objectifs de croissance: les managers veulent plus de pouvoirs, les actionnaires plus de profits, les employés plus de salaires ou de responsabilités, etc.

---

(5)   GALBRAITH, J.K. *Le nouvel état industriel.* Gallimard: 1968.

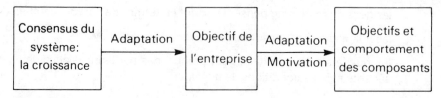

c) **La firme et ses objectifs chez Chevalier** [6]

S'inspirant d'un courant de pensée bien différent, Chevalier propose une vision de la firme et de ses objectifs qui vient compléter ou nuancer les deux conceptions présentées précédemment.

Pour Chevalier, les firmes n'existent que par rapport à la logique du système à l'intérieur duquel elles opèrent. Or, ce qui caractérise le système capitaliste, c'est l'appropriation privée des moyens de production. Dans ce système, il existe, nous dit Chevalier, une «oligarchie financière». Cette oligarchie est composée de ceux qui possèdent et de ceux qui contrôlent les moyens de production. Les objectifs de la firme ne sont que les reflets des objectifs de cette oligarchie financière.

Or, ce que cherche cette oligarchie, c'est d'augmenter sa fortune et son pouvoir. Pour ce faire, elle fixe des objectifs de maximisation du surplus[7] et de croissance aux firmes qu'elle contrôle. De plus, l'oligarchie financière a les possibilités par l'intermédiaire des mass-media de répandre une «culture de croissance».

Elle a donc la possibilité de pousser les salariés et les consommateurs à partager son éthique d'enrichissement continu, ce qui en dernier ressort légitime les buts de l'entreprise et l'existence de l'oligarchie financière qui la contrôle et qui la fait fonctionner.

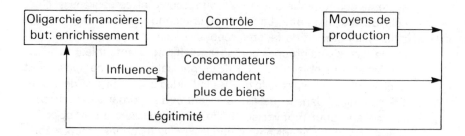

---

(6) CHEVALIER, J.M. *L'économie industrielle en question.* Calmann-Levy: 1977.

(7) Chevalier définit le surplus comme la différence entre les recettes et les coûts strictement nécessaires pour produire les biens.

156

On le voit, cette approche a des points communs avec celle de Galbraith en tout cas en ce qui concerne l'objectif de croissance. Cependant, elle diffère sur un point essentiel: pour Galbraith, il existe un consensus général dans l'«état industriel» vis-à-vis de la croissance, alors que chez Chevalier l'éthique de la poursuite de la richesse est imposée au milieu par l'oligarchie financière.

ANNEXE A

Le passage d'un contrôle interne à un contrôle minoritaire: le cas Brascan-Noranda

À l'automne 1979, Trevor Eyton, président de la compagnie Brascan, puissant empire sous le contrôle des frères Bronfman, faisait part ouvertement de son intention d'acquérir de 15 à 20% des actions de la firme torontoise Noranda Mines Ltd. Le 5 octobre 1979, Brascan achetait, au coût de $190 millions, 8.8 millions d'actions de Noranda lui procurant une participation de près de 10.5%. Quelques jours plus tard, la compagnie Brascan prenait possession de 650,000 actions supplémentaires portant à 11% sa participation dans l'important conglomérat du secteur des ressources naturelles au Canada. En position de contrôle interne, elle détenait déjà 12% de son propre capital-actions par l'intermédiaire de trois filiales - Kerr Addison Mines Ltd, Placer Development Ltd et Pamour Porcupine Mines Ltd -, détenues à 48.8% par Noranda. Le 22 octobre 1979, Trevor Eyton, toujours guidé par la volonté d'acquérir davantage de pouvoir effectif au sein du conseil d'administration de Noranda, prit la décision d'acheter 4.3 millions d'actions additionnelles de Noranda. À la suite de cette transaction, la compagnie Brascan devenait le principal actionnaire de Noranda avec un total de 16.3% des actions ordinaires émises, et elle exigeait deux sièges au conseil d'administration de Noranda.

Un mois plus tard, Alfred Powis, président de Noranda, prenait sa revanche et s'appropriait 23.6% des actions votantes de sa compagnie. La transaction fut effectuée par la société Zinar Holdings Ltd, créée "artificiellement" pour cette occasion et détenue par cinq filiales et sociétés affiliées du groupe Noranda:

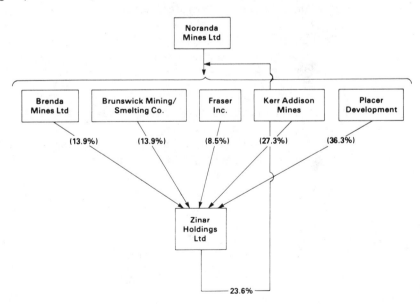

Noranda se retrouvait en situation de contrôle interne, alors que Brascan voyait sa participation réduite à 14%. La riposte menée par Alfred Powis consistait effectivement à émettre et à acquérir 14 millions d'actions supplémentaires provoquant la dilution des intérêts des actionnaires déjà existants.

À la fin de 1979, il semblait donc que les efforts de Brascan pour s'assurer le contrôle de Noranda aient été enrayés.

Ce problème apparemment réglé, Alfred Powis pensa tirer parti de la bonne situation de sa firme, due à une forte montée du prix des métaux sur tous les marchés. La bourse qui avait suivi les escarmouches avec Brascan reconnaissait cette situation et les actions de Noranda atteignaient des sommets. La compagnie minière en profita pour lancer une offre d'achat et prendre le contrôle de McLaren, compagnie de pâtes et papiers. Cette opération audacieuse survenait sans doute trop rapidement, et McLaren s'avéra un trop gros morceau à absorber, car le financement de cette acquisition se fit par le truchement d'un échange d'actions (11 actions de Noranda pour 7 actions de McLaren). Ceci affaiblissait la position de la direction de Noranda, puisque le contrôle des actions remises aux anciens actionnaires de McLaren lui échappait. Brascan profita de cette occasion pour augmenter encore sa prise de participation.

Ainsi, au début de 1981, la lutte pour le contrôle de Noranda n'était pas terminée. En juin 1981, Trevor Eyton, président de Brascan, revenait à la charge et achetait 5.5 millions d'actions de Noranda pour accroître sa participation à près de 20%. Cependant, cela n'était pas encore suffisant pour s'emparer du contrôle minoritaire du groupe Noranda. Quelques semaines plus tard, Eyton fourbit ses armes pour la dernière manche, en s'alliant à la Caisse de dépôt et placement du Québec qui contrôlait un bloc d'actions important de Noranda mais qui avait, durant toutes les hostilités, joué le rôle de "partenaire silencieux". Brascan et la Caisse formèrent une nouvelle société Brascade Ressources Inc. (70% Brascan, 30% Caisse de dépôt). Cette nouvelle entité possédait 24.4 millions d'actions de Noranda. Quant à Zinar Holdings, sa participation s'élevait à 24 millions d'actions.

La pression exercée sur la direction de Noranda devenait trop forte, et ce, d'autant plus que la situation économique ayant radicalement changée et le prix des métaux s'étant effondré, la situation financière de Noranda n'était plus ce qu'elle était deux ans auparavant. Finalement, en août 1981, au pied du mur, Noranda acceptait de vendre 12.5 millions de ses actions (shares from treasury) à Brascade pour une somme de $500 millions. Powis consentait également à une offre publique d'achat pour la vente de 10 millions d'actions ordinaires, ainsi que de 1.8 millions d'actions privilégiées. Se portant acquéreur de ces blocs d'actions après avoir déployé $1.1 milliard, Brascade prenait le contrôle minoritaire avec 37% du capital-actions et exigeait d'être représenté adéquatement au conseil d'administration.

D'une situation de contrôle interne, on était passé à une situation de contrôle minoritaire.

160

CHAPITRE **10**

STRATÉGIE ET MARCHÉ

Pour réaliser les objectifs de l'entreprise, ses dirigeants devront décider des stratégies à suivre. Certains éléments de ces décisions stratégiques se traduiront par des comportements de marché et seront soumis aux conditions de la compétition qui s'exerce entre les firmes. C'est à l'analyse des concepts de stratégie et de marché qu'est consacré ce chapitre.

10.1 LES STRATÉGIES

L'entreprise est un centre de décisions. Les décisions qui y sont prises sont de trois catégories: les décisions opérationnelles, les décisions administratives et les décisions stratégiques.

- Les premières ont trait aux activités courantes de la firme. Elles résultent des activités au jour le jour dans le domaine des approvisionnements, de la production, de l'affectation de l'équipement et du personnel, du choix de l'outillage, des problèmes de trésorerie, etc. Ces décisions à elles seules représentent la majorité des décisions qui sont à prendre. Elles sont fréquentes, répétitives, mais à portée relativement limitée.

- Les décisions administratives visent à établir ou à remettre en cause des modes de fonctionnement ou la structure hiérarchique dans l'entreprise. Ces décisions sont strictement internes, même si leurs répercussions ont une influence sur les activités extérieures de la firme. Elles se traduisent par des changements dans l'organigramme ou dans les procédures et méthodes couramment utilisées. Elles touchent en particulier tout ce qui concerne la transmission de l'information interne. Ces décisions sont plus importantes que les précédentes, mais beaucoup moins fréquentes.

- Les décisions stratégiques sont les plus fondamentales et en même temps les moins fréquentes à prendre. Elles portent le plus souvent sur les affaires extérieures de la firme, c'est-à-dire sur les rapports avec les marchés, les concurrents et l'environnement au sens large. Elles portent sur des questions telles que le choix des biens et services à produire ou à offrir, le choix des marchés à développer, etc.

Les décisions stratégiques visent à choisir les orientations à donner aux activités de la firme pour lui permettre de réaliser ses objectifs.

Si chacune de ces trois catégories de décisions intéresse les spécialistes du management, les décisions stratégiques sont celles qui relèvent le plus du domaine de l'économie d'entreprise. En effet, elles se traduisent par des comportements sur les marchés et alimentent la compétition entre les firmes.

Le concept de stratégie a été longuement étudié par I. Ansoff[1] qui lui a en quelque sorte donné ses lettres de noblesse. Pour lui, repérer la stratégie d'une firme, c'est repérer le «**lien commun**» entre les actions de l'entreprise qui permettent à l'observateur de voir dans quelle direction elle s'en va et d'analyser quels moyens elle prend pour parvenir à rencontrer ses objectifs.

Développer une stratégie revient alors à répondre aux quatre questions suivantes:

a)   Quel est le **domaine d'activité** choisi?

b)   Quel est le «**vecteur de croissance**» de l'entreprise (extension des marchés, pénétration de nouveaux marchés, diversification, produits nouveaux)?

c)   Quel est l'**avantage comparatif** que développe l'entreprise (en termes de technologie, de marketing, etc.)?

d)   Comment l'entreprise s'y prend-elle pour assurer de la **synergie** entre ses activités?

Répondre à ces questions conduira la firme à choisir entre différentes stratégies envisageables que l'on peut résumer autour des possibilités suivantes:

10.1.1   Concentrer tous ses efforts dans un domaine

Cette attitude qui prévaut généralement au moment où l'entreprise commence ses activités peut en fait être maintenue très longtemps. Beaucoup de grandes compagnies ont assuré leur développement autour de la combinaison gagnante la plus simple: un produit - un marché (qu'on pense ici au développement de Xerox, Polaroid, etc.).

Cette stratégie présente des avantages:

---

(1)   ANSOFF, H.I. *Corporate Strategy.* McGraw-Hill, 1965.

- Elle correspond bien à une concentration d'activités autour d'une compétence distinctive que l'entreprise pourra d'autant plus facilement maintenir qu'elle se trouve dans un «secteur porteur» ayant du potentiel.

- La firme pourra d'autant plus facilement imposer une image (surtout qu'il s'agit d'une image de qualité) qu'elle sera présente dans un seul secteur. Avoir la réputation de faire une seule chose mais de bien la faire est un atout. Ceci permettra de créer des fidélités à la marque.

- Jouant tout son développement sur un seul secteur, la firme ne peut se permettre d'échec dans son domaine. Ceci imposera donc aux différents niveaux de la production ou de la vente le maintien de hauts standards de performance.

Mais cette stratégie présente également des inconvénients:

- Tout d'abord, cette spécialisation à l'extrême représente une position risquée. En cas d'erreurs ou de difficultés, la firme ne peut espérer compenser ses pertes en s'appuyant sur d'autres secteurs que celui où elle opère.

- Elle s'expose ainsi aux aléas de la conjoncture, aux changements de la technologie, ou au déclin de sa production conformément à la théorie du cycle de vie du produit.

- Elle peut être à terme limitée dans son potentiel de croissance, ne pas préparer ses cadres et ses structures à la flexibilité nécessaire en cas de changements.

10.1.2 Stratégie de diversification

Tirant avantage de ses forces et de ses compétences distinctives, une firme peut être amenée à choisir une stratégie de diversification pour rencontrer ses objectifs. On n'insistera pas ici sur les modalités ni sur les facteurs qui déterminent le degré de diversification d'une entreprise[2]. On se contentera de noter qu'il existe deux grands types de diversification: la diversification concentrique et la diversification conglomérale. Dans le premier cas, il s'agit d'une extension des activités de la firme par la production des biens ou des services proches de ceux déjà offerts. Dans le second cas, il s'agit d'une extension des activités de la firme dans des secteurs différents de ceux dans lesquels elle opère traditionnellement. Une caisse populaire offrant à côté de ses services bancaires des conseils en investissement ou de l'assurance, c'est de la diversification concentrique. Le Canadien Pacifique oeuvrant dans le domaine du transport, des mines, des télécommunications, de l'énergie, c'est de la diversification conglomérale.

(2)   On reviendra sur ce point au chapitre 18.

La qualité de la stratégie de diversification s'appréciera par rapport au « lien commun » entre les activités de l'entreprise. À cet égard, on notera que la diversification conglomérale n'est pas à apprécier comme de la dispersion, le lien commun pouvant être les modes de gestion, les circuits de distribution, domaines dans lesquels la firme qui se diversifie possède des compétences distinctives.

10.1.3 Intégration verticale

C'est à une logique très proche de celle qui prévaut au choix de la stratégie précédente que l'on doit rattacher la stratégie d'intégration verticale. La firme ayant une compétence distinctive dans un domaine va étendre le champ de ses activités en produisant ses matières premières ou en contrôlant ses sources d'approvisionnement (intégration verticale en amont), ou au contraire en poussant plus avant sa production et en tâchant de vendre elle-même les produits finis résultant de sa production principale (intégration verticale en aval). L'une et l'autre forme d'intégration verticale résultent d'un même souci de croissance.

En adoptant une stratégie de diversification, l'entreprise répond à deux motivations: une motivation de profit et une motivation de sécurité. Tout d'abord, l'entreprise peut être poussée à la diversification en adoptant la logique suivante: si nos fournisseurs ou nos clients font des bénéfices, n'est-il pas possible de nous approprier ces bénéfices en nous substituant à eux? Mais ce qui pousse aussi l'entreprise à l'intégration, c'est le désir de sécurité: sécurité des approvisionnements et sécurité des débouchés.

On notera que les difficultés de l'intégration sont différentes en amont et en aval. Le point majeur d'achoppement dans le cas de l'intégration en amont est celui des économies d'échelle: est-il possible que la demande pour le produit principal de l'entreprise soit suffisante pour justifier la construction d'une unité de production ayant la taille minimale d'efficacité? Au contraire, dans le cas de diversification en aval, le problème principal tourne autour de la difficulté de se créer une clientèle. En diversifiant en aval, la firme se coupe de ses clients traditionnels avec lesquels inévitablement elle rentre en compétition.

En reprenant la démarche proposée par Ansoff, on pourra dire que la stratégie d'intégration verticale sera d'autant plus appropriée que l'extension des activités se traduit par des avantages nets autour de l'activité première (c'est ici que joue l'élément de synergie dans cette approche stratégique).

10.1.4 Innover

Plutôt que de choisir une stratégie de diversification ou parallèlement à celle-ci, la firme peut adopter une stratégie d'innovation.

Elle peut y être poussée parce que le cycle de vie de certains produits est extrêmement court ou parce que la nature de l'environnement de la firme est spécialement soumise aux changements technologiques. La firme pourra donc choisir d'assurer sa croissance (ou dans certains cas sa survie) autour de ses points forts: la recherche et le développement.

On notera que cette stratégie peut être une stratégie fort coûteuse et que les risques qui y sont associés ne sont pas à négliger dans la mesure où une proportion relativement faible d'innovations se traduit par des succès commerciaux.

10.1.5 S'associer ou rester indépendant

Pour atteindre ses objectifs, la firme pourra choisir de s'associer avec d'autres firmes, soit en fusionnant la totalité de ses activités, soit en participant à des projets conjoints avec des partenaires. Dans le premier cas, il s'agit d'une transformation très profonde de la firme. Elle peut d'ailleurs y perdre son identité (principalement dans le cas de fusion). Sans aller jusqu'à cette extrémité, la firme peut choisir de se lancer dans des activités avec d'autres firmes. Elle peut y être poussée pour des raisons techniques, des raisons financières ou pour répartir ses risques. L'industrie pétrolière et l'industrie pétrochimique nous offrent une multitude d'exemples de ces «joint-ventures».

10.1.6 Ralentir les activités

Les stratégies que nous avons envisagées jusqu'ici s'inscrivent pour la plupart dans un contexte commun: celui de la croissance. Elles supposent que le contexte économique est favorable et que la firme pour atteindre ses objectifs a tendance à augmenter et diversifier ses activités. Or, l'une des stratégies que l'on doit également considérer est la stratégie de repli; il est possible que la firme doive réduire ses activités pour essayer de maintenir ses objectifs. Cela peut être dû à des changements dans la situation économique (récessions, suppressions de contrats, quotas d'importation ou d'exportation, etc.), à des changements dans la situation de la concurrence (nouveaux compétiteurs, surinvestissement généralisé, changement dans la réglementation gouvernementale, etc.).

Face à ce genre de changements, il peut arriver que la firme ne puisse trouver de nouvelles alternatives pour son développement dans le court terme et qu'elle doive temporairement réduire ses activités. Maintenir le niveau d'opération correspondant à celui d'une situation économique favorable, c'est la certitude pour la firme de s'éloigner encore plus de ses objectifs. Cela risque en effet de se traduire très rapidement par un gonflement des inventaires, par de la surcapacité généralisée et à long terme par des pertes inutiles.

Généralement, le recours à une telle stratégie aura des conséquences au niveau interne et au niveau externe. Au niveau interne, la firme diminuera l'embauche, réduira les heures de travail, ralentira les commandes de matières premières et sera amenée à réorganiser ses opérations. Au niveau externe, le ralentissement des activités se traduit le plus souvent par des changements dans le comportement concurrentiel: changements dans la politique de prix, changements dans les marges de profit ou changements dans la politique commerciale. Ces périodes de resserrement sont bien souvent des périodes de remise en cause et de réévaluation de l'ensemble de la situation de la firme.

La stratégie de ralentissement des activités est une stratégie adoptée dans une optique de court terme. Elle est généralement temporaire.

10.1.7 Se retirer du marché

Une autre possibilité stratégique pour la firme est de se retirer du marché. Les décisions de diversification ou d'intégration verticale ne sont pas systématiquement des succès. Il arrivera que la firme, constatant qu'elle ne peut réussir à s'implanter dans un secteur, décide de s'en retirer. Ceci peut être dû au fait que les conditions d'entrée sur le marché ont été beaucoup plus difficiles qu'elles n'avaient été estimées ou que l'entrée s'est accompagnée de réactions plus dommageables que prévu de la part des concurrents en place.

Une firme peut être également amenée à se retirer parce qu'elle ne réussit pas à accaparer une part suffisante du marché et ainsi exercer un rôle de leader.

Cette stratégie sera aussi choisie lorsqu'il s'avère que le «lien commun» entre toutes les activités de la firme n'est pas évident et que certaines productions ne peuvent contribuer à l'édification d'un ensemble cohérent.

10.1.8 Désinvestir et fermer les portes

Cesser ses activités et désinvestir sont des décisions stratégiques. Si la firme sait qu'elle n'a aucune chance d'atteindre ses objectifs et qu'au contraire plus elle s'efforce de se tenir à ses buts initiaux, plus elle enregistre ou risque d'enregistrer des pertes, elle peut décider de cesser ses activités.

De telles décisions de désinvestissement ou de cessation d'activités sont généralement très difficiles parce qu'elles s'accompagnent de problèmes internes (gestion du personnel, mises à pied, retraites anticipées), mais aussi de problèmes avec le milieu environnant (par exemple dans le cas où l'entreprise est l'employeur principal de la ville ou de la région).

*

Ces différentes stratégies sont d'un intérêt primordial pour comprendre le comportement des entreprises. Elles sous-tendent les actions, elles modulent les structures industrielles, elles alimentent la compétition et se traduisent par des situations de marché. Autant d'éléments qui sont du domaine propre de l'économie d'entreprise.

10.2 LE MARCHÉ

En présentant les situations de référence traditionnelles de la microéconomie (la concurrence complète et le monopole), on a été amené à parler du marché sans vraiment définir ce terme[3]. Il est vrai que chacun a une idée intuitive de ce qu'est un marché. Il est bon néanmoins d'approfondir cette notion. On notera qu'elle doit être assez vaste pour couvrir des réalités aussi différentes que le marché de la viande et le marché monétaire ou que le marché de l'acier et celui de vacances organisées.

10.2.1 La notion

Plutôt que de définir de façon imparfaite ce qu'est un marché, on s'attardera à repérer les variables qu'il y a derrière ce concept.

a) Avant toute chose, à la notion de marché est étroitement associée la notion d'**échange**. L'instauration du marché est le résultat de la division du travail, de la spécialisation de la production; les agents économiques ayant des besoins, ne pouvant les satisfaire par eux-mêmes, sont obligés de se procurer des biens et des services. À l'inverse, offrant leurs produits ou leurs services, les agents économiques s'efforcent de les écouler.

Le marché est donc par essence un ensemble de rencontres et de confrontations entre des désirs et des attentes différents mais complémentaires. Le marché, c'est le lieu d'échange entre des demandes et des offres.

b) Lorsque l'on dit que le marché est un lieu d'échange, cela semble impliquer qu'à la notion de marché est automatiquement associée une notion spatiale. Historiquement, il est un fait que le marché était localisé précisément, les offreurs et les demandeurs, producteurs et acheteurs se réunissaient en des endroits donnés pour pratiquer leurs échanges. C'est encore vrai de nos jours dans certains cas: le marché Jean-Talon où les producteurs agricoles de la région montréalaise viennent offrir leurs produits a lieu régulièrement à un même endroit physique. De la même façon, l'échange des titres boursiers se fait en un lieu précis où les acheteurs et les vendeurs (ou leurs représentants) se rencontrent: la Bourse de Montréal ou le Toronto Stock Exchange.

Cependant, cette référence à un **lieu précis où se fait les échanges** n'est plus une caractéristique essentielle. Beaucoup de marchés de nos jours existent sans que les transactions prennent place dans un cadre spatial très étroit: parfois même, les échangeurs ne se rencontrent même plus lors des transactions qui se font à des milliers de kilomètres de distance. Les progrès exceptionnels des télécommuni-

---

(3) Cf. chapitre 8

cations ont, à cet égard, fait disparaître le plus souvent la liaison marché-emplacement physique.

c) Lorsque l'on parle de marché, on centre cette notion soit sur un **produit** ou groupe de produits, soit **autour de l'entreprise.**

On parlera ainsi du marché de l'acier ou du marché des euro-dollars, en faisant allusion aux composantes du marché, aux modes de fonctionnement, aux instruments utilisés, aux structures et comportements qui prévalent aux transactions et aux échanges sur l'acier ou sur les euro-dollars.

Si au contraire on centre la notion de marché autour d'une entreprise, on fait plutôt référence au type de produits qu'elle offre, à ses débouchés traditionnels, à sa façon de choisir ses stratégies de marketing, etc.   Dans cette perspective, la notion de marché est intimement liée à la notion de clientèle. La firme d'ailleurs considérera que «ses marchés» sont une partie intégrante d'elle-même. La connaissance des comportements, la fidélité à des marques, qui ont pu être développées, les relations privilégiées existant avec les acheteurs, l'installation de circuits de distribution, etc. sont autant d'éléments qui composent ce qu'on appelle la « clientèle ». En ce sens, l'entreprise a une certaine propriété sur ses marchés, à tel point d'ailleurs que ceci entrera en considération dans son évaluation, en cas de vente ou de prise de contrôle.

d) Que l'on concentre la notion de marché autour du produit ou autour de la firme, on y incorpore généralement une **dimension géographique**. En ce sens, la notion de marché a toujours un cadre spatial, non plus centré sur le lieu physique où se font les échanges mais sur l'étendue du domaine d'analyse (marché agricole en Beauce, au Canada ou au niveau mondial par exemple) ou sur l'horizon d'intervention de la firme (firme faisant affaire au niveau local, national ou international).

e) Enfin, le marché est intimement lié à la notion de concurrence et de compétition puisque c'est le **champ d'affrontement** entre les différentes firmes. C'est par son intermédiaire que vont se structurer des positions et que la firme va pouvoir atteindre ses objectifs. Le marché est également pour la firme un véritable test pour évaluer les stratégies. Il sert de **révélateur** (parfois impitoyable) sur la qualité de décisions qui ont été prises.

10.2.2 Les dimensions du marché et les frontières d'une industrie

Il pourrait sembler de prime abord que ce n'est pas un problème très important que celui de préciser les dimensions d'un marché. Cette attitude serait commode car c'est une question à laquelle il n'est pas très simple de répondre. Elle est d'ailleurs liée à une autre question, celle de savoir comment préciser les frontières d'une industrie. Traditionnellement, on appelle industrie, en économie, l'ensemble des producteurs fabriquant un produit (ou un groupe de produits) relativement homogène. La notion d'industrie se confond avec celle de branche industrielle. Si l'on parle de l'industrie de l'assurance, on s'intéresse à toutes les entreprises offrant des polices d'assurance, au fonctionnement du marché de l'assurance. Évoquer l'industrie pétrolière, c'est faire référence à toutes les entreprises oeuvrant dans le domaine des produits pétroliers, intervenant sur le marché des produits pétroliers.

Prenons ce dernier exemple et demandons-nous si les produits pétroliers représentent une dimension utilisable pour l'analyse.

Il pourra d'un côté sembler que le marché des produits pétroliers c'est quelque chose de très vaste, car cela englobe des sous-marchés ayant des caractéristiques propres et des spécifications particulières. Est-il sage de parler globalement du pétrole brut, de l'huile à chauffage, du kérosène, ou de l'asphalte? Les problèmes de marketing par exemple sur le marché de l'asphalte n'ont rien à voir avec ceux du marché de l'essence; on s'adresse à des clientèles essentiellement différentes quand on vend du kérosène et quand on vend de l'huile à chauffage. Pourtant, ces produits appartiennent tous à l'industrie pétrolière. On serait donc tenté de centrer les marchés autour de produits définis de façon très précise, très étroite, et de dire que pour chaque produit donné (par exemple l'essence super, le kérosène, l'asphalte, etc.), il y a un marché.

Mais, si on définit le marché de façon très étroite, arrivera-t-on à décrire toutes les structures, à analyser tous les comportements? En particulier, dans une perspective concurrentielle, ne risque-t-on pas de ne pas saisir la réalité de la compétition? Pour rester dans le domaine que nous avons choisi, est-il sage de parler du marché de l'huile à chauffage? Faire le tour des producteurs, analyser leur comportement, présenter leurs stratégies de marketing et leurs stratégies de prix ne permettra pas de parler d'une dimension importante: celle de la concurrence venant de produits substituables, électricité et gaz naturel. Le concurrent d'un distributeur d'huile à chauffage est tout autant l'Hydro-Québec et Gaz Métropolitain qu'un autre distributeur d'huile à chauffage.

Si on centre la notion du marché autour de l'entreprise, on retrouve les mêmes difficultés. Quels sont les marchés traditionnels d'une firme? Quelle est la limite de ses marchés? Il est devenu très classique de rappeler par exemple que la plupart des entreprises de chemins de fer aux États-Unis ont connu de graves difficultés ou ont fait faillite parce qu'elles n'ont pas su saisir quelle était la véritable dimension de leur marché. Elles se sont définies comme des compagnies de chemins de fer, alors qu'elles auraient dû se définir par rapport à leur **mission**: celle du transport des marchandises et des passagers. Cette «myopie» les a conduites à l'échec. Il est à cet égard tout à fait remarquable, pour prendre un exemple récent, de voir que la plupart des grandes compagnies pétrolières s'efforcent de se définir comme des compagnies oeuvrant dans le domaine de l'énergie et que dans cette perspective elles diversifient leurs investissements dans l'uranium et le charbon.

Sur la base de ces considérations, il apparaît que les frontières d'une industrie, ou les dimensions d'un marché, sont à apprécier par rapport au besoin qui est satisfait. D'un point de vue plus analytique, les frontières d'une industrie peuvent être appréciées à l'aide de l'élasticité-prix croisée. On admettra que des produits appartiennent à une même industrie, lorsque les variations de prix des uns peuvent se refléter sur la demande pour d'autres. Il reste néanmoins la difficulté de préciser les seuils minima de réaction à ces variations de prix. C'est pourquoi d'un point de vue opérationnel, on est le plus souvent amené à utiliser la notion de marché centrée sur la définition d'un produit (ou d'un groupe de produits). On n'oubliera pas néanmoins que cette approche est parfois trop limitative.

10.2.3 Critères de classification des marchés

Face à la multitude des marchés, il est intéressant de disposer des critères de classification. On peut retenir quatre critères:

a) **Selon le type de produits échangés**

On peut faire une distinction tout d'abord entre les marchés de biens et les marchés de services. La nature des échanges, les attitudes des intervenants et les contraintes de production ne jouent pas du tout le même rôle dans ces deux types de marché.

De la même façon, une distinction peut être faite entre les marchés de biens industriels et les biens de consommation finals. Les techniques de marketing, les attitudes des compétiteurs, les modalités des échanges sont ici également spécifiques à chacun de ces marchés.

À l'intérieur des marchés de consommation de biens de consommation, on fera la distinction entre les marchés de biens durables et les marchés de biens à achat répétitif. Les techniques de fixation de prix, les conditions de confrontation des offres et des demandes seront bien différentes sur ces deux types de marchés.

b) **Selon le nombre de participants**

Cette classification est celle la plus couramment utilisée en microéconomie. Elle permet d'opposer les marchés de petit nombre (marché à tendance monopolistique) à des marchés de grand nombre (à tendance concurrentielle).

c) **Selon l'attitude des participants**

On opposera ainsi les «marchés d'acheteurs» à des «marchés de vendeurs». Sur les premiers, la surproduction ou l'excès de capacité donne tout le pouvoir de négociation aux acheteurs. Sur les seconds, la rareté relative des produits (ou des services) met les offreurs dans une position particulièrement favorable pour imposer les termes dans lesquels va se faire l'échange.

d) **Selon l'homogénéité des acheteurs**

Sur certains marchés, les acheteurs n'ont pas tous les mêmes caractéristiques. Ces différences peuvent être perçues par les offreurs qui vont tâcher de répondre aux demandes spécifiques de groupes d'acheteurs. De tels marchés peuvent être segmentés. Les techniques de marketing aideront à repérer ou à accentuer ces segmentations. Le marché des cosmétiques, des automobiles, des appareils photographiques nous fourniraient des exemples de marchés segmentés. Il est au contraire des marchés où la segmentation est fort difficile ou d'un intérêt mineur car les acheteurs sont beaucoup plus homogènes (marché de la farine, marché de l'acier, etc.).

*

Pour réaliser ses objectifs, la firme élabore des stratégies tenant compte des conditions du marché et de l'attitude des compétiteurs. Pour aller plus avant dans la compréhension des comportements de la firme, il faudra s'intéresser au phénomène de la compétition elle-même; c'est ce que l'on fera dans le prochain chapitre.

CHAPITRE 11

LA COMPÉTITION

Le chapitre précédent a étudié les stratégies, moyens choisis par la firme pour réaliser ses objectifs, et le marché, lieu principal de confrontation des stratégies des entreprises. C'est justement à cette confrontation, à cette compétition entre les firmes que sera consacré ce chapitre. On s'interrogera tout d'abord sur la signification de la concurrence, on s'attachera à présenter la forme la plus courante de la compétition: la compétition oligopolistique, enfin on présentera les points de repère de l'appréciation d'une situation concurrentielle en introduisant le concept de «concurrence praticable».

11.1   LA SIGNIFICATION DE LA CONCURRENCE

11.1.1   Les limites du modèle de «concurrence complète»

Quand dans la deuxième partie ont été vues les situations de référence, deux modèles de fixation de prix ont été présentés: celui de monopole et celui de concurrence complète. On a dit alors que ces modèles étaient avant tout des modèles de fixation de prix. Mais ils schématisent également deux situations de marché extrêmes: dans un cas, un seul vendeur; dans le second, une multitude de vendeurs. On a évoqué brièvement pour quelle raison ce deuxième modèle avait été d'une importance particulière pour le développement de la théorie économique. Peu nous importe ici. Ce qui nous intéresse, c'est que ce succès a malheureusement contribué à entretenir une conception très étroite de ce qu'est la concurrence.

Revenons un peu en arrière et regardons le modèle de «concurrence complète» non plus seulement en tant que modèle de fixation des prix mais dans une perspective de marché. Quelles sont, dans ce modèle, les **structures** et quels sont les **comportements**?

Les structures: - les entreprises sont petites et nombreuses;

- les entreprises sont plus ou moins de la même taille;

- le produit échangé est homogène;

- il n'y a aucune restriction à l'entrée sur le marché;

- l'information est parfaite.

Les comportements: - les firmes n'ont qu'une variable d'action: le prix;

- le comportement des firmes est automatique et stéréotypé; elles n'ont ni stratégie, ni tactique;

- les firmes agissent de façon indépendante;

- le modèle n'a aucune dimension temporelle.

Ces structures et ces comportements sont-ils vraiment des structures et des comportements concurrentiels au sens où l'on entend généralement ce terme? Peut-on dire par exemple qu'IBM, dont les produits ne se vendent pas sur des marchés se rapprochant de ce schéma de référence, n'est pas une firme concurrentielle? À l'inverse, peut-on dire qu'une firme typique du modèle, dans sa passivité et son adaptation automatique, est représentative de ce qu'on pense être la concurrence? On peut prendre l'exemple suivant: imaginons deux fermiers en Saskatchewan ayant une terre côte à côte et qui produisent exclusivement du blé. Leur produit est homogène, leurs fermes sont de petite taille (par rapport au marché), leurs décisions individuelles ne peuvent influencer à elles seules les conditions du marché. Voilà donc deux fermiers qui sont, d'après le schéma présenté, en concurrence. Pourtant, il y a fort à parier qu'ils vendent au même acheteur leur blé, qu'ils vont plutôt s'aider au moment de la récolte, se prêter l'équipement et partager leur information.

C'est que le terme concurrence est au fond très ambigu: il décrit à la fois un état de fait, une attitude et une performance.

Les producteurs sur un marché sont nombreux. On a pris l'habitude de dire que le marché est un marché concurrentiel: la concurrence dans cette acceptation est un **état de fait**.

Mais (et c'est là peut-être le sens original du terme concurrence et celui auquel le profane fait le plus implicitement référence) la concurrence c'est avant tout une attitude: la concurrence est synonyme de «rivalité intense» entre les participants sur un marché. La concurrence dans cette acception est à comprendre au sens de **compétition**. En reprenant l'exemple de nos deux fermiers, on comprendra que s'ils sont dans un «état de concurrence», ils ne sont sûrement pas rivaux.

Enfin, lorsque l'on parle d'une firme concurrentielle, on fait référence beaucoup plus au résultat de la compétition, à la performance de la firme. La firme concurrentielle est celle dont les comportements, les stratégies et les politiques lui permettent de soutenir la comparaison avec les autres compétiteurs.

Et cette ambiguïté sur le sens de la concurrence a été accentuée parce que l'évolution du système capitaliste tend à se faire dans une direction qui éloigne le système de marché du modèle de référence de la concurrence complète; les formes modernes de la concurrence n'ont que peu à voir avec lui. La compétition contemporaine en tant que processus et non pas en tant qu'état de fait s'exerce dans un cadre tout autre que celui envisagé par le modèle de concurrence complète.

11.1.2 La compétition contemporaine

L'analyse de la compétition contemporaine peut se faire pratiquement par opposition aux structures et aux comportements du modèle de référence.

a) Les phénomènes de concentration et les changements dans les conditions de la production se sont traduits par l'**apparition de grandes entreprises**. La concurrence moderne se fait beaucoup plus de nos jours entre firmes de grande taille qu'entre firmes de petite taille. Et cette taille des firmes modernes n'est pas seulement grande en termes absolus; elle l'est également en termes relatifs. On rencontre de nos jours de nombreux marchés où la compétition se fait bien souvent entre quelques grandes firmes qui contrôlent une part significative du marché. Leur taille leur permet d'utiliser un éventail relativement large de possibilités pour se concurrencer.

b) Cependant, l'apparition de grandes firmes ne veut pas dire que les petites firmes ne peuvent pas sur certains aspects et sur certains marchés leur faire concurrence. C'est même une caractéristique très fréquente de rencontrer des marchés où **se côtoient de petites firmes et des géants**. C'est que les marchés sont rarement homogènes et la segmentation de ceux-ci a permis que des firmes de tailles différentes puissent réussir. Chaque type de firme tire profit de ses avantages comparatifs: les plus grandes bénéficient des avantages de la production de masse et des économies d'échelle, les plus petites jouent sur leur souplesse d'adaptation et leur flexibilité. Les marchés du matériel électronique et de l'informatique en général fournissent d'excellents exemples de ce «côtoiement» entre firmes très puissantes et PME dynamiques. Et il s'agit bien là de marchés où la compétition est très vive.

c) Les marchés où les produits sont strictement homogènes sont devenus extrêmement rares, en tout cas il s'agit plutôt de l'exception que de la règle. La compétition contemporaine est une compétition de **produits différenciés.** Pour rendre un service identique, chaque producteur va s'efforcer d'identifier son produit, soit en lui donnant des caractéristiques physiques spécifiques, soit en jouant sur toute la gamme des qualités envisageables, mais surtout en s'attachant à ce que son produit soit identifié sans équivoque par le consommateur potentiel. Des trésors d'imagination et des budgets considérables sont dépensés pour différencier ce qui est homogène. La défense de la part du marché passe de façon impérative dans la concurrence moderne par la différenciation des produits.

d) L'hypothèse de fluidité s'applique elle aussi très mal à la compétition contemporaine. En effet, sur la plupart des marchés, il est très difficile d'entrer et sur certains, il est coûteux de sortir. La compétition moderne s'exerce à l'abri de ce qu'on appelle les **barrières à l'entrée**. Ce concept (que l'on étudiera en détail plus loin) a été introduit pour décrire la réalité suivante: les coûts d'entrée sur un marché sont souvent tels qu'ils prohibent l'arrivée de nouveaux compétiteurs. Les producteurs en place ont conscience de ce phénomène et des avantages qu'ils en tirent. Le type de concurrence qu'ils utiliseront sera d'ailleurs le reflet de la hauteur de ces barrières à l'entrée.

Il existe également des situations où les coûts de retrait du marché sont très élevés; les engagements commerciaux à long terme, la nécessité d'amortir de l'équipement coûteux, les problèmes sociaux engendrés par la cessation des activités sont autant d'éléments qui constituent ce que certains appellent parfois des «**barrières à la sortie**».

e) Le modèle de référence de la concurrence complète suppose qu'il y a parfaite information de tous les participants et qu'en matière d'information, chaque producteur se trouve dans une situation identique. Manifestement la compétition telle qu'elle s'exerce est bien loin de cet idéal. Dans beaucoup d'industries, les prix pratiqués, les rabais que l'on est prêt à consentir, les escomptes de quantité ne sont pas du domaine public.

Au-delà des questions de prix et de tarifs, **l'information est une source d'inégalités** entre les participants sur un marché et par le fait même un **élément de la concurrence**. Posséder ou contrôler l'information, c'est pour la firme réduire l'incertitude; c'est aussi obtenir un avantage sur les compétiteurs. L'information sur l'évolution de la demande, sur les dates d'apparition de nouveaux modèles, sur l'évolution de la technologie, sur les changements dans la réglementation, etc. , cette information fait partie du processus concurrentiel moderne.

f) La concurrence contemporaine se fait à l'aide de produits différenciés et sur la base d'inégalités en matière d'information. Ces deux éléments à eux seuls sont suffisants pour souligner que la compétition entre firmes n'est pas seulement une compétition de prix. Elle est tout aussi bien illustrée par les batailles publicitaires, les efforts de contrôle des circuits de distribution, ou les efforts de garantie et de service après vente. Il s'est rapidement développé et généralisé une concurrence sur la qualité, sur le degré de nouveauté ou d'exclusivité des produits et des services. La concurrence portant sur **d'autres aspects que le prix** est de nos jours tout aussi importante que la rivalité sur les prix et les tarifs.

g) Il est intéressant de développer des modèles de comportement d'entreprises dans un cadre concurrentiel donné. On doit reconnaître que cette tâche est passablement compliquée parce que l'attitude des firmes n'est ni stéréotypée ni automatique. Les firmes en concurrence adoptent des stratégies et des tactiques. **L'incertitude** quant à leurs réactions face à une situation donnée fait partie du jeu concurrentiel.

h) Dans le modèle de la concurrence complète, chaque firme agit de façon mécanique et de façon totalement indépendante. Cette indépendance entre les producteurs et entre les vendeurs est quasi inexistante dans la concurrence contemporaine. Et cela principalement parce que de nombreuses industries sont des industries oligopolistiques, c'est-à-dire que sur le marché se confrontent quelques producteurs qui se connaissent, qui s'observent. Les décisions prises par un vendeur le seront en fonction de ce qu'il anticipe, des réactions escomptées de ses rivaux.

i) Ce que propose le modèle de référence, c'est une situation essentiellement statique alors que par essence la compétition est un processus essentiellement **dynamique**. La mise en place des stratégies, l'acquisition de positions dominantes, la remise en question d'avantages acquis sur le marché se développent dans le temps. La concurrence contemporaine est un processus mouvant, changeant et que l'on peut difficilement classer dans le cadre traditionnel du court terme et du long terme.

11.2 LA COMPÉTITION CONTEMPORAINE ET L'OLIGOPOLE

11.2.1 Concurrence monopolistique et oligopole

Le modèle théorique de la concurrence complète fait référence à une situation extrême qui n'est pas représentative de la compétition qui s'exerce aujourd'hui au Canada. De la même façon, les cas de monopole pur sont extrêmement rares: cela supposerait qu'il existe des secteurs d'activité pour lesquels non seulement il n'y a qu'un producteur mais pour lesquels il n'existe pas de substituts. En fait, on constate que lorsque existent de tels monopoles, ils sont soit organisés, soit réglementés par les autorités gouvernementales. Il reste vrai que certaines industries[1] empruntent des **éléments à la situation**

---

(1) On utilise ici le terme industrie au sens où on l'a défini au chapitre précédent: une industrie est composée d'un ensemble de producteurs fabriquant un produit (ou groupe de produits) relativement homogène.

de monopole ou qu'au contraire d'autres industries possèdent certains des **éléments du modèle de concurrence complète**; mais on peut affirmer que ces deux modèles, malgré leur valeur de simplification, ne rendent pas justice à la réalité concurrentielle canadienne, qu'on se place ·du point de vue des structures ou du point de vue du comportement. En effet, il existe peu (ou pas) de marchés où il n'y a pas au moins deux producteurs à l'échelle du Canada (structure); il existe peu (ou pas) d'industries où les producteurs n'ont pas une certaine emprise sur leurs prix (comportement).

Si l'on prend tous les secteurs, toutes les industries au Canada, on s'aperçoit que la compétition qui s'exerce et les structures qui prévalent permettent de les classifier en deux grandes catégories: les **industries** de **«concurrence monopolistique»** et les **industries oligopolistiques**. La distinction la plus simple entre ces deux types d'industries est le nombre de compétiteurs, mais la distinction la plus importante porte sur les différences de comportements.

Dans une industrie de «concurrence monopolistique», il y a un grand nombre de compétiteurs, qui ont donc une taille relative faible. Dans une telle industrie, il est relativement facile d'entrer; la compétition s'exerce par les prix mais également par la qualité, la différenciation des produits, la localisation, les heures d'affaires, etc. Les industries du meuble, du textile, de la restauration sont des exemples. Le commerce de détail et les services peuvent être classés dans cette catégorie (le dépanneur, les nettoyeurs, les coiffeurs, les vendeurs de chaussures, etc.).

Si les compétiteurs sont très nombreux, ils ne peuvent mutuellement se surveiller et les décisions prises par un des compétiteurs n'ont pas forcément des conséquences immédiates pour tous les autres. Chaque compétiteur jouit ainsi d'un certain anonymat à l'intérieur du marché; en revanche, il ne peut, seul, avoir une action déterminante sur la situation du marché.

Dans ces industries, l'élément clé est la clientèle. La compétition s'exerce surtout pour obtenir la fidélité de cette clientèle, en offrant des services spécialisés ou en ayant recours à des techniques de commercialisation adaptées à la souplesse que procure la petite taille. En ce sens, dans les industries de concurrence monopolistique peuvent s'exercer des stratégies. En se créant des clientèles, les compétiteurs obtiennent petit à petit un certain pouvoir de marché, une certaine autonomie. Mais ce pouvoir n'est que relatif et il est limité par la possibilité toujours présente de l'entrée de nouveaux compétiteurs, attirés par les succès d'une entreprise.

Cependant, les industries ayant le plus d'importance pour l'évolution de l'économie canadienne sont la plupart du temps des industries oligopolistiques. Dans un oligopole, il y a un petit nombre de compétiteurs; généralement les firmes oligopolistiques opèrent dans des secteurs où il est difficile de rentrer; elles ont des comportements largement dictés par la conscience qu'a chaque membre de l'industrie que ses décisions ont une influence sur le comportement de ses compétiteurs. Contrairement à ce qui se passe dans les industries monopolistiques, chaque compétiteur ne jouit pas d'un certain anonymat sur le marché.

On notera que bien souvent taille relative (en termes de part de marché) et taille absolue vont de pair: dans les industries où il y a de nombreux compétiteurs, les firmes seront de petite taille, tandis que dans les marchés où la compétition s'exerce entre un nombre restreint de producteurs, on rencontrera des firmes de grande taille.

11.2.2 Traits dominants de l'oligopole

a) Les conséquences de l'interdépendance

Plus que le nombre de producteurs, ce qui caractérise la compétition oligopolistique, c'est la **situation d'interdépendance** dans laquelle se trouvent les compétiteurs et la conscience qu'ils en ont. Les actions et initiatives prises par l'un des acteurs sur le marché seront perçues par les autres vendeurs, pourront entraîner des réactions de ces derniers et dans la décision d'agir ou non, l'oligopoleur tâchera de tenir compte ou d'anticiper ces réactions.

Dans toute situation oligopolistique, deux tendances, a priori contradictoires, sont sous-jacentes aux comportements qui se manifestent et aux décisions qui sont prises: une **tendance à l'antagonisme** et une **tendance à l'entente**. Si de nombreux motifs peuvent expliquer cette tendance à l'antagonisme, ils peuvent grosso modo se résumer autour d'un seul: **la part du marché**; il s'agit de réaliser des objectifs à court terme ou à long terme, d'améliorer ou de défendre sa part du marché. La **tendance à l'entente**, sous toutes ses formes, est aussi fort naturelle. Les oligopoleurs étant en compétition, ils ne jouissent pas de la liberté d'action et du contrôle du marché d'un monopoleur. Puisque cette liberté d'action et ce contrôle sont recherchés, pourquoi ne pas s'unir ou tout au moins se coordonner pour les acquérir?

Ainsi dans la vie des oligopoles vont se succéder des périodes où antagonisme et entente vont alterner, l'un l'emportant sur l'autre au gré des fluctuations de la conjoncture, des variations de la demande, de l'entrée de nouveaux compétiteurs ou de changements d'attitude du management de l'un ou l'autre des oligopoleurs.

D'un marché d'oligopole à l'autre, la coordination des stratégies et l'attitude en matière de fixation des prix dépend de facteurs tels que: la nature du produit et son degré de différenciation effective ou potentielle, sa position dans le cycle de vie, le degré de sophistication de la technologie, le degré d'intégration verticale dans l'industrie. La coordination est par exemple d'autant plus envisageable que les produits sont des substituts proches et qu'ils peuvent difficilement être différenciés (industries de l'acier et de l'aluminium par exemple). Cette coordination dépendra également des habitudes de la profession et des pratiques de «pricing» (par exemple, la coordination en matière de prix sera d'autant plus probable que se pratique la technique du «prix affiché» ou du prix de base).

Dans certains cas, la reconnaissance de leur interdépendance conduit les oligopoleurs à pratiquer ce qu'on appelle le «**parallélisme conscient**». Sans qu'il y ait collusion, les oligopoleurs savent bien qu'ils font face aux mêmes conditions de marché, aux mêmes conditions d'approvisionnement, qu'ils paient la main-d'oeuvre le même prix et qu'ils ont des équipements fort semblables. Toute rivalité serait dès lors désastreuse et se ferait au détriment de tous. Les firmes vont donc offrir des services identiques ou des gammes de produits semblables en respectant autant que faire se peut une grande stabilité des prix. Il y a un «prix du marché» et nul ne s'en écarte. Personne ne demande plus que ce prix et aucun client ne bénéficie de rabais. Connaissant les conditions de la production chez les compétiteurs et le niveau de capacité utilisée, nul ne peut se permettre de se lancer dans une rivalité intense (surtout en matière de prix) dont tous (et en particulier celui ayant pris une telle initiative) auraient à supporter les conséquences. Comme on le voit, les conditions structurelles peuvent être réunies (un petit nombre de producteurs) sans que pour autant la compétition soit vive à l'intérieur de l'oligopole.

b) **Deux critères de classification**

Sur la base de ce qui précède, une classification des oligopoles peut toujours se faire à l'aide de deux critères: **le degré de coordination** et **l'état de la compétition**.

Les oligopoleurs, reconnaissant les avantages qu'ils peuvent tirer d'une coordination de leurs activités, ajustent leurs comportements dans le domaine du prix, dans le domaine de la publicité, dans le domaine de la production ou dans le domaine de la qualité. Mais cette coordination peut être très différente d'une industrie oligopolistique à l'autre. On oppose ainsi les industries où il y a une **absence totale de coordination** à celles où existe une **coordination partielle**: elle se fait par exemple, de façon tacite par la reconnaissance de l'existence d'une firme dominante. On peut constater également des situations où se manifeste une firme leader prenant l'initiative des changements de prix, de la sortie de nouveaux produits ou de la fourniture de nouveaux services. Enfin, il existe des cas où les activités de l'oligopole sont **parfaitement coordonnées**, ce sont les cas de cartel. Dans un cartel, il y a une entente explicite pour limiter la concurrence sur toutes ses formes, pour supprimer l'incertitude quant à l'évolution des parts du marché, dans le but d'augmenter le profit. Dans ce cas, les activités de l'oligopole sont tellement coordonnées qu'on se rapproche d'une situation de monopole.

Le deuxième critère servant à la classification des oligopoles, c'est l'état de la compétition. C'est ainsi qu'on oppose les oligopoles en «état de guerre» aux oligopoles en «état de paix». Et cet état de la concurrence doit surtout être apprécié sur les prix. On constate que dans la vie des oligopoles, il y a des périodes, généralement courtes, où les firmes se font une concurrence très vive sur les prix. Ces guerres qui coûtent généralement très cher sont suivies de longues périodes où le respect du prix du marché prédomine. Il faut interpréter avec prudence une situation où tous les oligopoleurs ont des prix fort semblables ou identiques: car cette similitude n'est pas obligatoirement un indice de «paix» en matière de prix. Il peut arriver que la compétition soit principalement centrée sur les prix et que tous les oligopoleurs adoptent une même politique de prix très bas.

Cet état de guerre ou de paix caractérise également ce qui se passe dans le domaine publicitaire. La vie des oligopoles offre de nombreux exemples où brusquement tous les compétiteurs augmentent leurs budgets de promotion avant de revenir à des niveaux de dépenses plus traditionnels.

11.3 COMMENT APPRÉCIER LA COMPÉTITION

11.3.1 Le triptyque Structure – Comportement – Performance

Les économistes s'intéressent à la compétition parce qu'elle est un élément clé du fonctionnement de l'économie décentralisée et parce qu'elle anime le marché, mécanisme par lequel se fait la distribution des biens et indirectement l'allocation des ressources disponibles. À ce titre, les structures de l'économie dépendent de la compétition qui s'exerce; la réciproque est également vraie et cette interaction entre structures et compétition mérite attention.

Dans l'introduction, on a dit que l'économie d'entreprise est à la fois positive et normative, c'est-à-dire qu'elle s'applique d'une part à décrire, d'autre part à analyser les phénomènes, mais qu'en même temps, elle s'efforce de porter des jugements et d'apprécier des situations afin de pouvoir effectuer des recommandations. Lorsque l'on touche au problème de la compétition et de ses rapports avec les structures et les comportements, on ne peut éviter cette approche normative. Par exemple, doit-on préférer la compétition de grand nombre à la compétition à nombre restreint? Dans quelle mesure les ententes sont-elles souhaitables ou nuisibles? Faut-il favoriser les guerres de prix ou s'inquiéter du parallélisme conscient pratiqué par les oligopoles? Y a-t-il des cas où la concurrence trop vive est destructrice et se traduit par une détérioration de la qualité des produits ou des services? La croissance des entreprises et la concentration du pouvoir qui en résulte sont-elles pernicieuses? Faut-il favoriser le «laisser faire» ou souhaiter l'intervention des pouvoirs publics? Voilà autant de questions, autant de domaines où l'aspect normatif de l'économie d'entreprise prend le dessus sur l'aspect positif.

C'est ainsi qu'on est amené à formuler des jugements sur la performance d'une industrie, sur les modes de fonctionnement d'un secteur, sur les comportements et les structures.

Ce triptyque **Structure – Comportement – Performance** est à la base de la démarche analytique utilisée en économie industrielle[2]. Il fournit un instrument extrêmement précieux pour étudier et apprécier le milieu dans lequel évoluent les entreprises.

On a repris dans le tableau ci-joint les composantes de cette grille d'analyse de l'organisation industrielle[3]. La direction des flèches y indique le sens des influences exercées.

11.3.2 Les éléments de la performance

La notion de performance est familière à l'analyse économique. On l'utilise en règle générale pour apprécier par exemple l'état de la conjoncture ou plus globalement les résultats d'un système économique. Ainsi, quand on s'interroge pour savoir si l'économie décentralisée est préférable à l'économie centralisée, si le marché est préférable à la planification, on répond bien souvent en portant un jugement sur les résultats obtenus, sur les rendements reliés à chacun des systèmes.

Sans être exhaustif, on peut reconnaître quatre dimensions au problème de l'évaluation de l'organisation industrielle (du milieu où s'exerce la compétition et dans lequel évoluent les entreprises). Mesurer la performance reviendra à répondre aux quatre questions suivantes:

a) Comment se fait **l'allocation des ressources?**

On se demande dans cette perspective si le système de production et l'organisation industrielle permettent le gaspillage ou s'ils assurent que les facteurs de production sont utilisés de façon judicieuse et efficace; de plus, on se demande si les structures, les comportements, les mécanismes en place permettent que l'évolution du système se fasse vers une meilleure allocation de ces ressources.

---

(2) Cette démarche a été popularisée principalement grâce aux travaux de E.S. Mason, J. Bain, W. Shepherd et surtout F.M. Scherer. On pourra consulter par exemple: SHEPHERD, W. *The Measurement of Market Power.* Columbia University press, 1975. ou SCHERER, F.M. *Industrial Market Structure and Economic Performance.* Rand MacNally, 1970.

(3) On retrouvait une grille semblable dans SCHERER, F.M. *op. cit.* p. 5, ou dans MORVAN, Y. *L'économie industrielle.* Presses Universitaires de France, 1976, p. 4.

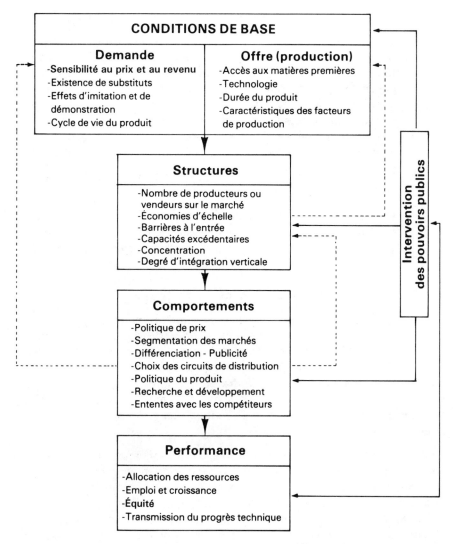

b) Le système de production et l'organisation industrielle favorisent-ils **la croissance et le plein emploi** des ressources disponibles?

On a déjà évoqué le consensus qui existe autour d'un objectif général de croissance. La croissance est un but en soi ou au contraire seulement un moyen pour réaliser d'autres objectifs; mais elle peut facilement faire l'unanimité de toutes les parties prenantes de notre société. On doit donc s'assurer que les structures et les comportements favorisent ce but. Les mêmes préoccupations portent sur l'objectif d'utilisation maximale des facteurs de production disponibles et en particulier sur l'utilisation des ressources humaines. Tout autant que le volume, on devra s'assurer que des objectifs en termes de stabilité d'emploi peuvent être atteints.

183

c) L'organisation industrielle favorise-t-elle une certaine **équité**?

Cette dimension est un peu plus difficile à cerner que les deux précédentes. Le problème de l'équité au niveau macroéconomique fait référence à la façon dont sont distribués les revenus. Au niveau de l'organisation industrielle et des marchés, s'interroger sur l'équité, c'est s'interroger pour savoir si les modes de production et d'échange se font de telle sorte qu'on réponde de façon raisonnable aux attentes des parties prenantes et de telle sorte qu'elles soient récompensées au prorata de leurs contributions à la production et aux échanges.

d) L'organisation industrielle stimule-t-elle le **progrès technique** et favorise-t-elle sa transmission?

Cet aspect de la performance n'est pas indépendant de ce qui a été dit des objectifs de croissance. Le système de production et d'échange sera jugé efficace s'il permet de faire bénéficier rapidement la société de l'évolution de la science et de la technologie.

11.3.3 Structures ou comportements

Lorsqu'il s'agit d'évaluer la performance d'un marché, d'une industrie ou même de l'ensemble de l'organisation industrielle, faut-il surtout s'intéresser aux structures ou plutôt concentrer son attention sur les comportements? La question est délicate et on ne peut lui donner une réponse qui tranche dans un sens ou dans un autre. C'est qu'en effet les économistes sont divisés sur la question et certains vont même jusqu'à reconnaître l'existence d'une «querelle» entre «structuralistes» et «behavioristes» à ce propos.

Pour les structuralistes, ce qui va avoir une influence primordiale sur la performance, ce sont les structures. Les comportements seraient, d'après eux, directement déterminés par celles-ci. Ainsi, les barrières à l'entrée[4], la taille absolue des firmes et surtout la concentration encouragent des pratiques qui nuisent à la performance. Tous les éléments tendant à donner aux firmes en place un certain «pouvoir de monopole» les conduisent à adopter des comportements ne favorisant ni l'allocation efficace des ressources, ni la croissance, ni l'équité. Si l'on veut éviter les prix trop élevés, les restrictions dans les quantités offertes, la rétention du progrès technique, l'imposition par les producteurs de la qualité ou du design, il faut agir directement sur les structures et principalement sur la **concentration**.

On le voit, la thèse structuraliste est fortement influencée par les schémas d'analyse issus des modèles de microéconomie. On se souvient qu'au niveau de la performance, d'un point de vue **théorique**, le modèle de

---

(4) Le concept de «barrières à l'entrée» sera étudié en détail au chapitre suivant.

concurrence complète est préférable au modèle de monopole, et dans ces deux modèles de fixation du prix, et les comportements découlent des structures.

L'avantage de cette approche, c'est qu'elle rend possible l'énoncé de règles simples et **universelles** pour améliorer la performance, quel que soit le secteur industriel que l'on étudie.

Selon la thèse «**behavioriste**», les structures n'expliquent pas tout et elles ne permettent pas d'inférer systématiquement les comportements et donc de prévoir la performance. Et ceci est particulièrement vrai dans les industries oligopolistiques pour lesquelles il est extrêmement difficile de fixer des normes en termes de concentration par exemple. Plusieurs éléments sont mis de l'avant pour critiquer la thèse structuraliste.

Tout d'abord, il n'est pas possible d'énoncer des règles à la fois simples et universelles capables de régir toutes les industries, tous les secteurs d'activité. Chacun d'eux a ses modes de fonctionnement propres, ses «règles du jeu», ses «habitudes de la profession», qui rendent utopique la volonté d'avoir un critère d'appréciation applicable à tous les marchés, à toutes les industries.

Par ailleurs, ainsi qu'on l'a dit, la compétition à l'intérieur d'une industrie est un processus essentiellement mouvant et dynamique. Or le niveau de compétition et les conséquences qui en découlent vont avoir un impact direct sur la performance. Comment dès lors prévoir la performance si dans un même cadre structurel le degré de compétition peut changer rapidement et dépendre d'éléments aussi aléatoires et en tout cas aussi indépendants des structures que l'état de la conjoncture économique ou l'apparition d'innovations technologiques? En particulier, dans le cas de marchés oligopolistiques, peuvent se succéder des périodes d'hostilité et des périodes de coopération sans que les structures aient provoqué ces changements et sans qu'elles s'en trouvent modifiées. Un oligopole peut passer d'un «état de guerre» à un «état de paix» sans que le nombre de compétiteurs ait changé, sans que les barrières à l'entrée aient été modifiées, sans que le degré d'intégration verticale dans l'industrie ait évolué.

Enfin, les partisans de la thèse behavioriste soutiennent qu'on ne peut dissocier la performance dans une industrie de la personnalité des dirigeants, des buts qu'ils recherchent, des stratégies qu'ils choisissent. Le degré de compétition effective, l'introduction de produits nouveaux porteurs d'innovation technique, l'amélioration des services rendus à la clientèle, l'attitude vis-à-vis de la croissance et de l'investissement sont autant d'éléments qui peuvent varier d'une industrie à une autre, du simple fait d'attitudes différentes des managers ou de ceux qui contrôlent les entreprises .

En fait, il apparaît que «structuralistes» et «behavioristes» détiennent chacun une partie de la vérité. On ne peut en effet nier que certaines structures favorisent ou encouragent certains comportements qui ont des conséquences directes sur la performance. Mais on ne peut affirmer qu'il y a, à cet égard, un déterminisme absolu. Des structures ne permettent pas de prévoir systématiquement les comportements. Pour apprécier les situations structurelles ou concurrentielles, on est amené à emprunter à l'une et à l'autre écoles de pensée.

11.3.4 "Workable competition" et critères d'évaluation

a) La «Workable competition»

Les caractéristiques de la compétition contemporaine, l'importance grandissante des oligopoles, le poids des structures industrielles en place[5], l'aspect multiforme de la rivalité entre les firmes sont autant d'éléments tendant à montrer qu'il n'y a pas de situation idéale de la concurrence.

C'est pourquoi, dans une optique normative certes, mais surtout d'un point de vue pragmatique, on utilise en économie d'entreprise la notion de «workable competition». Ce terme en français est traduit généralement par concurrence praticable[6], mais cette traduction ne rend que de façon imparfaite l'idée du concept original introduit par J.M. Clark. Tout autant que la concurrence praticable, la «workable competition», c'est la compétition «qui marche», la compétition qui est **souhaitable**, la compétition qui est **satisfaisante**.

Comme on le voit, le concept de «workable competition» est directement lié à celui de performance dont on a parlé précédemment. La concurrence praticable, c'est celle qui permet aux entreprises une bonne adaptation aux conditions du marché, c'est celle qui se traduit par des structures acceptables, des comportements satisfaisants et celle qui produit de bons résultats.

Cette notion fait donc appel essentiellement au jugement pour apprécier ce qui est acceptable, ce qui est souhaitable, ce qui est satisfaisant.

b) Critères d'évaluation

On peut être un peu plus spécifique et retenir un certain nombre de critères pour apprécier à la fois la compétition qui s'exerce et le fonctionnement en général d'une industrie. Ces critères sont regroupés en trois catégories[7]:

---

(5) On pourrait d'ailleurs, dans le cas du Canada, ajouter les conditions spécifiques du marché et la proximité des États-Unis.

(6) Cf. MORVAN, Y. *op. cit.* p. 59.

(7) Ces critères, présentés par S. Sosnick, sont repris par SCHERER, *op. cit.* p. 37.

- **Critères de structure**

  . Le nombre de producteurs (ou vendeurs) devrait être au moins aussi grand que cela est compatible avec les économies d'échelle.

  . Les restrictions artificielles à l'entrée sur les marchés ne devraient pas pouvoir se maintenir.

- **Critères de comportement**

  . Les firmes devraient chercher à atteindre leurs objectifs sans entente visant à limiter la compétition.

  . Il devrait y avoir un certain degré d'incertitude entre les compétiteurs quant aux chances d'imitation d'une initiative en termes de prix.

  . Il ne devrait pas y avoir de protection permanente et artificielle des plus faibles.

  . Les discriminations artificielles sur le marché ne devraient pas pouvoir se maintenir.

- **Critères de résultat**

  . Les conditions structurelles et les comportements devraient assurer que la production se fait de façon techniquement efficace.

  . La compétition devrait se traduire par un niveau de qualité, de durée de vie moyenne et une diversité de produits correspondant aux souhaits des consommateurs.

  . Les profits devraient se maintenir à un niveau suffisant pour permettre le réinvestissement et pour rémunérer l'innovation et le risque.

  . La compétition ne devrait pas se traduire par des dépenses publicitaires sans aucune relation avec la valeur des produits.

  . Le mode de fonctionnement du marché ne devrait pas se traduire par une grande instabilité dans les prix.

Ces critères sont donc des jalons pour apprécier les situations concurrentielles. À leur simple énoncé, on s'aperçoit bien que la « workable competition » est un concept essentiellement pragmatique.

*

La conception de la compétition présentée ici est sous-jacente à la compréhension des structures et des comportements qui seront analysés dans la quatrième partie.

ANNEXE A

L'analyse du contexte de l'entreprise d'après M. Porter

Cette annexe, qui aurait pu être placée également à la fin du chapitre précédent, présente les grandes lignes de ce qu'on appelle communément le "modèle de Porter". M. Porter, professeur à la Harvard Business School, a proposé au cours des années 80 une **grille d'analyse** qui a connu un très grand succès pour étudier l'environnement concurrentiel de l'entreprise. Les travaux de M. Porter se trouvent en fait au confluent du courant d'organisation industrielle (largement influencé par le modèle Structures – Comportements – Performance) et du courant d'analyse stratégique de l'entreprise.

LE MODÈLE DE PORTER

À la base du modèle développé par Porter se trouve l'idée qu'une procédure explicite de formulation d'une stratégie permet à la firme de réaliser des gains importants. Une telle procédure permettrait une coordination des différentes politiques, voire des actions des divisions fonctionnelles, et une orientation de celles-ci vers des objectifs communs.

Le modèle de Porter vise à procurer une "procédure explicite", c'est-à-dire un cadre d'analyse et un ensemble de techniques analytiques, destinés à aider la firme à mieux pouvoir établir une stratégie.

Selon Porter, la formulation d'une stratégie face à la concurrence implique, par essence, une **mise en relation d'une firme avec son environnement**. Cette mise en relation est réalisée par l'analyse de la structure d'un secteur. Cette "analyse structurelle" se concentre sur les caractéristiques essentielles et fondamentales d'un secteur dont les racines se trouvent dans les conditions économiques et technologiques qui délimitent l'arène où les concurrents vont mettre en oeuvre leurs stratégies.

Pour réaliser, de façon pratique, cette analyse structurelle, Porter propose d'étudier les cinq forces qui déterminent l'état de la concurrence dans un secteur. Ces cinq forces sont mises en évidence à la figure 1.

Les 5 forces du modèle de Porter

L'intensité de chacune des cinq forces concurrentielles dépend d'un certain nombre de caractéristiques propres au secteur. On présentera ci-après les caractéristiques potentielles de chacune des forces permettant d'apprécier l'intensité de leur action. Il s'agit, en fait, d'une excellente **grille d'analyse** pour étudier un secteur industriel.

Les 5 forces du modèle de Porter

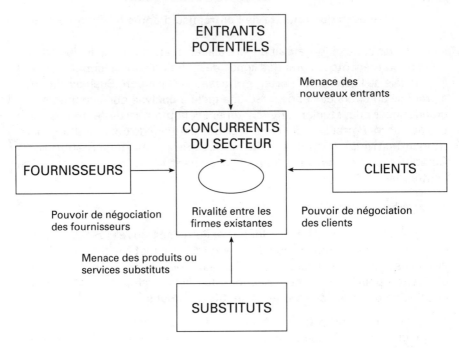

CARACTÉRISTIQUES DES CINQ FORCES DE PORTER

1° La menace des entrants potentiels

Pour Porter, les conditions dans lesquelles s'exerce la concurrence dans un secteur sont directement touchées par la menace que représente l'arrivée potentielle de nouveaux compétiteurs. Cette arrivée potentielle de nouveaux joueurs dépend essentiellement de l'existence de "barrières à l'entrée" et de la capacité des firmes en place de lutter efficacement contre cette entrée (c'est-à-dire, la capacité d'exercer des représailles).

On appelle **barrières à l'entrée** (nous étudierons cette notion en détail au chapitre 12) tous les facteurs qui constituent des avantages objectifs de la firme en place dans un marché par rapport à une firme qui veut entrer sur le marché (par exemple : la fidélité des clientèles, la différenciation des produits, l'accès aux canaux de distribution ou la réglementation gouvernementale).

Les chances de succès d'entrants potentiels dépendent du **degré de réaction** anticipée des firmes en place. Leur capacité de représailles dépend de plusieurs facteurs :
- une tradition de représailles vigoureuse ;
- d'abondantes ressources pour exercer des représailles ;
- la difficulté pour les firmes en place de changer de secteur ;
- le faible taux de croissance de l'industrie.

2° L'intensité de la rivalité entre les firmes en place

La rivalité entre firmes est largement animée par la capacité et la volonté d'améliorer ou de défendre leur position dans un secteur.

L'intensité de la rivalité est le résultat de l'interaction d'un certain nombre de facteurs structurels. Porter en dresse la liste suivante :
- le nombre de firmes disposant des mêmes ressources ;
- la faible croissance du secteur d'activité ;
- les coûts de stockage ;
- l'existence de coûts fixes élevés ;
- le degré de différenciation des produits ;
- l'indivisibilité de l'investissement en cas d'augmentation de la capacité ;
- l'existence de barrières à la sortie ;
- la personnalité des dirigeants des firmes en place.

3° L'existence de produits substituts

Indépendamment du nombre d'acteurs, de la taille des firmes ou de la personnalité de leurs dirigeants, la concurrence et les comportements dans un secteur industriel sont fortement influencés par l'existence de **produits substituts**. Plus la pression qu'exercent ces derniers est forte et plus sont réduites la marge de manoeuvre et les stratégies disponibles pour les firmes dans le secteur analysé.

4° Le pouvoir des acheteurs

D'après Porter, les principaux facteurs qu'il faut prendre en considération pour évaluer le pouvoir des acheteurs sont les suivants :
- le degré de concentration des acheteurs ;
- l'importance du produit dans l'ensemble des achats du client ;
- le degré de standardisation des produits ;
- les coûts de transport ;
- le niveau de profit réalisé par les acheteurs ;
- la menace d'intégration verticale ;
- l'importance de la qualité du produit pour l'acheteur ;
- le niveau d'information dont dispose les clients quant à la qualité et quant aux conditions réelles du marché.

5° Le pouvoir des fournisseurs

En procédant comme précédemment, Porter propose une liste de facteurs qui influencent le pouvoir des fournisseurs, ce qui constitue la cinquième et dernière force qui s'exerce sur un secteur industriel :
- le degré de concentration des fournisseurs (en particulier, sont-ils plus ou moins concentrés que les acheteurs du secteur étudié ?) ;
- l'existence potentielle de produits de remplacement ou de substitution ;

- l'importance relative du secteur étudié en tant que client des four-nisseurs;
- l'importance relative du produit des fournisseurs en tant qu'input des producteurs du secteur analysé;
- le degré de différenciation des produits des fournisseurs;
- la menace éventuelle d'intégration verticale en aval des fournisseurs.

* * *

Lorsque les forces et faiblesses sous-jacentes ont été repérées, la firme peut mieux identifier ses propres **forces** et **faiblesses**.

Une stratégie efficace prend des actions défensives ou offensives pour créer une position **défendable** en regard des cinq forces.

ANNEXE B

Exemple de comportement oligopolistique:
les producteurs d'aluminium en 1975

En deux occasions, en 1975, les producteurs d'aluminium nord-américains ont fourni à l'observateur des exemples assez symptomatiques du fonctionnement d'un oligopole.

On se souviendra qu'au début de 1975, la conjoncture économique nord-américaine est caractérisée par un ralentissement général de l'activité, contrecoup indirect de la "crise du pétrole" et des mesures restrictives déployées pour tenter de juguler l'inflation.

Face à la diminution de la demande globale, les producteurs ont surtout été intéressés à défendre leur part du marché, plutôt qu'à se lancer dans une compétition ruineuse pour augmenter leur volume de vente. En effet, la tendance à l'entente semble bien, dans ce cas précis, l'avoir emporté sur la tendance à l'antagonisme. Le comportement se révèle d'ailleurs assez nettement dans la revue de presse que nous présentons ci-dessous dans l'ordre chronologique.

Le 31 décembre 1974, le "Wall Street Journal" annonce que l'Aluminium Co. of America, invoquant une augmentation du coût de l'énergie et une baisse dans la demande, réduira sa production de 2.9%.

Le 15 janvier 1975, le même journal rapporte que l'Aluminium Co. of America et l'Alcan Aluminium Ltd, les deux plus grands producteurs d'aluminium en Amérique du Nord, réduiront de 10% leur capacité de production pour les prochains mois.

Les deux compagnies ont justifié cette position en invoquant une baisse dans la demande.

À Montréal, Alcan annonce qu'elle diminuera sa production de 9.6% à partir du 1er février 1975.

À Pittsburg, Alcoa annonce qu'elle réduira de 6% sa capacité de production à partir du 1er mars 1975. Cette baisse fait suite à une réduction de 3% déjà effectuée en début d'année.

Les analystes de l'industrie prédisent que les décisions d'Alcan et d'Alcoa vont faire pression sur d'autres producteurs qui travaillent encore à pleine capacité pour les amener à des réajustements du même type.

Le 15 janvier 1975, le "Globe and Mail" rapporte qu'Alcan attribue la réduction de sa production à la diminution sensible des commandes sur la plupart des marchés. La nécessité de maintenir les inventaires à un niveau raisonnable explique la décision de la compagnie. Par ailleurs, un porte-parole d'Alcan laisse entendre que la compagnie n'envisage pas de réduction des prix pour le moment.

Le 21 janvier 1975, le "Journal of Commerce" fait état des pressions à la baisse qu'exerce sur le prix de l'aluminium, le ralentissement de la demande. Les producteurs résistent en contractant davantage la production.

Quelques jours plus tard, le 21 janvier, le "Wall Street Journal" annonce que le gouvernement américain décrète une enquête sur l'industrie de l'aluminium. Cette enquête vise à établir les motivations qui ont amené les producteurs à réduire leur production au lieu de leur prix en réponse au ralentissement de la demande.

On demande alors à sept compagnies d'aluminium de présenter des données sur leurs prix depuis 1971, sur leurs productions et leurs expéditions de 1974 et 1975. De plus, la Commission d'enquête exige d'être informée de tout changement de prix décrété dans l'avenir immédiat.

Les sept compagnies sont: Reynolds Metal Co., Aluminium Co. of America, Kaiser Aluminium & Chemical Corp., Anaconda Co., Martin Marietta Aluminium Corp., Ormet Corp., National Southwire Aluminium Co.

Alcoa défend sa politique de prix en soutenant que son rendement sur investissement n'est que de 5.4% pour les dix dernières années, ce qui est insuffisant pour financer son expansion. Un porte-parole de la compagnie a ajouté que le prix de l'aluminium, dans les récentes années, n'a pas suivi le taux d'inflation ni les prix des matériaux concurrents.

Les contractions de la production se poursuivent malgré tout si l'on en croit un article publié le 29 janvier dans le "Wall Street Journal". Cette fois, ce sont l'Alcan et la Reynolds qui récidivent en invoquant la nécessité de ramener leurs inventaires à un niveau plus acceptable.

À Montréal, Alcan réduit à nouveau sa production annuelle de 35,000 tonnes, portant ainsi à 87% le degré d'utilisation de sa capacité.

Enfin, mentionnons que le 4 février 1975, le journal "La Presse" résume les faits rapportés précédemment.

*

L'oligopole des producteurs d'aluminium en juin-juillet 1975

Le 26 juin 1975, le "Wall Street Journal" rapporte que la compagnie Kaiser augmentera de $0.39 à $0.41 la livre, le prix de l'aluminium. Cette hausse doit entrer en vigueur à compter du 7 juillet.

À Washington, l'agence gouvernementale sur les prix et salaires a réagi rapidement et négativement à l'annonce de Kaiser. Albert Rees, directeur du Comité sur la stabilité des prix et salaires, est sérieusement préoccupé par cette décision et demande des justifications et des explications complètes. L'agence n'a cependant aucune autorité pour empêcher un changement de prix, elle ne peut qu'essayer de faire en sorte que la compagnie reconsidère son geste.

La compagnie prétend que cette augmentation du prix se justifie par la hausse des coûts de production. Kaiser opère à 73% de sa capacité.

Quatre jours plus tard, le même "Wall Street Journal" fait état d'une hausse de prix de 2.3% de la part d'Alcoa, à compter du 7 juillet également. Selon la compagnie, cette hausse de prix se justifie par une augmentation des coûts.

La compagnie Howmet prend une décision similaire de même que la Reynolds qui doit également porter son prix à $0.41.

Enfin, au début de juillet 1975, les producteurs d'aluminium acceptent de reporter de 30 jours les hausses annoncées en vue de permettre au gouvernement d'établir si une hausse de prix est justifiée durant une période où la demande est faible.

Le gouvernement craint que cette augmentation de prix dans l'industrie de l'aluminium ne nuise à la reprise.

On craint également que l'augmentation du prix dans l'industrie de l'aluminium ne produise une réaction en chaîne dans les autres industries fortement concentrées comme l'acier et l'automobile.

Alcoa et Reynolds ont laissé savoir que l'augmentation prévue serait maintenue. Cette augmentation sera effective à partir du jeudi le 7 août 1975 pour Reynolds et du 10 août pour Alcoa.

Finalement, le 1er août 1975, le "Wall Street Journal" annonce que le gouvernement suspend l'enquête sine die.

Alcoa et Reynolds maintiennent alors les augmentations décrétées.

IVᵉ PARTIE

COMPORTEMENTS ET STRUCTURES

Dans cette quatrième partie, on s'intéressera aux comportements des firmes et aux structures industrielles qui résultent de ces comportements ou qui, au contraire, modulent l'attitude des entreprises dans une industrie donnée.

Le chapitre 12 est consacré aux déterminants de la structure industrielle. On y présentera tout d'abord les concepts d'économies d'échelle et de déséconomies d'échelle, et l'on verra comment les adapter pour retenir la notion de taille minimale d'efficacité. Ensuite, et dans la lignée des travaux de J. Bain, on présentera les facteurs qui limitent l'entrée sur un marché: les "barrières à l'entrée". Ce chapitre se terminera en présentant les instruments de mesure traditionnels de la concentration industrielle.

Les deux chapitres suivants seront consacrés à un élément essentiel de la compétition entre les firmes: la fixation des prix et les politiques de prix. On y étudiera les objectifs poursuivis par les firmes et les pratiques de "pricing". On prêtera une attention toute particulière à l'utilisation des marges et à la discrimination. On présentera également un exemple de guerre des prix dans un secteur industriel.

Le quinzième chapitre étudiera les situations où il y a absence apparente ou réelle de compétition en matière de prix. Ceci se produit lorsque les prix sont contrôlés, lorsqu'il y a des ententes tacites entre des producteurs ou des ententes explicites pouvant aller jusqu'au cartel. Ce sera aussi l'occasion de présenter le modèle de la demande coudée.

La compétition contemporaine entre les firmes ne se limite pas à une simple compétition en matière de prix, elle touche d'autres variables; c'est aux plus importantes de celles-ci que seront consacrés les chapitres 16 et 17. Tout d'abord, on présentera la différenciation en s'attardant à sa manifestation la plus évidente: la publicité. Ensuite, nous verrons comment les activités de recherche et de développement qui engendrent l'innovation jouent un rôle essentiel dans les rapports entre les firmes et expliquent une partie des changements repérés sur les marchés.

Le dernier chapitre mélangera des éléments structurels et de comportement; on s'y intéressera à la croissance des entreprises, aux causes et modalités de celle-ci. On s'intéressera donc à la diversification et aux phénomènes des acquisitions. Ceci nous permettra de déboucher sur la notion de pouvoir de l'entreprise dont certains éléments ont été vus au chapitre 9.

CHAPITRE **12**

ÉCONOMIES D'ÉCHELLE, BARRIÈRES

À L'ENTRÉE ET CONCENTRATION

INDUSTRIELLE

Les structuralistes pensent que le cadre structurel détermine les comportements et affecte la performance d'une industrie. Les behavioristes au contraire pensent qu'on ne peut inférer les comportements et donc la performance à partir des structures. Commencer cette quatrième partie par l'étude de certains éléments du cadre structurel ne devra pas être interprété pour autant comme une acceptation de la position structuraliste.

On présentera tout d'abord deux facteurs que l'on peut considérer comme déterminants des structures: les économies d'échelle et les barrières à l'entrée, puis l'on s'interrogera pour savoir comment mesurer la concentration industrielle.

12.1 LES ÉCONOMIES D'ÉCHELLE

12.1.1 Définition

C'est à l'occasion de l'analyse des coûts, et plus spécifiquement des coûts à long terme, que l'on a introduit la notion d'économies d'échelle et de déséconomies d'échelle.

On a alors dit que par économies d'échelle, on entend tous les facteurs qui expliquent que lorsqu'on augmente la taille d'une installation, d'un équipement ou d'une entreprise, les coûts moyens de production ont tendance à diminuer. De même, on a dit qu'à l'inverse, les déséconomies d'échelle sont l'ensemble des facteurs qui expliquent que lorsqu'on augmente la taille d'une installation, d'un équipement ou d'une entreprise, les coûts moyens de production ont tendance à augmenter.

L'analyse microéconomique se sert de ces deux concepts pour expliquer l'allure de la courbe de coût moyen à long terme qui serait dans un premier temps décroissante puis ensuite croissante. Tout d'abord, les économies d'échelle l'emporteraient sur les déséconomies d'échelle avant que l'inverse ne se produise[1].

De cette liaison avec la courbe de coût moyen à long terme est née une certaine ambiguïté autour du concept d'économies d'échelle, certains lui donnant un sens très étroit, d'autres au contraire choisissant une acception beaucoup plus large. Au sens étroit du terme, les économies d'échelle se limiteraient aux avantages lorsque l'on augmente l'échelle de production. Au sens large, les économies d'échelle, ce sont **tous les avantages que l'on tire de l'augmentation de la taille,** les déséconomies d'échelle étant les désavantages qui en résultent.

Pour notre part ici, comme on s'intéresse surtout à l'impact que les économies d'échelle peuvent avoir sur les comportements et sur la compétition dans des industries, on emploiera le concept d'**économies d'échelle au sens large** et on considérera que les économies d'échelle peuvent être saisies à trois niveaux: au niveau de l'équipement, au niveau de l'usine et au niveau de la firme en général.

12.1.2   Sources d'économies et de déséconomies d'échelle

On fera tout d'abord une distinction entre les économies d'échelle internes et les économies d'échelle externes. Puis on abordera les déséconomies d'échelle.

A)   Les économies d'échelle internes

Les économies d'échelle internes sont celles qui résultent des avantages que procure la taille au niveau de la production et au niveau de la gestion. On énumérera ci-après un certain nombre de ces économies d'échelle internes.

a)   Il y a tout d'abord des économies d'échelle purement **techniques.** C'est le cas lorsque le coût de construction croît moins rapidement que la capacité de production installée pour des raisons purement physiques. Les réservoirs ou les pipe-lines fournissent un tel exemple puisque le coût croît avec la surface (soit un carré) alors que la capacité croît avec le volume (soit un cube). Ce genre d'économies d'échelles est relativement fréquent et se retrouve surtout au niveau des pièces d'équipement, des machines, et peut être transposé, sous certaines conditions, aux usines en entier.

b)   Sont considérés comme économies d'échelle internes tous les **progrès en organisation** de production rendus possibles par l'accroissement de la taille: standardisation, mécanisation plus poussée, etc.

---

(1) Cf. chapitre 6.

c) Les spécialistes en production avancent également d'autres éléments qui jouent en faveur de la fabrication de grande échelle. Dans bien des cas par exemple les coûts unitaires physiques et psychologiques d'une opération portant sur une grande quantité ne sont guère plus élevés que ceux portant sur des quantités plus faibles. De la même façon, le phénomène de l'**apprentissage** joue en faveur de la fabrication à grande échelle: les études statistiques montrent en effet que la probabilité de faire des erreurs diminue au fur et à mesure que l'on allonge les courses de production. Par ailleurs, plus la production est importante et mieux sont répartis les **frais de mise en route** (en particulier les réglages et contrôles préliminaires).

d) Plus la taille d'une usine augmente et plus pourra être poussée la **division du travail**. L'instauration de chaînes de montage par exemple n'est pas envisageable à moins d'avoir des volumes de fabrication qui permettent d'en amortir les coûts. Cette division du travail pourra d'ailleurs procurer des économies d'échelle du seul fait de la spécialisation plus poussée de la main-d'oeuvre.

e) On peut également faire entrer dans cette catégorie les **progrès en organisation** au niveau administratif (amélioration de la planification et du contrôle, gestion automatisée, etc.). Malgré les immenses progrès réalisés dernièrement au niveau de la miniaturisation et du partage de temps, il reste quand même qu'il existe une taille minimale pour qu'une entreprise puisse utiliser efficacement l'ordinateur.

f) Les frais de transaction et de **gestion de stocks** croissent moins rapidement que la taille. C'est ainsi que dans certains cas on estime que les coûts de gestion de stocks sont proportionnels à la racine carrée du total des ventes.

g) Dans bien des secteurs industriels, la compétition se fait beaucoup plus au niveau technologique qu'à tout autre niveau; ainsi une firme pourra survivre et rester sur le marché si elle est capable d'innover et de sortir des produits nouveaux. Pour ce faire, les firmes en place devront effectuer des dépenses de **recherche et de développement**. Or la possibilité de se livrer à ces activités et de les financer est liée à la taille. En effet, la recherche coûte cher et elle est risquée. Plus la taille de la firme augmente, et mieux elle peut répartir les dépenses. De plus, on admet généralement qu'il y a des économies d'échelle dans le processus même de recherche quand plusieurs chercheurs partagent l'équipement et qu'ils évitent les doubles emplois.

B) Les économies d'échelle externes

Par économies d'échelle externes, on entend les avantages que la firme tire du pouvoir qu'elle exerce sur son environnement quand sa taille augmente.

a) On se souvient que dans nos deux modèles de référence, la firme était dans deux situations totalement opposées: dans un cas (monopole), elle disposait de toute la liberté pour fixer son prix, dans l'autre (concurrence complète) elle ne disposait d'aucun pouvoir. Dans le premier cas, la taille relative de la firme est grande, dans le second, elle est faible. Ces deux modèles simplificateurs permettaient de mettre en évidence que le pouvoir de fixer les prix sur le marché est directement lié à la taille relative. Or bien souvent, taille relative et taille absolue vont de pair. Et ce n'est pas une simplification outrancière que de dire que le **pouvoir de marché** augmente avec la taille. La possibilité de contrôler l'évolution du marché et le comportement des concurrents, d'imposer le prix de vente et la qualité du produit est directement liée à la taille. On qualifie quelquefois ce pouvoir de "pouvoir de monopole".

b) De la même façon, **en amont**, la grande firme bénéficie d'avantages: elle peut obtenir des rabais de quantité, faire pression sur ses fournisseurs, sur les prix et assurer la sécurité de ses approvisionnements.

c) Dans le domaine **financier**, les grandes entreprises sont avantagées par rapport aux plus petites. Tout d'abord, les enquêtes statistiques montrent clairement que les prêts à court, moyen ou long terme sont toujours accordés à des conditions plus avantageuses aux grandes firmes (toutes choses étant égales par ailleurs). Le taux d'intérêt privilégié des banques est généralement accordé aux plus grandes entreprises.

D'un autre côté, les émissions d'actions ou d'obligations reviennent moins chères aux grandes entreprises car il y a dans ce genre d'opération des coûts fixes qui sont d'autant mieux répartis que les émissions sont importantes. De plus, certains types d'investisseurs (compagnie d'assurances, fonds de pension, etc.) ont une forte préférence pour les titres émis par les firmes ayant une certaine taille. Ces titres seront donc plus faciles à placer et à meilleurs taux.

Enfin, l'accès à certains marchés est impossible pour les petites firmes. C'est ainsi qu'il faut avoir une taille respectable pour placer des titres sur les marchés internationaux ou entrer sur le marché euro-obligataire.

d) Dans le domaine du **marketing** les grandes entreprises bénéficient également d'avantages substantiels et là où cela est le plus net, c'est au niveau de la publicité et de la promotion.Tout d'abord, au niveau du coût d'une campagne publicitaire, les avantages de la taille sont importants: en effet, les médias ont des structures tarifaires qui avantagent les budgets importants. D'autre part, dans la production de messages publicitaires, il y a des coûts fixes qui seront d'autant mieux amortis que le message est utilisé souvent. Tous les analystes s'accordent à dire qu'il y a un niveau minimum d'exposition pour qu'un message publicitaire soit perçu. Et ici encore l'avantage de la taille se traduit par la possibilité de pouvoir dégager les budgets permettant d'atteindre ces seuils limites d'efficacité.

Il existe également des économies d'échelle au niveau de la commercialisation et de la distribution. Les effets d'entraînement que peuvent jouer les produits d'une même firme les uns par rapport aux autres sont liés aux avantages de la commercialisation de toute une gamme de produits sous une même marque de commerce. Le contrôle, la promotion de la marque exigent des frais qui seront d'autant mieux répartis que la firme fabrique une gamme étendue de produits, condition que l'on rencontre plus souvent dans les grandes que dans les petites entreprises.

Il a par ailleurs été souvent constaté qu'il existe de sérieuses économies d'échelle lorsqu'on envisage une commercialisation internationale des produits et cela parce que dans le domaine du commerce international il y a des facteurs de commercialisation qui ne sont pas divisibles (frais d'agent, de prospection des marchés, de courtiers en douane, etc.).

e) Sur le **marché du travail**, les grandes entreprises bénéficient également d'avantages. C'est ainsi que l'on peut classer comme économie d'échelle externe la capacité de la grande entreprise d'attirer la meilleure main-d'oeuvre, de pouvoir parfois la former et surtout de pouvoir mieux la rémunérer.

f) On classera enfin dans cette catégorie la possibilité d'avoir une influence sur le milieu environnant (publicité pour défendre une ''image'' auprès du public), et le fait d'être considéré comme un ''interlocuteur privilégié'' avec les autorités gouvernementales (contrats publics, subventions, etc.).

C) Les déséconomies d'échelle

On sera plus bref sur les déséconomies d'échelle, tout d'abord parce que certaines de celles-ci ne sont que la contrepartie des avantages énoncés précédemment et parce qu'il est difficile (surtout dans le cas canadien) d'imaginer que les firmes, sur une longue période, se permettent d'endurer trop des désavantages liés à la taille: elles auraient en effet, dans ce cas, tendance à démultiplier leurs opérations.

a) L'augmentation de la taille peut se traduire par une diminution de la transmission de l'information et par l'installation d'une bureaucratie. Ces déséconomies d'échelle se manifestent principalement lorsque l'on passe d'une taille à une autre; la croissance de la firme peut se traduire par une inadéquation de la structure interne de fonctionnement, pleinement satisfaisante avant l'augmentation de la taille.

b) Des changements de taille peuvent s'accompagner de changements dans l'échelle et la nature des risques courus lors de la production et de la mise en marché.

c) On classe également comme déséconomies d'échelle la diminution de la souplesse d'adaptation aux conditions de la conjoncture et des marchés.

d) L'augmentation de la taille des unités de production ou des entreprises peut s'accompagner d'un changement dans la nature des rapports sociaux. Plus la taille des entreprises est grande et plus les syndicats seront puissants et exigeants. Du point de vue strictement économique, ceci peut être classé comme une déséconomie d'échelle.

e) La "responsabilité sociale" de l'entreprise augmente avec sa taille, à cause de son exposition à la critique. Elle ne pourra donc se soustraire à certaines exigences (réglementations, garanties, pollution).

12.1.3 Économies d'échelle et tailles d'efficacité

Ces décisions stratégiques prises par les entreprises, en particulier quand se pose le problème de l'investissement, ne peuvent se prendre sans tenir compte de ce phénomène des économies d'échelle. L'entreprise va en effet s'efforcer, dans la mesure où elle dispose d'une certaine liberté de manoeuvre, de choisir les tailles de ses installations qui lui permettent de bénéficier au mieux des avantages que procurent ces économies d'échelle. Les comportements de marché vont également être influencés par ces problèmes de taille puisque les firmes pouvant "intérioriser" les économies d'échelle vont pouvoir exercer un ascendant sur le marché du seul fait de leur poids relatif et parce qu'elles auront des coûts de production plus avantageux. Les économies d'échelle vont donc modeler les structures de marché et déterminer le nombre d'entreprises qui sont compatibles avec la taille effective du marché.

Si l'on se réfère à la théorie économique des coûts, on se souvient que la courbe de coût moyen à long terme était d'abord décroissante, passait par un minimum, puis recommençait à croître. D'après la forme de cette courbe, il existerait donc, d'un point de vue théorique, une taille préférable à toutes les autres et cette taille c'est celle correspondant à la quantité produite au minimum du coût moyen à long terme.

Les observations empiriques qui ont pu être faites tendent à montrer qu'en réalité, il serait plus sage de représenter la courbe de coût à long terme de la façon suivante (cf. graphique 1). Le coût moyen aurait, dans un premier temps, tendance à diminuer quand la taille augmente, ce qui met en évidence l'existence des économies d'échelle. Cependant, une fois arrivés à une certaine taille, les coûts moyens de production resteraient relativement constants: les économies d'échelle les plus importantes ont été absorbées et l'augmentation de la taille ne procure plus guère d'avantages. Ce coût moyen présente donc un **plateau,** correspondant à toute une série de tailles tout aussi efficaces les unes que les autres. Enfin, le coût unitaire commencerait à augmenter à l'extrémité de ce plateau quand les déséconomies d'échelle deviendraient trop flagrantes.

Cette constatation permet de mettre en évidence une zone d'efficacité ou une **fourchette de tailles efficaces**, correspondant à toute la partie du graphique où le coût unitaire ne varie pratiquement pas quand la taille change. Si une firme (ou une usine selon ce que l'on mesure) a une taille appartenant à la zone d'efficacité, on dira qu'elle ''intériorise'' les économies d'échelle potentielles.

Il est parfois difficile de repérer l'étendue de la zone d'efficacité car il peut se faire qu'on ne puisse observer un relèvement du coût moyen à long terme. Ceci ne veut pas dire que les déséconomies d'échelle n'existent pas, c'est plutôt le résultat d'un comportement rationnel des décideurs dans l'entreprise qui préfèrent limiter l'augmentation de la taille avant d'entrer dans cette zone où les déséconomies d'échelle l'emporteraient sur les économies d'échelle.

GRAPHIQUE 1

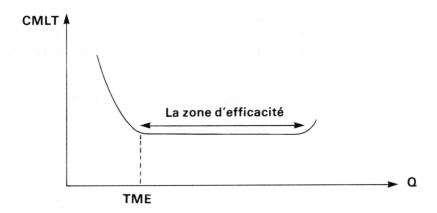

Mais ce problème est sans doute moins important qu'il n'apparaît, puisque ce qui compte vraiment, c'est de repérer à partir de quelle taille le coût moyen cesse de diminuer très sensiblement ; et cette taille, on l'appellera la **taille minimale d'efficacité**, c'est la taille **minimale** qu'une firme (ou une usine) devra avoir pour intérioriser la plupart des économies d'échelle. Et du point de vue du fonctionnement et de la performance d'une industrie, cette taille pourra être utilisée comme critère d'évaluation.

12.2 LES BARRIÈRES À L'ENTRÉE

12.2.1 Définition

La nature de la concurrence qui s'exerce sur un marché et les comportements qu'on y rencontre sont modulés par le nombre relatif de compétiteurs. Dès lors, il paraît bon de se demander s'il n'y a pas des éléments qui déterminent le nombre de ces compétiteurs. On répondra à cette interrogation si l'on peut repérer les facteurs qui limitent le nombre de participants sur un marché ou qui préviennent son augmentation.

On peut tout d'abord noter que dans certains cas l'**étroitesse du marché** est un facteur qui limite le nombre de compétiteurs. Un exemple simple permettra de mettre ce phénomène en évidence. Dans un village relativement isolé, rien n'interdit à des coiffeurs pour dames, à des dépanneurs ou à des stations-service de venir s'installer. Pourtant, on constate que dans un tel village, il n'y a qu'un seul coiffeur, un seul dépanneur ou une seule station-service. Ce phénomène s'explique par l'étroitesse du marché potentiel. Au même titre, on constate dans certaines grandes villes qu'il n'y a qu'un seul importateur-distributeur pour certaines voitures de sport (Lamborghini, De Tomaso par exemple). Ici encore la faible taille du marché potentiel explique ce phénomène.

Mais si l'on met à part ces cas quelque peu extrêmes, comment expliquer que les compétiteurs seront nombreux sur certains marchés et peu nombreux sur d'autres? Ceci s'explique par ce qu'on appelle les **barrières à l'entrée**. Ce concept a été développé par J.S. Bain[2].

Les barrières à l'entrée sont l'ensemble des facteurs ou éléments qui expliquent que si, théoriquement, l'entrée sur un marché est libre, pratiquement, cette entrée est extrêmement difficile, voire impossible. On pourrait également dire que les barrières à l'entrée sont mesurées par les avantages des firmes établies sur le marché par rapport aux firmes pouvant potentiellement entrer sur le marché. La "hauteur" des barrières à l'entrée est le reflet de la plus ou moins grande difficulté pour pénétrer sur le marché.

---

(2) Cf. BAIN, J.S. *Barriers to New Competition.* Cambridge : Harvard University Press, 1956.

12.2.2 Types de barrières à l'entrée

a) *Les économies d'échelle*

On vient de parler longuement de ce concept, on n'y reviendra donc pas ici. On dira simplement que plus est élevée la "taille minimale d'efficacité", et plus il est difficile de pénétrer sur le marché. Cet obstacle sera d'autant plus important que le marché est étroit.

b) *La différenciation des produits*

Moins les produits sont homogènes sur un marché et plus il est difficile pour un nouvel arrivant de s'accaparer une part de marché. Les consommateurs peuvent s'être attachés à une marque à cause de la qualité du produit ou à cause de la qualité du service. Le nouvel arrivant devra convaincre une partie de la clientèle de changer de fournisseur ou de marque. Et a priori la difficulté rencontrée sera la même suivant que la différenciation porte sur les qualités du produit ou qu'elle ait été provoquée, à l'aide de publicité et de promotion.

On constate sur certains marchés que la **fidélité à la marque** est une composante essentielle et qu'il est difficile de faire effectuer des changements de marque au consommateur. C'est ainsi qu'au début des années 70, on a pu estimer que 73% des fumeurs canadiens achetaient toujours les mêmes cigarettes. On peut en conclure qu'a priori le marché potentiel d'un nouvel arrivant n'est que de 27% du marché total et l'on comprendra bien que c'est justement le segment de marché sur lequel se battent déjà toutes les firmes en place.

c) *L'importance des capitaux à réunir et la disponibilité de main-d'oeuvre*

Emprunter une très grande somme est plus difficile et plus coûteux pour un nouveau venu que pour une firme bien établie, ce qui a pour effet d'augmenter les coûts pour les entreprises potentielles et par le fait même de réduire la marge de profit espérée et possiblement de l'annuler. Les difficultés du nouvel entrant porteront autant sur le volume que sur le type de capitaux (capital de risque) à réunir.

De la même façon, il est possible que la rareté de la main-d'oeuvre, surtout de la main-d'oeuvre qualifiée, constitue une barrière à l'entrée.

d) *Les brevets d'invention et les secrets de fabrication*

Un bon nombre de produits sont protégés par des brevets d'invention. Le brevet est un droit accordé par un gouvernement à un inventeur pour empêcher que d'autres personnes ne puissent se servir de son invention sur le territoire qui est sous sa juridiction. Au Canada, la durée d'un brevet est de 17 ans, après quoi n'importe qui peut utiliser l'invention. Ceci constitue une limitation à l'introduction de nouvelles firmes sur un marché, puisqu'avant de produire, elles devront avoir accès aux brevets et payer des redevances qui viennent peser sur les coûts de production.

Il peut arriver qu'un procédé de fabrication ne soit pas breveté, le fabricant trouvant avantage à garder le secret de fabrication, et le secret en lui-même constitue une barrière à l'entrée.

e) *Contrôle des matières premières*

Certains secteurs d'activité semblent imperméables à la pénétration de concurrents, car les entreprises en place contrôlent les approvisionnements en matières premières. Ce phénomène a eu tendance à se développer car beaucoup d'entreprises contrôlant les matières premières ont assuré leurs propres débouchés en pratiquant une intégration verticale de leurs activités. On notera à ce propos que ce n'est pas tant la propriété des matières premières que le contrôle de celles-ci qui importe. On remarquera néanmoins que cette barrière peut être détournée grâce à l'utilisation de produits substituables.

f) *L'accès aux circuits de distribution*

Il est des produits dont la fabrication ne requiert pas des installations de taille considérable ni ne demandent une technologie sophistiquée. Il serait donc facile pour de nouveaux compétiteurs de venir concurrencer les firmes en place. Mais ils ne peuvent néanmoins le faire parce qu'ils n'ont pas accès aux circuits de distribution. C'est ainsi que les fabricants de fromage ou les boulangers n'ont que peu de chance de survie s'ils ne peuvent avoir accès aux supermarchés qui limitent volontairement le nombre de leurs fournisseurs. On pourrait également donner l'exemple des fabricants de jouets en bois.

g) *Les barrières d'origine gouvernementale*

Le nombre de participants sur un marché peut être limité par des interventions gouvernementales.

C'est le cas en particulier lorsqu'il y a instauration d'un monopole public ou quand une franchise exclusive est accordée. Cela s'explique facilement: si l'on impose à la Commission de transport de la communauté urbaine de Montréal l'obligation de desservir l'ensemble du territoire, on doit au minimum lui assurer l'exclusivité, afin d'éviter que le marché ne soit écrémé de ses seuls secteurs rentables par des transporteurs indépendants.

L'obligation de détenir un permis ou une autorisation gouvernementale pour exercer certaines professions et pour faire certaines affaires est en soi une barrière à l'entrée. Nul ne peut du jour au lendemain s'instaurer banquier, émettre des programmes de radio ou de télévision ou même commercialiser de l'eau minérale. Cette action gouvernementale s'explique par un souci de réglementation des activités économiques, par le désir de contrôler certains secteurs, et en dernier lieu, par la volonté de protéger les consommateurs. De telles pratiques poussées à l'extrême pourraient néanmoins fortement limiter la concurrence et procurer une rente de situation appréciable aux entreprises qui sont sur le marché.

L'imposition de normes de fabrication procède de la même logique. Elles peuvent rendre très compliquée l'entrée de nouvelles firmes sur un marché. De la même façon, les quotas d'importation limitent dans certains secteurs le nombre de concurrents potentiels.

h) **Les politiques de prix**

L'entrée sur un marché peut être théoriquement possible et se révéler en fait impraticable ou peu souhaitable à cause des politiques de prix suivies par les firmes en place. C'est le cas de marché où il y a peu d'autres barrières mais où le nombre élevé de concurrents, la compétition très vive en matière de prix et les faibles taux de profit découragent les nouveaux compétiteurs. C'est également le cas sur des marchés moins concurrentiels lorsque les firmes en place décident de baisser leur prix juste au moment où se présente un nouvel entrant.

i) **Les capacités excédentaires**

Les firmes en place peuvent se servir de capacités excédentaires de production pour intimider des entrants éventuels sur le marché, puisque ces capacités non utilisées sont en elles-mêmes une menace de voir inonder le marché sur lequel on pense entrer.

Plusieurs causes expliquent l'apparition de ces capacités excédentaires. Tout d'abord, elles peuvent être le résultat du caractère indivisible de certains investissements. Pour intérioriser les économies d'échelle, les firmes en place ont dû installer des capacités de production supérieures à la capacité immédiate d'absorption du marché. Elles peuvent résulter d'une attitude de prudence, les firmes préférant avoir des capacités de production en réserve en cas d'incidents de production. Elles peuvent également résulter de la situation conjoncturelle défavorable. Mais parfois elles sont réellement la résultante d'une action stratégique: il est remarquable de noter que les firmes font souvent connaître publiquement le niveau de leur capacité non utilisée, ou annoncent à l'avance leurs projets d'investissement. En tout cas, quelle que soit la cause de leur apparition, leur seule présence rend beaucoup plus difficile l'entrée sur le marché de nouveaux producteurs.

12.3 LA CONCENTRATION INDUSTRIELLE

12.3.1 Concentration industrielle et concentration globale

Les économies d'échelle et les barrières à l'entrée peuvent être considérées comme les déterminants des structures dans une industrie. Les unes et les autres vont avoir une influence sur le nombre d'entreprises dans une industrie, sur le nombre de compétiteurs sur un marché, et ce nombre est une dimension importante pour comprendre les comportements qui s'exercent. Il y aura dès lors une influence directe ou indirecte sur la performance du secteur industriel.

Il va donc être essentiel pour analyser **un secteur**, pour comprendre les comportements sur un marché de s'attacher à repérer ce nombre de concurrents dans une industrie, en termes absolus, mais surtout relatifs, et de voir comment se répartissent les parts du marché entre les entreprises en place. C'est à cela qu'on s'intéresse quand on analyse la **concentration industrielle**.

On notera qu'on peut s'intéresser à la concentration d'un autre point de vue: celui de l'ensemble de l'économie. On parle alors de la concentration globale: on s'intéresse dans ce cas à la place des plus grandes entreprises et à l'évolution de leur part relative dans l'économie nationale indépendamment de leurs secteurs d'intervention. On abordera cette question en parlant de la croissance des entreprises au chapitre 18.

12.3.2 Comment mesurer la concentration industrielle

Pour apprécier la concentration industrielle, on utilise un certain nombre de mesures ou d'instruments. On en présentera trois: les ratios de concentration, la courbe de Lorenz et l'indice d'Herfindahl. Afin de bien comprendre comment on utilise ces instruments, on imaginera deux industries (deux secteurs industriels). Ces industries (A et B) sont respectivement composées de 10 et 12 entreprises. Les pourcentages de production respectifs dans chacune de ces industries sont donnés ci-après, en commençant par les entreprises les plus importantes.

TABLEAU 1: Pourcentages de production

Industrie A	Pourcentage de la production	Industrie B	Pourcentage de la production
1re entreprise	16	1re entreprise	32
2e entreprise	14	2e entreprise	20
3e entreprise	14	3e entreprise	10
4e entreprise	10	4^e entreprise	8
5e entreprise	10	5e entreprise	8
6e entreprise	9	6e entreprise	7
7e entreprise	9	7e entreprise	5
8e entreprise	8	8e entreprise	4
9e entreprise	5	9e entreprise	3
10e entreprise	5	10e entreprise	1
	100	11e entreprise	1
		12e entreprise	1
			100

Les instruments que l'on va présenter devront nous permettre de mettre en évidence la concentration industrielle dans chacune des industries.

a) **Les ratios de concentration**

Un ratio de concentration est un rapport entre la quantité de production assurée par un certain nombre d'entreprises et la quantité totale produite par toutes les entreprises appartenant au même secteur industriel. Plus la valeur du ratio sera importante et plus l'industrie sera concentrée. Cette mesure en fait ne s'attache qu'à mettre en évidence la part relative des plus grandes entreprises. Pour la calculer, il faut donc ordonner les entreprises du secteur industriel pour repérer les plus grosses.

Les ratios que l'on emploie le plus souvent sont le RC4 et le RC8 qui s'écrivent de la façon suivante:

$$RC4 = \frac{\text{Production des 4 plus grandes entreprises du secteur}}{\text{Total de la production du secteur}}$$

$$RC8 = \frac{\text{Production des 8 plus grandes entreprises du secteur}}{\text{Total de la production du secteur}}$$

En règle générale, on constate une bonne corrélation entre le RC4 et le RC8, c'est-à-dire que si la valeur de RC4 est assez élevée, la valeur de RC8 sera aussi relativement grande. Il est cependant recommandé de se fier plutôt au RC4 qu'au RC8 s'il y a relativement peu d'entreprises dans l'industrie.

Si l'on se réfère maintenant à nos deux industries qui nous servent d'exemple, les valeurs respectives du RC4 et du RC8 sont les suivantes:

industrie A :   RC4 = .54   RC8 = .90

industrie B :   RC4 = .70   RC8 = .94

Comme le nombre d'entreprises est relativement peu élevé, le RC4 est un meilleur indicateur de la concentration. Sur cette base, on peut donc dire que l'industrie B est plus concentrée que l'industrie A.

b) **La courbe de Lorenz**

On peut préférer mettre en évidence le phénomène de concentration industrielle à l'aide d'un graphique. Dans ce cas, on utilisera la courbe de Lorenz. Elle se construit de la façon suivante: après avoir classé les entreprises par ordre décroissant comme précédemment, on repère sur l'axe vertical le pourcentage cumulé de firmes et sur l'axe horizontal le pourcentage cumulé de la production. En joignant entre eux les points ainsi obtenus, on obtient une courbe, dite courbe de Lorenz.

GRAPHIQUE 2: La courbe de Lorenz

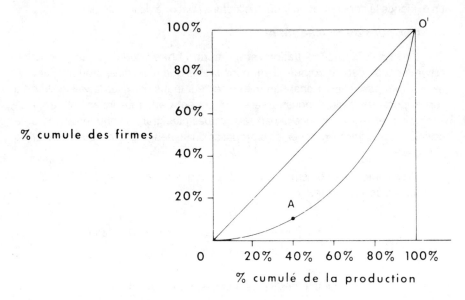

La lecture du graphique est immédiate; par exemple, le point A indique que 10% des entreprises assurent 40% de la production.

Pour comparer la concentration entre deux secteurs, la courbe de Lorenz nous permet d'être renseigné d'un seul coup d'oeil; plus la courbe est éloignée de la diagonale OO' et plus la concentration industrielle est forte. (À l'inverse, si le volume de production était strictement le même pour chaque entreprise, la courbe serait en fait confondue avec la diagonale OO'). Un des avantages de la courbe de Lorenz, c'est qu'elle prend en considération la production de toutes les entreprises du secteur et non pas seulement la production des plus importantes, comme cela était le cas avec les ratios.

La représentation de la courbe de Lorenz pour chacune des deux industries qui nous servent d'exemple nécessite le calcul du pourcentage cumulé des firmes en relation avec le pourcentage cumulé de la production.

TABLEAU 2: Pourcentages cumulés

Industrie A

Pourcentage cumulé des entreprises	10	20	30	40	50	60	70	80	90	100
Pourcentage cumulé de la production	16	30	44	54	64	73	82	90	95	100

Industrie B

Pourcentage cumulé des entreprises	8.3	16.7	25	33.3	41.7	50	58.3	66.7	75
Pourcentage cumulé de la production	32	52	62	70	78	85	90	94	97

83.3	91.7	100
98	99	100

Ceci étant fait, on peut représenter pour chaque industrie la courbe de Lorenz (graphique 3).

GRAPHIQUE 3: Courbe de Lorenz des industries A et B

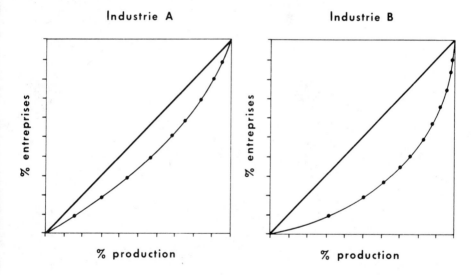

On peut constater que la courbe de Lorenz de l'industrie B est plus éloignée de la diagonale que celle de l'industrie A. Ceci confirme ce qu'on a dit précédemment à l'aide des ratios: la concentration est plus élevée dans l'industrie B.

c) *L'indice d'Herfindahl*

Le troisième instrument de mesure de la concentration industrielle est l'indice d'Herfindahl (IH) dont la formule est:

$$IH = \sum_{i=1}^{n} d_i^2$$

Dans cet indice, *di* est le pourcentage de production attribué à chacune des *n* entreprises de l'industrie. Plus la valeur de IH est importante, plus la concentration est élevée [3]. L'avantage de cette mesure réside, entre autres, dans le fait qu'elle ne nécessite pas un classement des entreprises par taille.

Dans notre exemple, la valeur de IH est de .112 pour l'industrie A et .175 pour l'industrie B, ce qui confirme les résultats précédents.

*

Économies d'échelle, barrières à l'entrée et concentration industrielle sont le cadre structurel dans lequel s'exerce la compétition. Les chapitres suivants vont décrire les comportements des firmes et analyser les variables utilisées dans le processus concurrentiel.

---

(3)   La valeur maximale de IH est de 1. Cette valeur est obtenue lorsqu'il n'y a qu'une seule entreprise dans le secteur industriel.

ANNEXE A
Mesures des économies d'échelle et
des tailles minimales d'efficacité

Mesurer les économies d'échelle n'est pas chose facile et ce d'autant plus que tout le monde n'entend pas ce terme de la même façon. Cela se reflète au niveau de la mesure où les techniques utilisées varient selon que l'on veut les repérer au niveau de l'équipement, de l'usine ou de l'entreprise globale.

1° Les méthodes

En fait, quatre techniques sont communément utilisées:

a) La méthode des profits

Cette méthode consiste à comparer, au niveau des résultats, les profits en fonction de la taille. Cette méthode pose néanmoins de sérieux problèmes. En effet, il est très possible que les variations de profit soient dues à des facteurs n'ayant rien à voir avec les changements de taille (variation de la demande ou de la conjoncture par exemple). De plus, le profit ne mesure qu'imparfaitement les résultats dans les petites entreprises.

b) La méthode comptable

Selon cette méthode, on essaie d'évaluer directement l'évolution des coûts comptables en fonction de la taille. Ceci présente d'énormes difficultés pratiques, et surtout rien n'assure que l'on compare des choses comparables (l'âge du capital est-il le même?, la technologie n'a-t-elle pas trop changée?).

c) La méthode des ingénieurs

Cette méthode est la plus sûre, mais elle n'a que des applications limitées. Elle permet de repérer les économies d'échelle au niveau des équipements et parfois au niveau des usines. Mais elle ne permet nullement d'apprécier toutes les économies d'échelle externes. Elle consiste à comparer **a priori** le coût d'équipement de différentes tailles, sur catalogue, ou le prix de différentes usines de capacité différente récemment construites. En règle générale, cette méthode met clairement en évidence l'existence d'économies d'échelle.

d) La méthode de la survivance

Cette méthode consiste à comparer dans le temps, pour une industrie donnée, l'évolution du pourcentage de production assuré par des classes de taille d'usine. Cette comparaison permet de repérer la zone d'efficacité des installations. Sont comprises dans cette zone d'efficacité toutes les classes de taille dont le pourcentage de production augmente.

2° Quelques exemples

Une étude très complète sur les économies d'échelle au Canada a été effectuée par P. Gorecki[4] pour le compte du ministère de la Consommation et Corporations. Il a comparé la taille du marché canadien de certains produits avec la taille minimale d'efficacité calculée par la méthode des ingénieurs dans différents pays. Le rapport de ces deux tailles lui donne le nombre d'usines de taille minimale théoriquement compatible avec le marché canadien (tableau 1). Ces résultats devront néanmoins être interprétés avec grande prudence du fait du caractère spécifique de l'économie canadienne et de la faible densité de la population.

TABLEAU 1: Nombre d'usines de taille minimale d'efficacité conciliables avec la consommation nationale pour 17 industries de la fabrication au Canada à la fin des années 60

Industries	Nombre d'usines
Brasseries	2.9
Cigarettes	1.3
Peinture et vernis	6.3
Raffinage du pétrole	6.0
Chaussures autres qu'en caoutchouc	59.2
Ciment Portland	6.6
Acier traité	2.6
Réfrigérateurs et congélateurs	0.7
Accumulateurs d'automobiles	4.6
Bouteilles en verre	7.2
Paliers antifriction	5.9
Fabriques de textiles synthétiques	17.4
Acide sulfurique	2.7
Boulangeries	40.8
Savon	4.8
Détergents solides	1.7
Briques	32.0

Source: Gorecki, P.K., *op. cit.*, p. 54.

En reprenant et actualisant certains calculs de Gorecki, on a pu calculer des fourchettes de taille d'efficacité dans certains secteurs industriels au Canada en 1975[5]. Ces tailles sont exprimées **en nombre d'employés par usine** (tableau 2).

---

(4) GORECKI, P. *Économies d'échelle et taille d'efficacité des usines des industries de la fabrication au Canada*. Ottawa, 1977.

(5) LEROUX, F. *Sensibilité de la mesure et déterminants de la taille minimale et de la taille moyenne d'efficacité des usines canadiennes*. Rapport de recherche HEC 78-15.

TABLEAU 2: Fourchettes d'efficacité de 26 industries au Canada Entre 1966 et 1975

Industries	N° de nomenclature de l'industrie	Fourchette d'efficacité exprimée en nombre d'employés
Fabrication d'aliments pour animaux	1060	50-500 +
Boulangerie	1072	50-500 +
Fabricants de boissons gazeuses	1091	5-199
Fabriques de chaussures	1740	50-500 +
Industrie des bas et chaussettes	2310	100-199
Industrie des vêtements pour hommes	2431	100-499
Confection forfait vêtements pour dames	2442	50-500 +
Fabricants de gants en tissu	2491	10-49
Industrie des chapeaux et casquettes	2492	1-49
Fabriques de boîtes en bois	2560	5-49
Industries de meubles de bureau	2640	5-199
Industrie des lampes électriques et abat-jour	2680	50-500 +
Industries des pâtes et papiers	2710	200-499
Cartons pliants et boîtes montées	2731	100-500 +
Sidérurgie	2910	5-499 +
Laminage, moulage et aluminium	2960	50-199
Fabricants d'équipement industriel électrique	3360	5-499
Fabricants de béton préparé	3550	5-49
Raffinage de pétrole	3651	200-499
Fabricants de savon et de produits de nettoyage	3760	5-499
Fabricants d'articles ophtalmiques	3914	5-49
Ateliers de mécaniciens-dentistes	3915	5-500 +
Fabricants de jeux et de jouets	3932	200-500 +
Fabricants de balais et de brosses	3991	50-99
Enregistrement du son, instruments de musique	3999	5-49

ANNEXE B

Repérage et mesure des barrières à l'entrée

Si l'on veut s'efforcer de repérer et de mesurer des barrières à l'entrée, trois voies sont possibles.

La première méthode est une méthode indirecte; elle consiste à analyser les taux de profit ou de rentabilité par industrie et d'associer de fortes barrières à l'entrée aux secteurs industriels ayant les plus hauts taux de profit. L'idée derrière cette méthode est la suivante: dans un contexte de croissance et alors que beaucoup d'entreprises essaient de se diversifier, les capitaux vont avoir tendance à se diriger vers les secteurs les plus rentables. L'accroissement des capacités de production dans les secteurs devrait se traduire par un accroissement de la compétition et en conséquence par une diminution des profits. Or, si les taux de profit restent élevés pendant une longue période dans une industrie, c'est qu'il a été difficile a priori pour des entrants potentiels d'y pénétrer. Si ingénieuse que soit cette méthode, elle n'est guère fiable. En effet, le lien n'est pas systématique entre profit et barrière à l'entrée. De forts rendements peuvent s'expliquer pour d'autres raisons que des raisons purement structurelles. Mais surtout il serait très périlleux d'associer de faibles profits avec de faibles barrières à l'entrée. On pensera par exemple à l'industrie de l'acier (ou de l'automobile, au Canada ou aux États-Unis) où évidemment les barrières à l'entrée sont relativement élevées, alors que les taux de profit sont très faibles.

La seconde méthode consiste à faire une évaluation qualitative d'un certain nombre de barrières et de donner une valeur à chacune d'elles sur la base d'une échelle préétablie. C'est ainsi que J.S. Bain a pu évaluer, aux États-Unis, les barrières à l'entrée sur certains marchés. Les types de barrières retenus dans son étude sont les suivants: économie d'échelle, différenciation sur les produits, importance des capitaux à réunir et enfin avantage absolu en matière de coûts (sous cette dernière rubrique sont réunis les avantages qui résultent du contrôle des matières premières, de la disponibilité des brevets ou secrets de fabrication et la capacité de contrôler la main-d'oeuvre qualifiée).

Sur les marchés étudiés, des coefficients de 1 à 3 ont été donnés selon la hauteur des barrières: 1 barrières faibles, 2 barrières intermédiaires, 3 barrières élevées. Le tableau ci-après résume certains des résultats de Bain[6].

---

(6) Cf. BAIN, J.S. **op. cit.** p. 169.

	Économie d'échelle	Différenciation de produits	Importance de capitaux	Avantage absolu en matière de coûts
Acier	2	1	3	3
Automobiles	3	3	3	1
Chaussures	2	1 ou 2	—	1
Cigarettes	1	3	3	1
Ciment	2	1	2	1
Conserverie	1	1 ou 2	1	1
Cuivre	—	1	—	3
Farine	1	1 à 2	—	1
Liqueurs	1	3	2	1
Machines à écrire	3	3	—	1
Machines agricoles	2	1 à 3	—	1
Plâtre	1	1	1	3
Raffinage de pétrole	2	2	3	1
Salaisons	1	1	1	1
Savon	2	2	2	1

La troisième méthode consiste à faire une étude statistique (ou économétrique) des entrées et sorties dans certaines industries, sur une période donnée, et de repérer quelles sont les variables qui expliquent de façon significative les fluctuations du nombre de participants à l'industrie. Une telle étude a été faite pour le Canada par Dale Orr[7]. Sur la période 1963-1967, Orr s'est efforcé de trouver les variables ayant un impact sur le nombre d'entrées nettes dans 71 industries manufacturières canadiennes. Les conclusions de sa recherche tendent à montrer ceci.

1° Le taux de profit passé et le taux de croissance ne sont pas des variables significatives pour expliquer le nombre d'entrées dans l'industrie manufacturière.

2° Quatre variables ont eu un impact négatif sur le nombre d'entrées d'entreprises nouvelles. Ce sont: l'intensité de la publicité, l'intensité des dépenses en recherche et développement, le degré de concentration dans l'industrie et la volatilité des profits (qui peut être une approximation raisonnable du risque).

3° Pour des raisons statistiques, Orr n'a pu mesurer la signification de deux variables qu'il avait a priori retenues: la taille minimale d'efficacité et le besoin de capitaux à réunir.

---

(7) ORR, D. ''The determinants of entry: a study of the canadian manufacturing industries''. **The Review of Economics and Statistics**. Février 1974.

ANNEXE C

La concentration industrielle au Canada

Le degré de concentration est une notion relative. Il existe cependant un consensus autour de seuils permettant de dire que la concentration est élevée. C'est ainsi qu'on utilise souvent la **classification** suivante sur la base du RC4:

RC4	Niveau de concentration
75% — 100%	Très élevé
50% — 75%	Élevé
25% — 50%	Modéré
25%	Faible

Dans une étude du Bureau de la politique de la concurrence (effectuée par R.S. Khemani[1]), on mettait en évidence qu'en 10 ans les niveaux de concentration industrielle avaient peu changé. De 1970 à 1980, le pourcentage d'industries où le niveau de concentration était très élevé a sensiblement diminué (de 23% à 17%); mais le pourcentage d'industries où le niveau de concentration était très élevé ou élevé est resté sensiblement le même (48% à 46%).

*

Des mesures détaillées de la concentration industrielle sont fournies tous les deux ans par Statistique Canada pour les industries à 3 chiffres et les industries à 4 chiffres de la classification industrielle. Cependant, ces données ne sont disponibles qu'avec beaucoup de retard. Au milieu de 1987, on ne disposait que des résultats préliminaires pour 1982.

On trouvera ci-après les niveaux de concentration pour certaines industries:

CONCENTRATION INDUSTRIELLE

Indice RC4 et indice d'Herfindahl

1982

Code de la CTI à 4 chiffres	Industries manufacturières	RC4	Indice d'Herfindahl
1012	Conditionnement de la volaille	36.8	0.0506
1020	Transformation du poisson	42.6	0.0638
1031	Conserveries de fruits et de légumes	40.0	0.0571
1032	Préparation de fruits et légumes	66.3	0.1871
1050	Meunerie et fabrication de céréales de table	63.2	0.1177

---

(1) "Concentration des industries manufacturières au Canada: analyse de l'évolution au cours de la période d'après-guerre" (1980).

Code de la CTI à 4 chiffres	Industries manufacturières	RC4	Indice d'Herfindahl
1060	Fabrication d'aliments pour les animaux	23.6	0.0241
1071	Fabricants de biscuits	78.8	0.1974
1072	Boulangeries	32.0	0.0357
1081	Fabricants de confiserie	49.7	0.0863
1091	Fabricants de boissons gazeuses	51.6	0.1025
1092	Distilleries	75.1	0.2162
1093	Brasseries	98.8	0.3068
1094	Producteurs de vin	71.6	0.1538
1530	Fabricants de produits du tabac	99.6	0.3469
1720	Tanneries	81.4	0.1732
1740	Fabriques de chaussures	21.8	0.0247
1820	Filature et tissage de la laine	51.0	0.1000
1831	Fabricants de fibres et de fils de filament	89.2	0.2809
1851	Usines de traitement de fibres	72.9	0.1667
1860	Industrie des tapis, des carpettes et de la moquette	43.8	0.0748
1871	Fabricants de sacs de coton et de jute	58.7	0.1192
1872	Fabricants d'articles en grosse toile	25.2	0.0268
1891	Fabriques de fils	83.2	0.2033
1892	Rubanerie	45.4	0.0814
1894	Usines de teinture et de finissage de textiles	37.8	0.0564
2450	Industrie des vêtements pour enfants	18.1	0.0193
2460	Industrie des articles en fourrure	28.5	0.0346
2480	Industrie des corsets et soutiens-gorge	67.7	0.1575
2492	Industrie des chapeaux et casquettes	32.9	0.0492
2520	Fabriques de placages et de contreplaqué	43.0	0.0664
2543	Préfabrication de bâtiments (charpente en bois)	37.4	0.0681
2580	Industrie des cercueils	47.6	0.0759
2591	Traitement protecteur du bois	62.5	0.1703
2593	Fabricants de panneaux agglomérés	51.6	0.1010
2640	Industrie des meubles de bureau	27.0	0.0343
2680	Industrie des lampes électriques et des abat-jour	24.6	0.0341
2710	Usines de pâtes et papiers	40.3	0.0563
2720	Fabricants de papier de couverture asphalté	94.0	0.2642
2731	Fabricants de cartons pliants et de boîtes montées	49.0	0.1033
2732	Fabricants de boîtes en carton ondulé	54.9	0.1007
2733	Fabricants de sacs en papier et en plastique	28.2	0.0350
2860	Imprimeries commerciales	17.9	0.0134
2910	Sidérurgie	81.6	0.2171
2920	Fabriques de tubes et de tuyaux d'acier	77.2	0.2217
2940	Fonderies de fer	41.3	0.0646
3020	Fabrication d'éléments de charpente métallique	34.7	0.0580
3031	Fabricants de portes et fenêtres métalliques et d'ornementation, n.c.a.	26.3	0.0266
3041	Industrie du revêtement des métaux	36.8	0.0470
3042	Industrie de l'emboutissage et du matriçage des métaux	51.5	0.0850
3060	Fabricants de quincaillerie, d'outillage et de coutellerie	11.2	0.0088
3070	Fabricants d'appareils de chauffage	26.5	0.0322
3110	Fabricants d'instruments aratoires	57.4	0.1086

224

Code de la CTI à 4 chiffres	Industries manufacturières	RC4	Indice d'Herfindahl
3160	Fabricants d'équipements commerciaux de réfrigération et de climatisation	46.9	0.0749
3210	Fabricants d'aéronefs et de pièces	68.4	0.1555
3230	Fabricants de véhicules automobiles	94.7	0.3450
3242	Fabricants de remorques à usage non commercial	43.5	0.0711
3243	Fabricants de remorques à usage commercial	48.3	0.0771
3250	Fabricants de pièces et accessoires d'automobiles	49.6	0.1230
3270	Construction et réparation de navires	57.4	0.1022
3280	Construction et réparation d'embarcations	22.9	0.0252
3310	Fabricants de petits appareils électriques	45.0	0.0710
3320	Fabricants de gros appareils (électriques ou non)	83.0	0.2370
3330	Fabricants d'appareils d'éclairage	31.5	0.0456
3340	Fabricants de radios et de téléviseurs ménagers	87.9	0.2128
3350	Fabricants d'équipements de télécommunication	57.8	0.1799
3360	Fabricants d'équipements électriques industriels	44.8	0.0668
3380	Fabricants de fils et de câbles	78.1	0.1799
3511	Fabricants de produits en argile (de provenance canadienne)	62.0	0.1366
3512	Fabricants de produits en argile (importés)	57.2	0.1273
3542	Fabricants d'éléments en structure de béton	53.1	0.1581
3562	Fabricants d'articles en verre	X	0.1611
3570	Fabricants d'abrasifs	X	0.2200
3580	Fabricants de chaux	67.3	0.1428
3591	Fabricants de produits réfractaires	65.1	0.1466
3720	Fabricants d'engrais composés	54.9	0.0923
3730	Fabricants de matières plastiques et de résines synthétiques	49.1	0.0862
3750	Fabricants de peintures et vernis	30.8	0.0434
3760	Fabricants de savons et de produits de nettoyage	63.5	0.1548
3770	Fabricants de produits de toilette	38.4	0.0574
3791	Fabricants d'encre d'imprimerie	61.9	0.1554
3913	Fabricants d'appareils orthopédiques et chirurgicaux	58.6	0.1421
3914	Fabricants d'articles ophtalmiques	56.7	0.2026
3920	Fabrication de bijouterie et d'orfèvrerie	51.3	0.1097
3931	Fabricants d'articles de sports	31.9	0.0432
3932	Fabricants de jeux et de jouets	56.0	0.1062

ANNEXE D

Les capacités excédentaires

La présence de capacités excédentaires ont une influence sur les comportements dans un secteur industriel. Il est donc intéressant, quand on essaie de comprendre ce qui se passe dans une industrie, de suivre l'évolution de la capacité utilisée en fonction du nombre de joueurs en présence et en fonction du cycle conjoncturel.

À cet égard, on doit noter qu'il n'y a pas unanimité sur la façon de calculer la capacité potentielle (ou maximale) d'un secteur. On devra donc toujours utiliser les chiffres publiés en tenant compte de la méthode statistique retenue.

En pratique, il existe deux méthodes :

La première consiste à calculer quel pourrait être le volume de production d'un secteur d'après les données disponibles sur les investissements réalisés, sur les fermetures définitives de certaines installations, en tenant compte des améliorations techniques (ou détériorations) des équipements en place. C'est une méthode **a priori**. Elle nécessite un travail assez considérable et un accès privilégié à l'information sur l'état des immobilisations des entreprises. Cette méthode est celle qui est utilisée par Statistique Canada dans ses études sectorielles.

La seconde est connue sous le nom de méthode de la ''tendance ajustée aux sommets conjoncturels'' (ou méthode de Wharton) ; avec cette méthode, la capacité de production est calculée en se référant au niveau maximal de production atteint par l'industrie étudiée au cours d'un cycle conjoncturel. Cette méthode a l'avantage de la simplicité et de la rapidité.

Le tableau ci-après compare les chiffres obtenus des quelques industries en 1984 et sur la période de 1971-1980 avec chacune des deux méthodes.

Du fait des définitions choisies, la capacité maximale théorique est bien sûr plus élevée avec la méthode officielle de Statistique Canada qu'avec la méthode de la tendance ajustée aux sommets conjoncturels.

TABLEAU

Taux d'utilisation de la capacité : deux mesures

| | 1re méthode | | 2e méthode | |
SECTEUR INDUSTRIEL	1984	Moy. 71-80	1984	Moy. 71-80
Manufactures	75.3	85.3	76.9	89.7
Biens non durables	81.2	87.3	83.6	91.8
Aliments et boissons	78.8	91.2	74.6	91.1
Industrie du tabac	74.4	90.5	72.7	93.0

| | 1re méthode | | 2e méthode | |
SECTEUR INDUSTRIEL	1984	Moy. 71-80	1984	Moy. 71-80
Caoutchouc	90.4	82.4	89.7	90.5
Industrie du cuir	82.8	84.5	77.6	87.2
Industrie du textile	94.5	87.5	85.0	92.4
Bonneterie et vêtements	92.1	90.5	92.1	94.9
Papier et industries connexes	80.2	84.6	92.5	90.3
Impression et édition	97.7	87.1	92.8	95.4
Pétrole et charbon	72.6	86.3	60.9	93.0
Industrie chimique	61.0	81.8	84.8	92.0
Manufactures diverses	75.1	91.2	80.6	95.1
Biens durables	69.6	83.3	70.3	87.6
Industrie du bois	65.6	76.3	81.9	93.7
Meubles et accessoires	74.2	83.3	76.5	90.0
Produits en métal	67.5	82.4	76.0	87.9
Première transformation des métaux	74.6	87.4	59.7	87.0
Machines	70.5	84.2	70.3	88.8
Matériel de transport	69.4	82.5	73.5	87.3
Appareils électriques	68.3	84.4	66.9	84.1
Produits non métalliques	67.3	83.8	61.1	85.6

Sources : - Matrice CANSIM, 003539
- **Taux d'utilisation de la capacité**, ministère de l'Industrie et du Commerce, Ottawa, juin 1986.

GRAPHIQUE 1 :

Taux d'utilisation de la capacité au Canada
(en pourcentage de la production potentielle)
1981–1992

Source : Statistiques Canada

CHAPITRE **13**

OBJECTIFS ET PRATIQUES DE LA

FIXATION DES PRIX

L'économie d'entreprise accorde une attention particulière au phénomène des prix sur le marché et aux mécanismes de fixation de ces prix. Ceci tient en bonne partie à l'influence de l'analyse microéconomique[1]. Mais cela est dû également à ce qu'ils représentent l'une des variables d'action essentielles de la compétition entre les firmes.

Dans ce chapitre, on replacera tout d'abord la fixation des prix (ou "pricing") en perspective, on s'interrogera pour savoir quand se pose vraiment la question du "pricing" et quels sont les objectifs poursuivis par les entreprises. On abordera ensuite les pratiques de "pricing".

13.1 LE PRICING EN PERSPECTIVE

On doit tenir compte d'un certain nombre d'éléments lorsque l'on parle des politiques de prix.

1° Tout d'abord, il faut souligner que le choix du prix **n'est pas une décision unidimensionnelle**. La fixation du prix est le résultat de l'appréciation de la situation du marché, de la position de la firme, mais également elle reflète ses coûts de production, elle doit tenir compte des coûts des ventes et des circuits de distribution. Au niveau de la stratégie de la firme, le prix n'est que l'une des quatre variables du "Marketing Mix" (produit, prix, promotion et circuit de distribution).

2° La politique de pricing joue souvent le **rôle de révélateur** des buts et objectifs de la firme. Elle permet d'analyser le degré d'agressivité de son management ou de sa force de vente.

3° Les problèmes de pricing s'inscrivent souvent dans un cadre de productions multiples ou de productions liées. On a toujours tendance à centrer l'analyse du prix autour d'un seul produit, alors que beaucoup d'entreprises travaillent dans un contexte de **demandes interreliées** et sont fortement **diversifiées**.

---

(1) Cf. l'introduction.

4° La politique de prix de l'entreprise dépend de son degré de **liberté d'action** et donc du type de marché sur lequel elle se trouve et du type de compétition qui s'y exerce. Il existe de nombreux cas où la marge de manoeuvre en matière de prix de l'entreprise est extrêmement étroite, voire inexistante (quand les prix sont fixés par réglementation ou lorsque le prix de revente est imposé par le fournisseur).

5° Par ailleurs, la politique de prix dépend de la **finalité de l'entreprise et de son type d'organisation**. C'est ainsi que le choix d'une politique de prix ne va pas s'exercer de la même façon ou avoir la même signification dans une entreprise multinationale, une entreprise nationale, une coopérative ou une entreprise publique. La prise en considération de la capacité de payer de l'acheteur, de l'accessibilité à certains biens ou services ou de critères de rentabilité et d'équilibre budgétaire varient d'un type d'entreprise à l'autre.

6° Enfin, on peut affirmer que la **sophistication** de la politique de prix croît avec la taille de l'entreprise ou le volume de son chiffre d'affaires. Cette sophistication dépendra néanmoins du degré de décentralisation des décisions en matière de prix.

13.2 QUAND SE POSE LA QUESTION DU PRICING?

Si la fixation des prix est une décision majeure, elle n'accapare pas continuellement l'attention des managers. Autant que faire se peut, on s'efforce en effet de garder une certaine stabilité dans la structure de prix, ne serait-ce que parce que les changements continuels entraînent des dépenses d'autant plus élevées que la firme est fortement diversifiée.

On peut énumérer six situations où les décisions de pricing sont primordiales ou nécessitent toute l'attention des entreprises.

1° C'est le cas tout d'abord au moment de la sortie d'un nouveau produit, que ce soit un nouveau produit pour le marché ou une production déjà introduite mais nouvellement fabriquée par la firme.

2° Un changement dans les conditions de production (coût, innovation, changement technologique, etc.) nécessite des ajustements au prix de vente.

3° Les conditions dans lesquelles s'exerce la concurrence peuvent conduire une firme à prendre l'initiative d'un changement de prix (par exemple: crainte d'entrée d'un nouveau concurrent, part du marché affectée par l'attitude des compétiteurs en matière de publicité, de services ou de qualité de produit, etc.).

4° À l'inverse, les ajustements de prix peuvent être la résultante d'une action dans ce domaine des principaux compétiteurs de la firme (pricing de réaction).

5° La fixation des prix nécessite une attention particulière lorsqu'elle se rapporte à des produits fortement soumis à des **variations saisonnières** (fruits, légumes, certains loisirs, etc.).

6° La vigilance des managers dans le domaine des prix doit être accrue en période d'**inflation**. Leurs décisions doivent tenir compte des anticipations des acheteurs. Ils doivent aussi penser que, dans certains cas, les hausses de prix affectent grandement l'image de la firme dans le public et ils doivent faire des choix entre des hausses fractionnées et réparties dans le temps ou des hausses plus brutales mais moins répétitives.

13.3 LES OBJECTIFS DU PRICING

Les observations et les enquêtes sur le pricing[2] tendent à montrer que généralement les firmes ou leurs managers ne poursuivent pas un but unique dans leurs décisions de pricing. La plupart du temps, les responsables de la politique de prix énoncent un objectif principal et un certain nombre d'objectifs secondaires qui limitent ce qu'il y aurait de trop mécanique dans l'application d'une politique rigide liée à un but unique. Il apparaît par ailleurs que des objectifs de pricing sont énoncés d'autant plus clairement que la taille de l'entreprise est importante et que les décisions en matière de pricing ne sont perçues que comme des instruments pour réaliser les buts plus généraux de la firme.

On peut repérer, grosso modo, six objectifs poursuivis par la politique de pricing.

13.3.1 Fixation du prix pour atteindre un objectif de rendement

Un prix pour atteindre un objectif de rendement (target return price) est un prix choisi de façon à ce que l'activité de production et (ou) de distribution rapporte en fin d'année un certain rendement, rendement calculé sur le chiffre d'affaires ou sur le capital investi.

C'est ainsi que Lanzilotti, dans son article de 1958, cite les chiffres suivants pour quelques grandes compagnies[3] :

- Alcoa: objectif de rendement de 20% avant impôt sur le capital investi

- General Electric: 20% après impôt sur le capital investi ou 7% sur les ventes

---

(2) On signalera, à titre d'exemples, deux articles considérés comme des classiques dans le domaine; ce sont ceux de Haynes et de Lanzilotti:

HAYNES, W.W. ''Pricing practices in small firms''. *The Southern Economic Journal.* Avril 1964.

LANZILOTTI, R.F. ''Pricing objectives in large companies''. *The American Economic Review.* Décembre 1958.

(3) Il est bien sûr que les chiffres ici avancés sont représentatifs des ordres de grandeurs retenus par ces firmes à la fin des années 50 et au début des années 60. Ils devraient être ajustés de nos jours pour tenir compte de l'inflation.

- General Motors: 20% (après impôt) sur le capital investi

- International Harvester: 10% (après impôt) sur le capital investi

- U.S. Steel: 8% (après impôt) sur le capital investi

Les différences sont bien sûr sensibles d'une firme à l'autre et d'industrie à industrie. En fait, le choix du rendement attendu est fonction:

- des autres objectifs poursuivis par la firme (part du marché, taux de croissance, etc.)

- du désir de faire au moins aussi bien ou mieux que les performances récentes de la firme

- de l'appréciation par les dirigeants de ce qu'est un taux ''acceptable et raisonnable''

- des pratiques usuelles dans l'industrie

- du degré de risque couru.

Tous ces éléments peuvent expliquer pourquoi c'est une pratique courante qu'une firme très diversifiée adopte des rendements attendus qui varient d'un produit à l'autre, le choix pouvant être influencé par des différences dans les élasticités, suivant qu'il s'agit d'un produit de marque ou suivant les impératifs de publicité imposés par le marché.

Il est logique de penser que ce schéma de pricing suppose que la firme dispose d'un certain degré de liberté: on fabrique un produit puis on fixe le prix. En fait, la pratique semble montrer que la démarche inverse est tout aussi fréquente: le prix d'un produit est imposé (soit par le marché, soit par les autres objectifs de la firme) et l'on se tourne vers les responsables de la production, afin qu'ils sortent un produit, dont les caractéristiques physiques en termes de qualité (et donc de coûts) soient telles que l'on puisse obtenir le taux de rendement que l'on s'est fixé comme objectif.

Cet objectif en termes de rendement sur capital investi peut être un critère extrêmement simple lors de la décision de se lancer dans un *nouveau* produit: le projet sera accepté s'il permet de répondre à l'objectif de rendement, autrement il sera refusé. Cependant, cette ligne de conduite pourra être transgressée si la production envisagée permet de supprimer des ''goulots d'étranglement'' ou d'accroître la vente des autres produits de la firme.

13.3.2 Objectifs en termes de cash-flow

Même s'il paraît extrêmement rationnel, dans la mesure où la firme a la liberté et le pouvoir de le faire, d'exprimer l'objectif en fonction du rendement sur capital investi, on constate que certains dirigeants ou managers préfèrent exprimer leurs objectifs en termes de cash-flow.

C'est le cas d'entreprises qui font face, à court terme, à des contraintes budgétaires et financières extrêmement serrées; la nécessité de se dégager de cette emprise peut faire abandonner à l'entreprise tout autre objectif et la pousser à adopter une politique de prix qui vise essentiellement à gonfler rapidement le cash-flow.

L'objectif de la politique de prix est également énoncé de cette façon dans les petites entreprises à propriétaire unique.

Dans ce cas, l'entrepreneur apprécie ses résultats beaucoup plus sur la base de son revenu annuel tiré de son entreprise que sur la valorisation et le rendement de son capital. Dans cette situation, il est vrai que la notion de capital investi peut être extrêmement difficile à saisir et ce d'autant plus que l'entreprise sera en opération depuis de nombreuses années et qu'elle a peu d'amortissements à effectuer (qu'on pense par exemple aux commerces de détail).

13.3.3 Objectif de part du marché

Exprimer les objectifs de l'entreprise en termes de rendement sur capital investi ou de cash-flow, c'est établir la primauté de la fonction financière de l'entreprise sur ses autres fonctions. En fait, cette primauté n'est ni toujours souhaitable, ni toujours réalisable. On constate même que beaucoup d'entreprises doivent soumettre leurs politiques de pricing aux contraintes de la commercialisation et des ventes. C'est pourquoi les objectifs de pricing sont très souvent exprimés en termes de part du marché.

D'année en année, les dirigeants d'entreprises se fixent des objectifs de vente en fonction du cycle de vie de leur produit, de l'état de la conjoncture, mais aussi en fonction de la présence de leurs compétiteurs. Et il est symptomatique que ces objectifs de vente soient tout aussi fréquemment exprimés en termes de part du marché qu'en termes de volume à atteindre. En tout cas, l'appréciation, ex post, des résultats se fait surtout sur la base de l'évolution des parts des marchés. Il est donc bien normal que la variable prix, au même titre que les trois autres du "marketing mix", soit utilisée pour atteindre ces objectifs.

Dans leurs réponses faites aux enquêtes, les firmes expriment leurs buts à cet égard en disant qu'elles cherchent à **maintenir ou à améliorer** leur part du marché. Cependant, Lanzilotti a mis en lumière que les grandes entreprises parfois limitent leurs ambitions quant à la part du marché visée. Elles évitent ainsi de "s'exposer" et ceci peut s'expliquer aux États-Unis par la présence de la loi Anti-Trust.

13.3.4 Objectif de survie

Il est des cas où l'objectif majeur que reflète la politique de prix est purement défensif. Les firmes choisissent leurs gammes de prix dans le seul but de pouvoir rester sur le marché.

C'est le cas par exemple de marchés sur lesquels les compétiteurs sont de tailles très différentes et ont des pouvoirs fort inégaux; les petits producteurs ne peuvent se permettre d'écart de prix sous peine de réactions de leurs concurrents de plus grande taille. Qu'on pense par exemple aux distributeurs indépendants d'huile à chauffage qui sont obligés de suivre les structures de prix imposées par les grands raffineurs parce que ceux-ci sont également distributeurs. Leurs chances de gagner une guerre de prix sont inexistantes et ils se doivent de tenir compte de leur situation de dépendance.

Cet objectif de survie peut amener la firme à oublier tous les autres objectifs de pricing, principalement ses objectifs de rendement [4].

13.3.5 Maintenir une certaine stabilité des prix

L'enquête de Lanzilotti révèle que de nombreuses firmes placent en bon rang parmi leurs objectifs de pricing la volonté de maintenir sur le marché une certaine stabilité des prix. Le but est de garder les fluctuations dans des marges aussi étroites que possible, ce qui n'est pas incompatible avec des augmentations, ne serait-ce que pour contrecarrer les effets de l'inflation. Cet objectif peut a priori paraître curieux, mais vouloir stabiliser les prix, c'est réduire le domaine de l'incertitude. Cela facilite la planification des ventes et de la production.

Par ailleurs, si la firme s'est fixée des objectifs de rendement pour un investissement et que ceci implique une rentrée monétaire donnée pendant plusieurs années, si les résultats obtenus dans les premières années, avec une structure de prix donnée, sont conformes aux objectifs, le manager ne peut qu'espérer que cela dure. Dès lors, il évitera toute action qui pourrait se traduire par une réaction des concurrents remettant en cause, temporairement ou de façon définitive, une situation jugée favorable.

On remarquera néanmoins que ce désir de stabilité peut être difficilement compatible avec un objectif de part de marché dans une situation où la concurrence est vive entre les compétiteurs et où le prix est la variable d'action principale de la compétition.

13.3.6 Positionner le produit et établir l'image de l'entreprise

L'attention apportée au choix d'un prix ou d'une structure de prix tient au fait que le prix est un **signal**.

a) Il existe une forte relation dans l'esprit du consommateur entre qualité et prix. Le positionnement du produit, son appréciation par l'acheteur potentiel ne sont pas indépendants de la somme qu'il faudra débourser pour l'acquérir.

b) Les prix jouent également le rôle de signal pour l'ensemble de l'en-

---

(4) On se souviendra par exemple qu'à l'automne 1979, dans la phase finale de la lutte entre le Montreal Star et The Gazette, alors qu'il apparaissait évident aux observateurs qu'un des deux quotidiens de langue anglaise de Montréal allait disparaître, le ''Montreal Star'' décida de baisser le prix de son numéro du samedi, alors qu'il était déjà financièrement dans une situation difficile.

treprise. Ceci est particulièrement vrai au niveau du commerce de détail, où les magasins vont être classés par les acheteurs sur la base de leur politique de prix (magasins bon marché, magasins de luxe, etc.).

c) La politique de prix est également un signal pour les compétiteurs: une firme va ainsi se gagner la réputation de "tenir ses prix" ou au contraire de détruire le marché.

Cette utilisation de la politique de prix pour "positionner" le produit ou établir l'image de la firme est fréquente quand celle-ci dispose de plusieurs marques de commerce. Elle peut utiliser les effets d'entraînement de sa marque de prestige, pour laquelle les prix sont élevés, pour vendre des produits de qualité inférieure à des prix plus bas.

13.4 PRATIQUES DE PRICING

13.4.1 Fixation des prix à l'aide d'une marge (cost-plus pricing)

Cette forme de pricing est certainement l'une des plus employées; c'est une pratique courante, ou tout au moins un point de repère dans beaucoup de petites entreprises.

Selon cette technique, le prix est déterminé par l'adjonction d'une marge (exprimée le plus souvent en %) au coût de production. Les modalités d'application sont extrêmement variables suivant que l'on se base sur les seuls coûts de production (ou prix d'achat) ou sur l'ensemble des coûts, c'est-à-dire si l'on incorpore tous les frais généraux.

Les marges varient bien évidemment d'un produit à un autre et de firme à firme. On peut repérer au moins **huit facteurs influençant le choix de la marge:**

a) La marge est fortement liée à la **vitesse de rotation des stocks;** elle est d'autant plus faible que le produit sur lequel elle porte est un produit à achat répétitif. On comprend par exemple que la marge sur les meubles, qui sont des biens de consommation durable, doit être plus importante que la marge sur un litre de lait qui reste peu de temps sur les étagères dans les supermarchés.

b) Le degré de compétition dans le secteur a une influence directe sur la marge. Toutes choses étant égales par ailleurs, on peut admettre que la marge est d'autant plus faible que le nombre de compétiteurs augmente. La capacité d'imposer la marge souhaitée dépend du pouvoir dont dispose la firme et ce pouvoir est inversement proportionnel au nombre de concurrents en présence.

c) Les marges peuvent également fluctuer grandement en fonction de **l'état effectif de la concurrence.** Ainsi qu'on l'a déjà dit, les oligopoles passent pour des phases de "paix" ou de "guerre" en termes de prix ou en termes de part de marché. À ces différents états vont correspondre différents niveaux de marge.

d) La marge brute dépend du **coût des ventes du produit**. Si la mise en marché est onéreuse, si les circuits de distribution ont des caractéristiques spécifiques ou si tout simplement on est dans un secteur où "les règles du jeu" imposent de fortes dépenses de publicité et de promotion, les marges brutes seront élevées.

e) La marge dépend du **degré d'exclusivité** du produit. Si au produit est attaché un certain prestige et que jouent les effets de snobisme et de démonstration, le vendeur pourra imposer une marge de profit plus élevée. On peut remarquer ce phénomène dans les produits de luxe, fabriqués à peu d'exemplaires et dont la rareté relative constitue un attrait pour le consommateur. Des exemples peuvent être trouvés couramment dans le secteur de l'habillement. On conviendra que cette marge plus élevée est justifiée par les coûts de production, d'exposition ou d'entreposage plus importants, sans que le vendeur puisse bénéficier des économies d'échelle liées à la vente de masse. Le vendeur aura d'autant plus le loisir d'agir ainsi que l'exclusivité lui donne un véritable pouvoir de monopole. On comprend dès lors le soin jaloux avec lequel un vendeur cherche à se protéger des imitations, sur le produit lui-même ou sur sa marque de commerce.

f) Le **risque couru** par le vendeur se reflète dans l'ampleur de la marge. Et cela est d'autant plus vrai que le produit est périssable, saisonnier ou sujet au changement dans les goûts et les préférences des consommateurs.

g) Reprenant en jeu les deux facteurs précédents, on peut dire que la marge dépend de la position du produit dans le "**cycle de vie du produit**". Les marges sont d'autant plus importantes que le produit est relativement nouveau; elles ont tendance à se rétrécir quand le produit est largement accepté.

h) On constate que les marges dans certains secteurs sont standardisées du fait des **habitudes de la profession**. Elles sont alors de véritables règles de conduite suivies par toute la profession. L'amplitude de la marge est dans ce cas le reflet de l'expérience passée; elle est un guide pour le succès ou tout au moins la survie.

Dans les enquêtes sur le pricing, les firmes utilisant la méthode du cost-plus ont signalé quatre avantages qui les poussent à utiliser cette technique:

a) C'est une méthode relativement **simple** et rapide pour fixer les prix.

b) Elle permet d'obtenir des profits acceptables quand la demande est connue.

c) Elle permet de garder une certaine stabilité dans les prix sans avoir à se préoccuper des fluctuations dans la demande et ceci est particulièrement important pour les firmes qui publient des listes de prix ou impriment des catalogues.

d) Les firmes pensent que la notion de marge est facilement comprise et acceptée par le public en général et les acheteurs en particulier. Dès lors, les hausses de prix sont plus facilement tolérées par les acheteurs puisqu'ils comprennent qu'elles ne sont que des répercussions des augmentations des coûts. Les vendeurs n'ont pas dans cette perspective à supporter la responsabilité des hausses de prix.

13.4.2 Pricing par imitation

Dans bien des cas, les firmes choisissent leur prix par imitation; elles prennent pour leur produit le prix du marché. Cette attitude qui semble assez passive est parfois imposée par les circonstances ou au contraire résulte d'une stratégie délibérée. Ce choix de pricing peut être le seul qui se présente à la firme quand sa part du marché est faible et qu'elle n'a pas les moyens d'agir sur d'autres variables du Marketing Mix pour faire changer cet état de fait. Ceci sera particulièrement net dans les marchés de "price leadership" [5]. Cette imitation en matière de prix pourra en revanche être le résultat d'une stratégie délibérée consistant à ne pas perturber un certain ordre établi qui, a priori, semble convenir à l'ensemble des producteurs. Cette forme d'entente tacite sur les prix pourrait être rencontrée dans les marchés dits marchés à firme barométrique.

On notera de plus que le fait de choisir un prix qui soit semblable à celui des compétiteurs ne veut pas dire pour autant renoncer à la concurrence. Il est fréquent que dans le cas où sur un marché tous les produits sont vendus au même prix, la compétition porte sur d'autres domaines: le circuit de distribution, le service après vente, etc.

13.4.3 Choix du prix et pénétration sur un marché

Le choix d'un prix (ou d'une liste de prix) peut être grandement influencé par la volonté d'entrer sur un nouveau marché. Ceci est le cas quand la firme se lance dans une production nouvelle ou essaie de vendre dans une zone géographique où elle n'intervenait pas auparavant.

Plusieurs facteurs pousseront la firme à avoir une politique agressive en matière de prix pour pénétrer le marché:

a) Lorsque les conditions techniques de production sont telles qu'il

---

(5) On reviendra sur cette notion au chapitre 15.

est nécessaire de produire sur une grande échelle afin d'"intérioriser" les économies d'échelle pour produire de façon efficace.

b)   Lorsqu'un prix très bas va décourager les concurrents actuels ou potentiels.

c)   Lorsque la firme a besoin d'un élément majeur pour fixer l'attention du consommateur au moment où elle arrive sur un marché où les habitudes et les fidélités aux marques semblent jouer un rôle primordial.

d)   S'il est important de prendre rapidement une position dominante.

e)   Enfin, la firme sera d'autant plus tentée d'utiliser une stratégie de prix très bas que l'élasticité-prix est grande. En particulier, on se souvient que si l'on vend sur un marché où l'élasticité-prix en valeur absolue est supérieure à 1, une diminution de prix est plus que compensée par une augmentation des quantités et donc choisir des prix bas augmentera le chiffre d'affaires.

Les pratiques de pricing que l'on vient de présenter n'épuisent pas le sujet : il existe en effet d'autres formes de pricing et d'autres éléments entrant en ligne de compte dans la politique de prix d'une entreprise. Ces aspects seront examinés au chapitre suivant.

ANNEXE A

Les guerres de prix dans le secteur de la distribution de l'essence

Afin d'illustrer l'importance du pricing dans la compétition entre les firmes, on reproduit ci-après deux articles, publiés à neuf ans d'intervalle, portant sur des guerres de prix dans le secteur de la distribution de l'essence. Le lecteur est invité à comparer ces deux articles et à déterminer les facteurs qui expliquent pourquoi cette industrie enregistre très régulièrement de tels conflits. Pour répondre, on s'inspirera de ce qui a été dit au chapitre 11 sur la compétition.

GUERRE DES PRIX ENTRE LES DISTRIBUTEURS D'ESSENCE (1982)[6]

Les grandes compagnies pétrolières se livrent depuis deux mois, directement ou par distributeurs indépendants interposés, à une sourde guerre des prix dans les postes d'essence un peu partout au Québec. Le consommateur qui prête la moindre attention à cette situation peut facilement réaliser des économies allant jusqu'à 4.4 cents du litre, d'un coin de rue à l'autre.

En effet, en éliminant les extrêmes dans l'échelle de prix ($0.40 et quelques dixièmes le litre et les $0.46 et plus le litre) qui sont le fait de détaillants locaux et non pas de réseaux, on constate néanmoins que les prix varient en général entre 41.4 cents et 45.8 cents, et ce, dans des points de vente d'une même compagnie.

Ces écarts sont généralement amplifiés quand on passe de l'essence ordinaire au super ou au sans plomb. Mais pour demeurer dans les comparaisons plus faciles de l'essence ordinaire dont les prix sont affichés, il faut ajouter que sans atteindre toujours l'écart de 4.4 cents mentionné plus haut, les prix varient facilement de deux et trois cents à quelques rues de distance.

Taxe sur l'essence

Cette guerre des prix a commencé en novembre au Québec quand le ministre des Finances, M. Jacques Parizeau, a doublé de 20 % à 40 % la taxe provinciale. Plusieurs stations n'ont pas ajouté à leur prix la totalité des 6.5 cents du litre que représentait le décret de M. Parizeau. Puis en décembre, Petro-Canada n'a ajouté à son prix que 0.5 cent des 0.8 cent que représentait l'augmentation du pétrole brut albertain prévue dans l'accord Ottawa-Edmonton. Quelques semaines plus tard, en janvier, plusieurs stations libre-service baissaient leur prix de 43.5 cents à 43 cents. Trois semaines plus tard, elles abaissaient encore leur prix à 41.9 cents.

---

(6) "Guerre des prix un peu partout au Québec". **Les Affaires**. A. Hains, le 13 février 1982.

Évolution de la demande

La situation actuelle du marché se caractérise par deux facteurs principaux dont les effets se conjuguent, a expliqué aux AFFAIRES le directeur de la division détail au Québec de la Compagnie Pétrolière Impériale Ltée, M. A. Perez. ''D'une part, on trouve depuis plusieurs mois sur le marché d'importants surplus de pétrole brut. Sur le marché international, par exemple, la Lybie a coupé de moitié ses exportations, le Liban est en guerre et l'Irak n'exporte plus que le tiers de sa capacité. Ces causes auraient fait grimper le prix du baril à $100 il y a quelques années; or, on sait bien que les prix mondiaux sont stables ou commencent même à baisser. Mais d'un autre côté, au Canada, les augmentations cumulatives de prix et de taxe ont entraîné une diminution énorme de la consommation. Le seul doublement de la taxe provinciale de M. Parizeau au début de novembre a provoqué une baisse permanente de la consommation de 2%.''

L'Impériale, comme la plupart des autres compagnies pétrolières, avait prévu une baisse importante de la consommation à la suite de l'accord sur les prix du brut canadien entre Ottawa et les provinces productrices. On se rappellera que lorsque les États-Unis ont levé le contrôle sur le prix du pétrole, la demande de produits raffinés a accusé une diminution de 11% la première année et une autre de 8% l'année suivante. Puis la demande a repris une croissance normale de 2% à 4% par année.

Au Canada, les compagnies s'attendaient donc à une baisse de la consommation temporaire à partir de 1981. Mais celle-ci a été beaucoup plus rapide et profonde que prévu. Les premiers mois de 1981 ont enregistré des baisses de 2% ou 3% sur les mois correspondants de l'année précédente. Le mouvement s'est accéléré après la signature de l'accord Ottawa-Edmonton. En novembre, la demande a baissé de 11% au Québec (contre 8% en Ontario); la baisse fut de 20% en décembre au Québec par rapport au même mois en 1980. Dans l'ensemble de l'année, 1981 a enregistré une baisse de 6.5% à 7.5% sur 1980. L'Impériale prévoit une autre diminution de la demande d'essence de 10% à 12% en 1982 et possiblement une autre de 5% en 1983.

Surcapacité et baisse de prix

Mais d'autres facteurs pèsent sur la demande, a ajouté M. Perez. La récession économique a entraîné, par exemple, une baisse importante de la demande d'essence diesel. Résultat? Les raffineries, surtout dans l'est du Canada, produisent bien en deçà de leur capacité. Par exemple, l'Impériale a fermé une unité de sa raffinerie de Montréal-Est en 1979, abaissant ainsi sa capacité de production de 104,000 à 82,000 barils/jours. Dans la région de Québec, la raffinerie d'Ultramar ne fonctionnera probablement qu'à 75% ou 80% de sa capacité.

Or, une raffinerie qui possède une capacité de conversion vers la gamme complète des produits (c'est le cas des raffineries des grandes compagnies, mais non celle d'Ultramar) ne peut guère faire fonctionner une unité de raffinage en bas de 90 % de sa capacité, si elle veut maintenir ses coûts d'exploitation à un niveau raisonnable. La raison en est que les coûts fixes d'une raffinerie se situent entre 80 % et 90 % des coûts totaux d'exploitation. Or présentement, la raffinerie de l'Impériale à Montréal-Est fonctionne à environ 65 % de sa capacité ; la compagnie dispose pourtant d'importants stocks dont l'accumulation moyenne est d'environ 60 jours. ''Nous devons donc vendre nos surplus à des indépendants à des prix inférieurs à notre coût moyen de raffinage, ce qui est très près de notre coût marginal'', commente M. Perez.

Le coût moyen de raffinage se situe entre le coût supérieur des premiers barils et le coût marginal qui ne tient compte que du seul coût de l'énergie nécessaire au raffinage d'un baril de pétrole, sans tenir compte d'aucun autre coût d'exploitation ou d'administration.

Avec ce prix d'achat très bas, les réseaux indépendants de détaillants peuvent choisir soit de garder une très grande marge de profit, soit d'élargir leur part de marché au détriment des grandes compagnies. En 1981, les indépendants ont accru de 1.5 % leur part de marché, après une autre augmentation de 1.2 entre 1977 et 1980.

Or, les grandes compagnies ne peuvent pas imposer de conditions aux détaillants sous peine de se voir accuser de monopole et cartellisation. ''Alors qu'est-ce que je dois faire pour protéger ma propre part de marché ?'' demande M. Perez. ''Je dois faire comme mes compétiteurs, grandes compagnies et détaillants indépendants.''

ÉVOLUTION DE LA DEMANDE
D'ESSENCE AU QUÉBEC

1978	1979	1980	1981	1982
3.9 %	1.8 %	-0.9 %	-5 %	-10 à -12 %

Parts de marché pour les
produits vendus dans les stations-service
au Québec en 1981

	Part de marché (%)	Nombre de points de vente
Shell Canada	22.0	911
Esso	16.5	750
Texaco Canada	11.5	780
BP Canada	9.5	600
Gulf Canada	8.0	550
Petro-Canada	6.0	425
Autres compagnies	11.5	—
Indépendants	22.0	—

Qui a commencé? Le voisin, bien sûr!

Les grandes compagnies pétrolières s'accusent mutuellement (lorsqu'elles n'en font pas porter la responsabilité sur les réseaux de détaillants indépendants) d'avoir déclenché une guerre de prix dont personne ne peut profiter..., sauf les consommateurs.

"Avec seulement 5% ou 6% du marché, on ne peut pas déclencher une guerre des prix, affirme le directeur des relations publiques chez Petro-Canada. Mais nous n'allons pas nous laisser envahir sans nous défendre." D'autres laissent entendre qu'il ne s'agit même pas d'une guerre, mais simplement d'une "situation très concurrentielle du marché". Le directeur de la région Est chez BP affirme: "Ce sont les forces du marché qui jouent", sans élaborer davantage, mais il nie que BP soit à l'origine des hostilités, ce dont la soupçonne pourtant Petro-Canada qui de son côté est accusé d'être très "agressif" par les indépendants. Par contre, toutes les grandes compagnies intégrées accusent avec une belle unanimité les réseaux d'indépendants, à qui elles doivent présentement vendre à vil prix leurs surplus de production.

Les indépendants que pointent surtout du doigt les grands raffineurs sont constitués en réalité de deux petits réseaux d'indépendants, par ailleurs très solides, Sears et Canadian Tire; on les voit comme les principaux coupables de cette guerre.

Chez Sears, qui possède seulement neuf stations-service au Québec, on affirme qu'on ne fait que suivre la concurrence, même au détriment d'une marge raisonnable de profit. On rappelle que le rapport Bertrand sur la concurrence dans l'industrie pétrolière avait placé Sears parmi les victimes de cette guerre des prix.

Chez Canadian Tire, dont les stations-service se classent parmi les plus grosses de la province, avec des ventes annuelles de l'ordre du million de gallons, un porte-parole se défend: "L'autre jour, on a été les seuls à augmenter d'un cent le prix du litre d'essence à notre station du boulevard Laurentien à Ville St-Laurent, et les autres n'ont pas suivi." Il ajoute cependant qu'en plus d'avoir absorbé entièrement l'augmentation de novembre de M. Parizeau, les stations Canadian Tire offrent aussi aux automobilistes des coupons de réduction du prix de 2.4%, à faire valoir lors des prochains achats. "Mais la rentabilité sera problématique cette année."

Sears et Canadian Tire profitent probablement assez peu des bas prix provoqués par les surplus d'essence sur le marché, car ces deux réseaux sont liés par des contrats d'approvisionnement à long terme, sur lesquels les prix d'achat sont fixés d'avance. Cela n'est toutefois pas le cas de Perrette qui possède 45 postes d'essence au Québec. "Il y a deux ans, précise-t-on chez Perrette, nous avons eu de sérieux problèmes d'approvisionnement et nous avons dû défendre notre cas jusqu'à Ottawa. Nous n'avons pas de contrat ferme avec notre fournisseur (Esso) et nous suivons les prix du marché."

242

D'autres réseaux comme Pebec, la Coop. Fédérée et Natomas à Québec, suivent des politiques agressives de mise en marché. Ce sont ceux-là, dont la sécurité d'approvisionnement n'est souvent pas assurée, qui jouissent des marges de profit les plus élastiques; ces groupes bénéficient également de frais d'exploitation réduits, grâce notamment à l'absence de carte de crédit particulière; ce qui est confirmé par une personne interrogée chez Gulf Canada qui souligne que les indépendants ont les coûts d'exploitation les plus faibles et qu'ils profitent présentement des meilleures conditions d'approvisionnement. Cette opinion est partagée par le porte-parole de Texaco Canada.

Mais ce que personne n'a mentionné et ce dont le rapport Bertrand a pourtant fait largement état, c'est de la présence au Québec d'un nombre très grand de stations-service; cette prolifération de points de vente contribue avec la baisse de la consommation et les surplus de production à accroître avec la concurrence et à faire baisser les prix.

ESSENCE: UNE GUERRE DE PRIX SANS MERCI (1991)[7]

"Il y a longtemps qu'on a vu une guerre de prix aussi brutale", déclare volontiers Sonia Larin, porte-parole de Shell. Au point que des détaillants plus fragiles craignent de disparaître au profit des grandes pétrolières, qui pourraient contrôler les prix, aux frais du consommateur.

Pour l'instant toutefois, c'est à la grande satisfaction des automobilistes que les grandes pétrolières et les indépendants se livrent une guerre ouverte de prix. Féroce, la lutte fait souvent baisser les prix de 66 à 56 cents le litre d'essence ordinaire sans plomb, bien en deçà du seuil de rentabilité des détaillants, qui se situe à environ 62 cents.

L'affrontement a débuté modestement, par des combats de rue avant de se généraliser dans de nombreuses régions du Québec. Personne n'ose prévoir sa fin.

Les indépendants

Ce sont des indépendants, comme Super Gaz, qui ont amorcé des baisses de prix durant les week-ends. Des filiales de pétrolières — l'Essencerie de Petro-Canada, XL d'Ultramar — ont emboîté le pas. Le mouvement risquait de faire perdre aux Grands "22 ou 24 p. cent" du marché: une catastrophe.

Esso Impériale, la première, s'est lassée; elle a mis fin à sa réplique timide, qui consistait à offrir des coupons, et a contre-attaqué sur les prix. Petro-Canada, Shell, Ultramar et Sunoco sont à leur tour entrées dans la ronde, voulant regagner leur part de marché.

---

(7) Laurier Cloutier, *La Presse*, 11 décembre 1991

Selon Maurice Maisonneuve, président de l'Association des services à l'automobile (ASA) et des Pétroles du Québec, Shell est toujours la dernière à suivre les rabais et la première à remonter les prix. Esso est l'initiateur.

"Shell doit suivre, elle n'a pas le choix. Mais ça ne peut pas durer, ça fait trop mal", avoue Sonia Larin. N'empêche que Shell, qui vend parfois un peu plus cher que les concurrents son essence ordinaire, pratique "des différenciels plus bas" que les autres pour le super (25.6 p. cent du marché) et l'intermédiaire (près de 15 p. cent).

Trop d'offre

Jacques Viau, de Petro-Canada, reconnaît que "ça chauffe partout au Québec". Le problème : il y a trop d'offre pour la demande, en baisse de six p. cent, selon l'ASA. "Et pas de reprise en vue", note M. Viau.

Le marché accuse des surplus importants d'essence importée, et non plus seulement de brut importé, qui ferait au moins tourner les raffineries d'Ultramar (Saint-Romuald), de PetroCan et de Shell (Montréal).

De nombreux indépendants importent 300,000 barils par jour de pétrole raffiné, directement de grandes raffineries *off shore* des Antilles ou de la côte ouest américaine. Olco et Calex ont pris une bonne part de marché. De 16 p. cent en 90, les indépendants ont grimpé à 20 p. cent cette année", précise Jacques Viau. "À Montréal, ils sont passés de 17 à 24 p. cent", ajoute Sonia Larin. D'où la contre-offensive.

"Ça fait bien mal. Des détaillants ne gardent que trois cents par litre, obligés par les pétrolières de participer au conflit. Il ne faudrait pas aller trop loin quand même. Si les Grands ne se contentent pas d'un avertissement, ils vont tout contrôler", craint M. Maisonneuve.

"Esso n'a pas ouvert le bal ; elle y a été poussée. Il nous faut sabrer nos profits pour conserver un certain volume de vente. Quand on raffine, on trouve du mazout, pour l'hiver, mais aussi de l'essence, qu'il faut écouler malgré la récession", conclut Gilles Morelle.

ANNEXE B

Le modèle de monopole et différentes politiques de prix

Lorsque, dans la première partie, on a présenté les situations de référence, on a privilégié l'hypothèse de maximisation de profit. C'est en tout cas à l'aide de cette hypothèse qu'on a présenté le modèle de monopole. Voyons comment celui-ci se trouve transformé, si l'on retient d'autres objectifs. Pour ce faire, on opposera la politique de maximisation des profits (politique 1) à sept autres politiques de prix.

Politique n° 1 :   Maximisation des profits

Le monopoleur vend une quantité telle que la recette marginale est égale au coût marginal. Sur le graphique 1, on se trouve alors au point A; la quantité est Q_1, le prix P_1.

Politique n° 2 :   Maximisation de la recette totale (ou chiffre d'affaires)

La recette totale est maximum quand la recette marginale est nulle (ou, ce qui revient au même, quand l'élasticité-prix de la demande est égale à -1). La quantité est Q_2, le prix P_2 et on est en B sur le graphique 1.

Politique n° 3 :   Maximisation du volume de vente sans perte (maximisation de la quantité vendue)

Cette quantité correspond au point de rencontre de la courbe de coût moyen et de recette moyenne (ou demande). On se trouve en C, la quantité est Q_3 et le prix P_3.

Politique n° 4 :   Minimisation du coût de la production

La quantité offerte est celle correspondant au minimum de la courbe de coût moyen. La quantité Q_4 et le prix P_4 ont comme image le point D sur le graphique 1.

Politique n° 5 :   Politique de vente au coût marginal

Le monopoleur vend au coût de production des dernières unités. Cette politique est dans certains cas celle de monopole public. La quantité correspond au point de rencontre entre la courbe de coût marginal et de demande. Le prix est alors P_5, la quantité vendue Q_5 et on se trouve en E sur la demande.

GRAPHIQUE 1:   Politiques 1 à 5

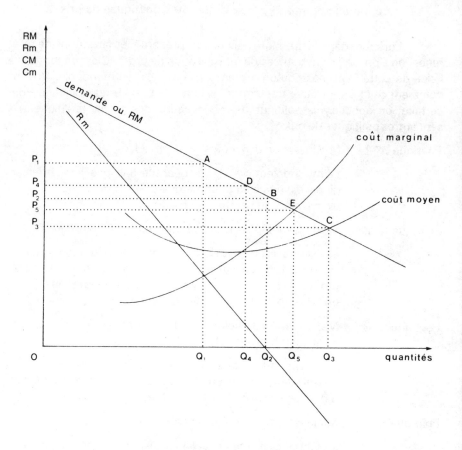

Politique n° 6 :   Le prix de vente du monopoleur est égal au coût de production plus "mark up" (marge en pourcentage)

On trace la courbe du coût moyen plus la marge (CMMU). La quantité vendue correspond au point de rencontre de cette courbe (CMMU) et de la demande. On notera que la distance entre la courbe du coût moyen (CM) et la courbe CMMU n'est pas constante. Sur le graphique 2, on est au point F, la quantité est Q_6 et le prix est P_6.

GRAPHIQUE 2:   Politique 6

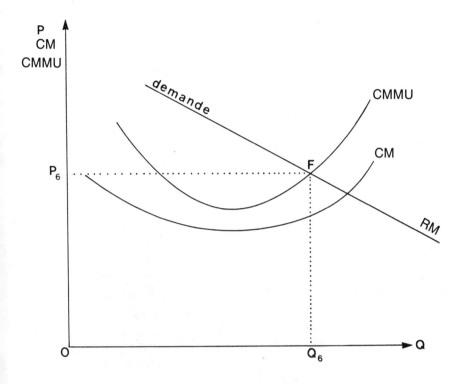

Politique n° 7 :   Le prix de vente du monopoleur est calculé de telle façon que son **profit unitaire** soit constant.

On trace la courbe de coût moyen plus profit unitaire (CMPU). La quantité correspond au point de rencontre de cette courbe avec la demande. Il faut remarquer cette fois que la distance entre la courbe CMPU et la courbe de coût moyen CM est constante. Cette situation est illustrée par le graphique 3. Dans ce cas, la quantité est de Q_7 et le prix P_7.

Graphique 3: Politique 7

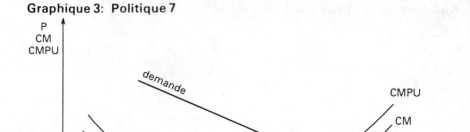

Politique n° 8 : Maximisation des ventes sous contrainte d'un certain profit

Selon cette politique, le monopoleur veut réaliser un certain montant fixe de profit et sous cette contrainte maximiser son volume de vente. Le graphique originel se trouve transformé par l'adjonction au coût moyen du profit unitaire à réaliser. Ce profit unitaire est de plus en plus faible au fur et à mesure que la quantité vendue augmente (graphique de droite). La distance entre la courbe de coût moyen plus profit (CMPP) et celle du coût moyen est donc de plus en plus faible. On produit la quantité Q_8, au prix P_8. On se trouve au point H sur le graphique 4.

Graphique 4: Politique 8

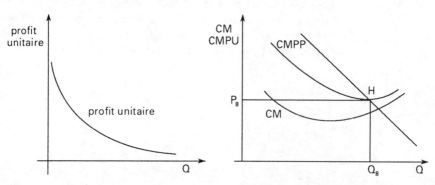

248

Sur un marché, la demande de bicyclettes est donnée par le tableau suivant:

Prix	180	160	140	120	100	80	60
Quantité (en milliers)	40	80	120	160	200	240	280

Imaginons que la firme CMM soit la **seule** sur le marché. Les coûts fixes de production de CMM sont de $4,000,000. Les coûts variables sont donnés par le tableau suivant:

Q (en milliers)	50	70	90	110	130	150	170	190	210	230
CVT (en milliers)	3,125	4,725	6,525	8,525	10,725	13,125	15,725	18,525	21,525	24,725

QUESTIONS

1° Calculez le coût variable moyen, le coût moyen et le coût marginal. Établir les recettes moyenne et marginale et faire la représentation graphique de ces 5 fonctions.

2° Quelle quantité vendra CMM si elle veut maximiser son profit?

3° Quels seront alors le prix de vente et le profit de CMM?

4° Quelle quantité devrait vendre CMM si elle veut maximiser son chiffre d'affaires? Déterminez le prix de vente: CMM fait-elle alors du profit?

5° Déterminez graphiquement la quantité et le prix correspondant à une politique de maximisation du nombre de bicyclettes vendues **sans perte**.

SOLUTION

1° Les coûts sont des fonctions des quantités produites. Pour obtenir le coût variable moyen, on divise le coût variable total (CVT) par les quantités.

En additionnant le coût fixe (4,000,000) au coût variable total, on obtient le coût total; il suffit de diviser les valeurs ainsi obtenues par les quantités respectives pour avoir le coût moyen.

Le coût marginal peut être calculé directement à partir des valeurs du coût variable total; en effet, le coût fixe n'entre pas dans le calcul du coût marginal. Pour chaque intervalle, on calcule:

$$Cm = \frac{\Delta CVT}{\Delta Q}$$

Les valeurs obtenues sont affectées au milieu des segments. Le tableau des coûts donne les valeurs des trois fonctions demandées.

On procède sensiblement de la même façon pour les recettes. C'est-à-dire que pour chaque quantité, on calcule la recette totale et on en déduit la recette moyenne; les valeurs de la recette marginale sont affectées au milieu des segments (cf. le tableau des recettes).

Tableau des coûts

Q	CVM	CM	Cm
50	62.5	142.5	
60			80
70	67.5	124.6	
80			100
90	72.5	116.9	
100			100
110	77.5	113.8	
120			110
130	82.5	113.2	
140			120
150	87.5	114.1	
160			130
170	92.5	116.0	
180			140
190	97.5	118.5	
200			150
210	102.5	121.5	
220			160
230	107.5	124.8	

Tableau des recettes

Q	RM	Rm
40	180	
60		140
80	160	
100		100
120	140	
140		60
160	120	
180		20
200	100	
220		-20
240	80	
260		-60
280	60	

2° La quantité qui maximise le profit est la quantité pour laquelle la recette marginale est égale au coût marginal. La comparaison des deux tableaux précédents nous permet de voir que pour Q = 100, la recette marginale et le coût ont la même valeur: 100.

3° Pour Q = 100, la recette moyenne qui est équivalente au prix de vente est de 150.

La recette totale est donc de $15,000,000. Comme le coût variable total est de $7,525,000 et que le coût fixe est de $4,000,000, le profit total est de $3,475,000.

GRAPHIQUE 1

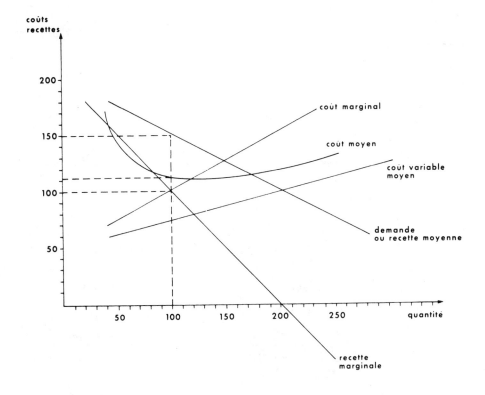

4° Le maximum de chiffre d'affaires (ou de recette totale) est obtenu quand la recette marginale est nulle, c'est-à-dire pour Q = 200; le prix de vente est alors égal à 100, ce qui est inférieur au coût moyen; CMM ne fait pas de profit.

5° La maximisation du volume de vente sans perte est atteinte quand la recette moyenne est égale au coût moyen. Graphiquement, ceci est le cas quand Q ≃ 175 et P ≃ 116.

* * *

Une firme en position de monopole vend sur un marché où la demande est donnée par le tableau suivant:

Prix	190	170	150	130	110	90
Quantité	10	30	50	70	90	110

D'autre part, ses coûts variables totaux de production sont donnés par le tableau suivant:

CVT	100	500	1,500	3,100	5,500	8,700
Quantité	10	30	50	70	90	110

Par ailleurs, les coûts fixes de cette entreprise sont de $500.

QUESTIONS

1° Établir et tracer sur un graphique la recette moyenne (RM) et la recette marginale (Rm) du monopoleur.

2° Établir et tracer sur le même graphique le coût marginal de production.

3° Déterminer le prix et la quantité qui maximisent le profit.

4° Déterminer le prix et la quantité qui maximisent le chiffre d'affaires.

5° Dans quel sens seraient modifiés ces résultats si le coût fixe de cette entreprise avait été de $1,000?

CHAPITRE **14**

DISCRIMINATION DE PRIX

ET AUTRES ASPECTS DU PRICING

Au chapitre précédent, on a présenté certains objectifs poursuivis par la firme dans sa politique de prix et certaines pratiques de pricing. L'analyse et la présentation de ces techniques seront poursuivies ici. On apportera une attention toute particulière à ce qu'on appelle la discrimination de prix, on parlera ensuite de l'écrémage du marché et de la tarification des périodes de pointe; enfin, on présentera brièvement quelques autres aspects du problème de la fixation du prix.

14.1 LA DISCRIMINATION DE PRIX

14.1.1 Le principe

Lorsque l'on fait référence à la discrimination de prix, on fait allusion à la pratique très courante qui consiste à vendre à des prix différents un même produit suivant qu'il est vendu sur un marché plutôt que sur un autre, à un acheteur plutôt qu'à un autre. La discrimination sera d'autant plus pure (ou flagrante) que le produit est parfaitement identique et qu'il a été fabriqué dans des conditions strictement semblables.

Le système d'échange que nous connaissons est envahi par cette pratique et pour beaucoup de produits la discrimination est plus souvent la règle que l'exception. Payer $100 de plus pour aller à Miami durant la période des fêtes est le résultat de la discrimination; faire payer plus cher pour les remonte-pentes le dimanche que pendant la semaine, c'est faire de la discrimination; vendre des billets de cinéma moins cher aux personnes âgées, c'est de la discrimination de prix. Lorsqu'un produit est vendu à un prix différent d'un supermarché à l'autre (appartenant à la même chaîne) en fonction du quartier dans lequel il se trouve, c'est encore de la discrimination. Comme on le voit, les exemples abondent.

En fait, ce qui pousse les entreprises à utiliser cette technique, c'est la certitude qu'ont les vendeurs que tous leurs acheteurs ne sont pas homogènes et que leur marché n'est pas monolithique mais qu'il peut être **segmenté**. Dès lors, pourquoi ne pas profiter de ces différences effectives ou potentielles?

Pourquoi faire payer le même prix à tout le monde alors que certains acheteurs sont prêts à débourser plus que d'autres? Tirer avantage des différences entre les segments du marché ou des différences d'attitude des consommateurs, c'est une chance d'augmenter les profits et d'augmenter le volume de vente; en effet, si la firme peut faire des profits substantiels sur les segments du marché les plus rentables, elle pourra offrir des prix plus bas sur les segments du marché où la clientèle manifeste beaucoup plus de résistance sur les prix.

14.1.2 Les différents degrés de discrimination

Il est classique de présenter les formes de discrimination de prix en fonction du degré de discrimination et c'est ce qu'on fera ci-après en distinguant les discriminations du premier, du second et du troisième degré.

a) La discrimination du premier degré

La discrimination du premier degré, c'est la discrimination la plus parfaite (et aussi il faut bien en convenir, la plus rare). Elle consiste à faire payer à chaque acheteur le prix maximum qu'il est prêt à débourser.

GRAPHIQUE 1

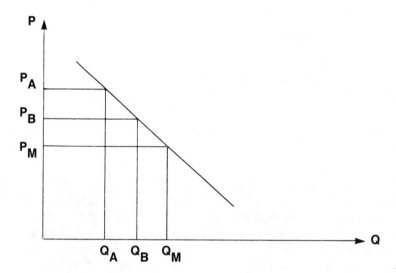

Considérons la demande représentée dans le graphique 1. Chaque point sur la ligne de la demande représente un prix et une quantité demandée. Ainsi, si le prix est de P_A, il y a un certain nombre d'acheteurs qui sont prêts à accepter ce prix puisque la quantité demandée sera de Q_A. Si le prix diminue à P_B, de nouveaux acheteurs se sont manifestés puisque la quantité demandée passe à Q_B. Supposons que le prix fixé par le vendeur soit P_M. La quantité qui sera demandée pour ce prix sera de Q_M. Or il y a des acheteurs qui vont payer P_M et qui étaient prêts à payer P_A et d'autres qui étaient prêts à payer P_B et qui ne paieront que P_M. La firme aurait pu augmenter sa recette totale en facturant un prix différent à chacun des acheteurs, en facturant le prix maximum que chacun était prêt à payer.

GRAPHIQUE 2a:

Recette totale sans discrimination

GRAPHIQUE 2b:

Recette totale avec discrimination

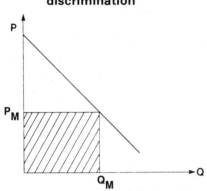
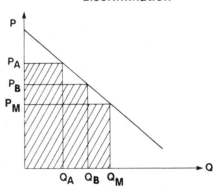

Pour un même coût de produit, la recette totale du vendeur peut sensiblement augmenter comme en témoignent les surfaces hachurées du graphique 2 où l'on compare la recette totale quand le prix est uniforme (P_M) avec la recette totale quand trois prix peuvent être imposés (P_A, P_B et P_M). Cette discrimination serait parfaite si on pouvait repérer le prix maximum que chaque acheteur est prêt à payer et si l'on était capable d'avoir ainsi toute une série de prix décrivant la courbe de demande. La recette totale serait alors représentée par le graphique 3.

GRAPHIQUE 3 : Discrimination parfaite du 1er degré

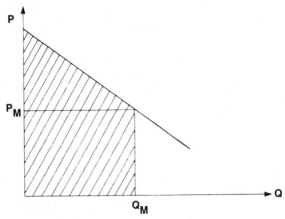

On comprendra aisément qu'il est rare de rencontrer des situations où la discrimination du 1er degré est parfaite. Ceci supposerait en effet que chaque acheteur ne connaît pas le prix demandé aux autres acheteurs. Cela suppose également que le vendeur connaît parfaitement les intentions des acheteurs.

Pourtant, un exemple d'application de cette discrimination du premier degré a été fourni lors des ventes d'or du Fonds monétaire international en 1979 et 1980. Le FMI avait décidé de se débarrasser d'une partie de son stock d'or et faisait une vente aux enchères tous les mois. Les banques et institutions financières intéressées à se procurer de l'or devaient faire des soumissions écrites et sous enveloppe cachetée auprès du Fonds. Le jour de la vente, toutes les soumissions étaient ouvertes et l'or qui était vendu ce jour-là était réparti entre les banques, en fonction de leurs enchères en commençant par celles dont le prix de soumission était le plus élevé. Ainsi, le FMI vendait bien au prix maximum que chaque acheteur était prêt à payer.

b) **La discrimination du deuxième degré**

La discrimination du deuxième degré se rapproche un peu de la précédente: elle consiste après un certain niveau d'utilisation à faire payer moins cher les unités additionnelles achetées. On retrouve cette pratique pour le téléphone par exemple où le prix de chaque minute additionnelle après la troisième est nettement moins élevé que le prix moyen des trois premières. De la même façon, le prix des photocopies chute très nettement après la dixième copie identique.

Ici encore le vendeur trouve un moyen d'augmenter sa recette totale en vendant des unités supplémentaires à un prix inférieur sans pour autant diminuer la recette venant de la vente des premières unités.

GRAPHIQUE 4

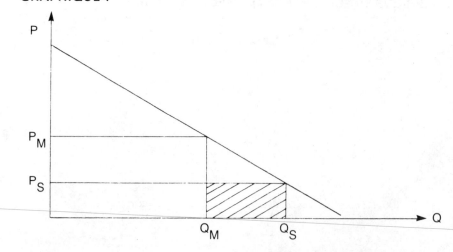

En faisant passer le prix de P_M à P_S une fois que Q_M unités ont été achetées, le vendeur peut augmenter sa recette de la surface hachurée (graphique 4).

c) **La discrimination du troisième degré**

La discrimination du troisième degré est la plus répandue; c'est celle qui consiste à segmenter le marché et à exploiter les caractéristiques de chacun des segments. Ceci se traduira toujours par des prix plus élevés sur les segments où il y a moins de sensibilité au prix et par des prix plus bas sur les segments où le prix est un argument décisif de la vente.

L'exemple le plus parfait d'un marché où s'exerce la discrimination du troisième degré est celui du transport aérien transatlantique. Pour un vol Paris-Montréal, au début de 1980, le prix était de $1,076 si l'aller et le retour se faisaient en moins de 14 jours, de $786 si le voyage durait plus de 14 jours et moins de 60 jours, et de $502 si l'on réservait un mois à l'avance sans possibilité de changer les dates de départ et de retour.

Les compagnies aériennes en utilisant une telle structure de prix exploitent les caractéristiques de deux marchés distincts: celui des hommes d'affaires et celui des touristes. Les hommes d'affaires font généralement des voyages très brefs et ils sont très peu sensibles au prix à payer; si l'on va signer un contrat de l'autre côté de l'Atlantique, on n'est pas à $200 près. En revanche, la clientèle touristique qui, en règle générale, se déplace pour des périodes plus longues va être beaucoup plus sensible aux prix: il est donc souhaitable que les compagnies aériennes puissent lui offrir des prix plus bas. On notera que dans ce cas le produit vendu (le transport Montréal-Paris) est tout à fait identique et que la segmentation représentée par la durée de 14 jours est assez artificielle et arbitraire.

La discrimination de prix du troisième degré[1] qui tend à grouper les acheteurs potentiels par classe se présente de bien des façons comme on le verra ci-après.

14.1.3 Les bases de la discrimination de prix

Sans prétendre être exhaustif, on énumérera neuf facteurs servant de base à la segmentation des marchés et à la discrimination des prix.

a) La discrimination de prix s'exerce dans certains cas sur la base du **volume d'achat** ou sur la base de la fréquence des achats. Chaque fois qu'il y a un rabais pour la quantité, on peut l'assimiler à une discrimination de prix.

---

(1) Le modèle théorique de discrimination du troisième degré sera présenté brièvement en annexe avec un exercice d'application.

b) L'**utilisation finale du bien** peut servir de base de discrimination: dans tous les pays, le prix de l'électricité à des fins industrielles n'est pas le même qu'à des fins domestiques. On pourra néanmoins arguer dans le cas de cet exemple que les produits ne sont pas exactement identiques (ce n'est pas le même voltage) et que le rabais accordé aux industriels se rapproche d'un rabais de quantité, ou reflète des coûts de distribution plus bas.

c) La **localisation du point de vente** et le **circuit de distribution** servent fréquemment de base de discrimination: un même produit sera offert à des prix fort différents suivant qu'il est mis en vente dans un supermarché populaire ou dans une boutique d'exclusivités.

d) La discrimination de prix se fait également sur une base purement **géographique**. Un même produit ne se vendra pas au même prix d'une ville à l'autre, d'une province à une autre sans que cela soit justifié par des différences de coût de transport.

e) Un même service, entraînant les mêmes coûts, peut être facturé à des prix fort différents. Cette forme de discrimination basée sur la **nature du produit** est une pratique courante dans le transport des marchandises par chemin de fer. Pour un poids semblable et un même encombrement, le coût marginal du transport est identique quelle que soit la marchandise, une fois que le train est formé; pourtant des tarifs appliqués varient très sensiblement; la structure des prix mise en avant tient compte de la valeur de la marchandise et donc de la capacité d'absorption des frais et de l'existence ou non d'autres moyens de transport.

f) Les activités de loisirs, les séjours de vacances ou le transport aérien offrent de nombreux exemples de discrimination sur la **base saisonnière**. Les prix de nombreux services varient également en fonction de l'heure et du jour où ils sont utilisés.

g) Les **caractéristiques démographiques** de la clientèle sont également employées. Par exemple, les prix de certains types d'assurances varient en fonction du **sexe** et de l'**âge**.

h) On discrimine aussi en fonction du **revenu (apparent ou réel)** du consommateur. L'exemple du transport aérien transatlantique est à classer dans cette catégorie.

i) Pour attirer de nouveaux clients, certaines firmes peuvent leur proposer des tarifs plus avantageux qu'à leurs clients traditionnels. Cette forme de discrimination en fonction de l'**introduction récente ou non de l'acheteur** sur le marché se retrouve fréquemment pour les abonnements à des magazines ou pour encourager de nouveaux locataires à louer des appartements de luxe.

14.1.4 Conditions nécessaires à la discrimination de prix

Trois conditions sont nécessaires pour que puisse s'exercer la discrimination de prix.

a) Il est tout d'abord nécessaire que la firme faisant la discrimination dispose d'une certaine **liberté en matière de prix**: elle doit se trouver dans une situation concurrentielle où elle pourra prendre des initiatives de segmentation sans que celles-ci soient immédiatement combattues par les concurrents. Cette condition est d'autant plus impérative que la segmentation est plus ou moins artificielle.

Dans cette perspective, on comprend que la discrimination ne pose pas de problème pour la firme en position de quasi-monopole ou si toutes les firmes sur le marché s'entendent pour pratiquer le même genre de segmentation. C'est ainsi que dans l'exemple des vols transatlantiques que nous avons évoqué, cette structure tarifaire peut être maintenue parce qu'elle est pratiquée par tous les transporteurs aériens ayant signé les accords internationaux de l'IATA.

On notera qu'il n'est pas nécessaire que l'entente entre tous les intervenants sur le marché soit explicite: elle peut être essentiellement tacite: la segmentation des marchés et la discrimination des prix reposent dans ce cas sur ce que l'on considère être les "habitudes de la profession".

b) Une deuxième condition est nécessaire pour que puisse s'exercer la discrimination de prix: il faut que les **élasticités-prix** sur chacun des segments soient **différentes**; en effet, dans ce cas, la firme pourra faire payer plus cher ses produits sur le segment du marché où l'élasticité (en valeur absolue) est la plus faible.

c) Enfin pour que la discrimination soit efficace et durable, il est nécessaire que le vendeur s'assure de l'**étanchéité** de chacun de ses segments de marché. Autrement dit, il devra s'assurer qu'il n'y a pas ou peu de moyens pour l'acheteur potentiel d'un segment de pouvoir se procurer les biens ou les services sur un autre segment du marché. L'étanchéité est parfaite par exemple lorsque la discrimination est basée sur certaines variables démographiques (encore qu'il soit nécessaire dans ce cas de trouver des procédures simples, de vérifier l'âge par exemple). Les vendeurs doivent au contraire établir des barrières pour interdire le transfert d'un segment d'un marché à un autre quand la base de la segmentation est beaucoup plus artificielle. Ainsi chaque fois qu'une compagnie aérienne vend un billet d'avion, elle appose sur celui-ci le nom de l'acheteur et interdit par le fait même la revente. Cette interdiction de la revente assure l'étanchéité entre les segments de marché et permet aux compagnies aériennes de faire respecter la règle tout à fait arbitraire des délais de 14 et 60 jours.

Dans le même ordre d'idée, si la discrimination se fait sur une base géographique, le vendeur devra toujours vérifier que les différences de prix d'une région à l'autre sont inférieures au coût du transport de la marchandise entre ces deux régions.

14.1.5 Facteurs facilitant la discrimination de prix

Trois facteurs rendent plus facile la discrimination de prix.

a) La discrimination de prix est facilitée par l'existence de ce que l'on appelle les **effets de démonstration** et les **effets de snobisme.** En particulier, lorsque la discrimination repose sur l'emplacement du point de vente ou le choix du circuit de distribution, cette variable joue un rôle primordial. La marque de commerce d'un produit mise en évidence ou la griffe d'un grand couturier facilitent la mise en route des mécanismes des effets de démonstration.

b) **L'ignorance du consommateur** est le second facteur qui facilite la discrimination de prix. Cette ignorance peut être liée à l'inexpérience de l'acheteur, en particulier s'il s'agit d'achats qui sont peu fréquents et sans caractère répétitif. Ainsi, pour prendre un exemple extrême, les consommateurs sont fort démunis ou peu enclins à discuter et comparer les prix en cas d'arrangements funéraires!

L'ignorance du consommateur peut également faciliter la discrimination de prix lorsqu'il connaît mal les circuits de distribution de produits ou de services et quand il n'est pas vraiment capable d'apprécier les différences effectives de qualité.

c) Enfin la discrimination des prix sur une base personnelle sera très fréquente lorsque le consommateur recherche des services spécifiques qui ne sont pas standard et passe des **commandes spéciales.** Le fournisseur pourra alors facilement exiger un prix basé sur la capacité de payer du demandeur.

14.2 FIXATION DES PRIX POUR ÉCRÉMER LE MARCHÉ ET TARIFICATION DE LA POINTE

Deux autres aspects du pricing ont des relations avec la discrimination des prix: c'est d'une part ce qu'on appelle la technique d'écrémage du marché, et c'est d'autre part tout le problème de la tarification des périodes de pointe.

14.2.1 Prix pour écrémer le marché

a) **Le principe**

Cette forme de pricing est celle rencontrée dans la phase initiale du cycle de vie du produit. L'objectif de la fixation d'un prix élevé au moment de la sortie d'un produit est de tirer avantage du fait que certains acheteurs sont prêts à débourser des sommes importantes pour acquérir des produits nouveaux, car ils attachent une certaine valeur à l'exclusivité et à la nouveauté. Pour écrémer le marché, la firme choisira donc d'avoir une structure de prix assez élevée lors de la sortie du produit, quitte à le réduire par la suite. On aura compris qu'il s'agit d'une forme de discrimination dans le temps.

Dans le cycle de vie du produit, passant de la phase d'introduction à la phase d'acceptation générale, on passe de segments de la demande où la demande est peu élastique à des segments où elle est relativement plus élastique. Dans la phase initiale du cycle de vie du produit, une stratégie d'écrémage du marché tirera avantage de la faible sensibilité aux prix des premiers utilisateurs.

On notera que cette technique ne peut être utilisée que lorsqu'on introduit un produit vraiment nouveau sur le marché.

b) **Facteurs favorisant l'utilisation de cette technique**

Certains éléments favorisent cette forme de pricing.

. Choisir un prix d'introduction élevé peut créer chez le consommateur l'impression qu'il s'agit d'un produit de qualité. Cette impression pourra demeurer pendant toute une partie du cycle de vie du produit.

. Si le choix du prix au moment de l'apparition d'un nouveau produit est important, on notera qu'il est toujours plus facile de diminuer un prix que de l'augmenter.

. Le choix de cette approche du pricing sera d'autant plus tentante que la firme dispose d'un avantage certain en termes technologiques.

. Plus le produit aura un contenu d'innovation important, plus il sera difficile à imiter et plus longue pourra être la période d'écrémage.

. Cette technique sera d'autant plus utilisée que jouent à nouveau les effets de démonstration et les effets de snobisme.

On notera néanmoins que pour que l'avantage d'une politique de prix élevé durant la période d'introduction du produit soit valable, il est nécessaire que les avantages en matière de prix l'emportent sur les inconvénients liés à la production de petite échelle. Autrement dit, cette technique de pricing pourra être difficilement conduite si les économies d'échelle sont importantes.

14.2.2   La tarification des périodes de pointe

Des prix différents sont demandés pour des mêmes services en fonction de l'heure ou du jour d'utilisation. En fait, on a dit que cela représentait une forme de discrimination, ce qui permet aux producteurs d'augmenter leurs recettes.

Mais en fait le but poursuivi peut être tout autre. Ce qu'on cherche à faire, c'est étaler la pointe, déplacer une partie de la demande.

Beaucoup de services (voyage, électricité, téléphone) ont comme caractéristique commune que la demande n'est pas parfaitement répartie dans le temps mais au contraire concentrée sur des périodes relativement brèves: tous les consommateurs veulent utiliser simultanément les mêmes services. Dès lors, les compagnies fournissant ces services risquent de se trouver face au dilemme suivant: essayer de satisfaire toute la demande à l'heure ou au jour de pointe mais se trouver avec de l'équipement non utilisé aux périodes creuses.

Pour éviter cette situation, elles utilisent le prix comme moyen de déplacer une partie de la demande: en faisant payer plus cher aux heures de pointe, elles découragent une partie de la demande (celle dont l'élasticité-prix en valeur absolue est la plus grande), et parallèlement en faisant payer moins cher aux heures creuses, on renforce ce déplacement de la partie de la demande la plus élastique.

Il existe des cas où l'on utilise des techniques de pricing très sophistiquées, basées sur la tarification au coût marginal: on fait payer aux utilisateurs un prix correspondant au coût marginal de production [2] d'un bien ou au coût marginal du service. Si le coût marginal est croissant, le prix facturé augmente plus on se rapproche de la période de pointe.

14.3 AUTRES ASPECTS DU PRICING

On présentera pour terminer quelques autres dimensions de la fixation des prix.

14.3.1 Prix et points de résistance

La fixation des prix est influencée dans certains domaines, principalement dans le commerce de détail, par l'existence de ce qu'on appelle parfois des ''points focaux'' ou des points de résistance. Selon cette conception, avant d'acheter, les consommateurs se fixent un prix maximum qu'ils décident de ne pas dépasser. Or ce prix est en règle générale un chiffre rond (''pas plus de $500 pour une télévision en couleurs'' ou '' pas plus de $15,000 pour une voiture''). Afin d'éviter de perdre la possibilité d'accrocher l'attention du consommateur pour quelques dollars, certains détaillants vont déroger à leurs règles de fixation de prix habituelles (comme par exemple l'application d'un mark-up

---

(2) Cette tarification marginale est largement utilisée par les compagnies d'utilité publique produisant de l'électricité. Elle est en place depuis plus de 25 ans en France où l'Électricité de France utilise une technique de prix tenant compte de l'heure d'utilisation. Des études ont également été faites dans ce sens à l'Hydro-Québec mais la mise en application a été repoussée.

donné) afin de s'assurer que leurs prix soient juste inférieurs à ces chiffres ronds en dizaine, centaine ou millier selon les produits. Le but recherché est d'éviter d'atteindre les points de résistance des acheteurs.

Quelle que soit la validité de la théorie qui préside à ce comportement, on se doit de constater qu'elle se traduit par une utilisation très courante de cette technique de pricing au niveau du commerce de détail.

14.3.2 Le maintien du prix de revente

La pratique de pricing guidée par les points de résistance peut conduire à des similitudes en termes de prix, tous les vendeurs tendant à offrir leurs produits juste au-dessous des points de résistance. Ce phénomène peut être rapproché de la pratique du maintien du prix de revente. Il existe en effet de nombreux cas (surtout à nouveau au niveau des détaillants) où les prix de vente sont imposés par le grossiste qui fixe le prix de revente et, pour s'assurer que tous les détaillants se plieront à cette règle, imprime sur les emballages les prix désirés. Très souvent, ces prix seront les prix standard, communément acceptés par les consommateurs; on se souviendra à cet égard combien certains seuils sont ancrés dans la population (pour les tablettes de chocolat par exemple), et combien il est pratiquement impossible de changer ces prix.

Le choix des grossistes ou des producteurs d'imposer leurs prix de revente peut être dicté par la volonté de ne pas entamer l'image de marque basée sur la liaison prix-qualité.

14.3.3 Les prix d'attirance (Loss-Leaders)

Le commerce de détail fournit également des exemples de pricing utilisant la technique des prix d'attirance. Les prix de certains produits populaires sont fixés très bas pour attirer les clients dans un supermarché ou dans un magasin. Les vendeurs assurent dans ce cas-là leur profit par la vente des autres articles. On peut rapprocher cette technique de celle de la fixation des prix de produits complémentaires.

L'utilisation des prix d'attirance est l'objet de beaucoup de surveillance de la part des autorités publiques, qui s'assurent qu'on ne se sert pas de ce genre de pricing pour tromper le consommateur.

14.3.4 Fixation des prix par appel d'offre

La fixation du prix suite à un appel d'offre est une forme de pricing fort utilisée dans les services publics ou par les agences gouvernementales et les entreprises d'État. Lorsque ces entreprises ou agences ont des travaux d'investissement, d'entretien à effectuer ou lorsqu'elles passent des commandes de fournitures, elles font savoir publiquement leurs intentions, le plus souvent à l'aide de placards publicitaires dans les journaux ou revues professionnelles. Parallèlement elles tiennent à la disposition de tout soumissionnaire potentiel un cahier des charges où sont décrites en détail la nature des prestations à offrir et les normes techniques minimales du matériel recherché. Les entreprises intéressées à effectuer les travaux ou à fournir les biens demandés déposent une proposition écrite, le plus souvent sous enveloppe fermée dans laquelle elles précisent à quel prix elles offrent leurs services. À la fin de la période prévue pour le dépôt des soumissions, l'entreprise publique accorde le contrat au soumissionnaire dont le prix est le plus bas, sous réserve du respect du cahier des charges et si on a l'assurance du réalisme de la proposition et la solidité financière du soumissionnaire.

Le contexte dans lequel la firme doit prendre sa décision de fixation de prix est ici bien particulier et ce pour au moins deux raisons: premièrement, et en règle générale, la firme qui soumissionne n'a pas d'information sur le comportement de ses concurrents potentiels et deuxièmement, la décision en termes de prix est finale puisque l'entreprise ne peut réajuster son offre. La firme doit donc décider de son prix non seulement en fonction de ses contraintes de coût et de ses objectifs de rendement mais également sur la base d'un véritable pari quant à l'attitude de ses concurrents potentiels.

En fait, on peut constater que le marché sur lequel s'effectue ce genre de pricing est caractérisé par une concurrence de petit nombre et cette situation d'''interdépendance conjecturale'' des soumissionnaires est assez caractéristique des marchés oligopolistiques. Pour les très gros contrats, il n'est pas rare que le nombre de compétiteurs soit minime, d'une part parce que les sommes mises en jeu constituent une véritable barrière à l'entrée pour les firmes de petite taille, mais surtout parce que les exigences du cahier des charges ne peuvent être respectées que par un nombre restreint de firmes disposant des connaissances technologiques nécessaires. Cette nécessité de respecter le cahier des charges peut d'ailleurs être un facteur qui vient nettement diminuer les vertus que l'on attache à cette pratique des appels d'offre. On espère en effet par cette procédure éviter le favoritisme pour l'attribution des contrats gouvernementaux et on s'efforce tout en gardant la plus grande neutralité d'obtenir les meilleurs prix. Or il s'avère que cette neutralité peut être détournée en incluant dans la description du cahier des charges des obligations techniques pour le soumissionnaire que l'on sait, a priori, ne pouvoir être respectées que par une ou deux firmes, ce qui disqualifie dès le départ un certain nombre de soumissionnaires potentiels.

On notera par ailleurs que si la firme au moment où elle fait sa soumission ne connaît pas les intentions de ses concurrents, elle dispose néanmoins d'informations sur leurs comportements sur la base de leurs actions antérieures dans des circonstances identiques. Elle peut donc d'une certaine façon anticiper les prix des concurrents en fonction des soumissions précédentes.

Comme tout marché oligopolistique, ce genre de marché est caractérisé par des tendances à l'entente ou au contraire à l'antagonisme. Les ententes explicites sont bien évidemment prohibées par la loi, mais l'observateur peut parfois soupçonner l'existence d'ententes tacites ou de ce qu'on appelle pudiquement échange de "bons procédés". Dans de nombreux cas, surtout dans le domaine de la construction des routes et sur les chantiers de travaux publics, la compétition lors de soumission par appel d'offre sera d'autant plus vive que la conjoncture économique est maussade et que les capacités non utilisées dans l'industrie considérée sont importantes.

*

Étant donné toutes les facettes du pricing, on comprendra aisément pourquoi c'est un facteur essentiel de la compétition entre les firmes; pourtant, il existe des situations où la firme n'utilise pas cette arme du prix dans la compétition. C'est ce qu'on explorera dans le chapitre suivant.

Quelques exemples de discrimination de prix

On trouvera ci-après quelques exemples de marchés sur lesquels se pratique la discrimination de prix. Pour chacun des exemples, le lecteur est appelé à déterminer le type de discrimination dont il s'agit et à spécifier sur quelle base elle est pratiquée.

-1-

Communication téléphonique entre le Canada et la France ou l'Angleterre (1991)

	Période initiale de une minute	Chaque minute supplémentaire
Du lundi au vendredi de 9 h à 13 h et le dimanche de 9 h à 18 h	$1.83	$1.22
Du lundi au vendredi de 13 h à 18 h et le samedi de 9 h à 18 h	$1.47	$0.98
Tous les jours de 18 h à 9 h	$1.28	$0.85

-2-

Prix d'une place de cinéma (1990)

	Enfant	Adolescent	Adulte	Troisième âge
Tous les jours sauf le mardi	$3.00	$5.50	$6.50	$3.00
Le mardi	$3.00	$3.50	$3.50	$3.00

Enfant:	Moins de 14 ans
Adolescent:	14 à 17 ans
Adulte:	18 à 64 ans
3e Âge:	65 ans et plus

Les tarifs ne s'appliquent pas les vendredis et samedis après 18 h.

Coût d'abonnement à des magazines (1990)

- **Les Affaires (hebdomadaire):**
  - 1 numéro: $1.25
  - 1 an (50 numéros): $39.95

- **La Revue Commerce (mensuel):**
  - 1 numéro: $2.95
  - 1 an (12 numéros): $24.00
  - 2 ans (24 numéros): $39.00

Produits pharmaceutiques

En comparant des prix près du métro Atwater, on a pu repérer les prix suivants entre la Place Alexis Nihon et Westmount Square, centres commerciaux distants de moins de 100 mètres et communiquant entre eux par un passage souterrain.

- Place Alexis Nihon:	Pharmaprix	- 400 ml Noxema	$2.66
	Miracle Mart	- 400 ml Noxema	$2.99
	Miracle Mart	- 30 ml Absorbine Jr	$0.79
- Westmount Square:	Le Pharmacien	- 400 ml Noxema	$3.49
		- 30 ml Absorbine Jr	$0.89

Transport aérien

La liste suivante, publiée en 1987, donnait les tarifs pour un vol aller-retour Montréal – Port-au-Prince avec la compagnie Nationair.

04 octobre au 29 novembre 87	$419
04 oct. au 29 nov. avec retour 03 ou 10 janv. 88	$759
06 décembre avec retour 13, 20, 27 décembre	$499
06 décembre avec retour 03 ou 10 janvier 88	$769
13 décembre avec retour 20 ou 27 décembre	$599
13 décembre avec retour 03 ou 10 janvier 88	$799
20 décembre avec retour 27 décembre	$649
20 décembre	$789
27 décembre	$599
27 décembre avec retour 03 ou 10 janvier 88	$779
03 au 17 janvier 88	$469
24 janvier au 14 février 88	$519
21 au 28 février 88	$569

21 au 28 février 88 avec retour 06 ou 13 mars	$599
06 mars	$569
06 mars avec retour 13 mars	$599
13 mars au 03 avril 88	$489
10 au 17 avril 88	$459
24 avril au 29 mai	$439
05 juin	$409
12 juin	$449
26 juin	$539
26 juin avec retour 24 juillet	$569
03 juillet	$559
03 juillet avec retour 24 ou 31 juillet	$579
10 au 17 juillet	$599
24 au 31 juillet	$549
07 au 21 août	$499
28 août au 04 septembre	$469
11 septembre au 02 octobre	$449
09 octobre au 04 décembre	$419

Tarif enfant (de 2 à 12 ans) accompagné d'un adulte (maximum 2 enfants par adulte, enfant additionnel paye le plein tarif)	$409

Tarif enfant (de 2 à 12 ans) accompagné d'un adulte (maximum 2 enfants par adulte, enfant additionnel paye le plein tarif) du 06 décembre au 20 décembre, et du 26 juin au 31 juillet 88	$453

Taxe d'aéroport canadienne $19.00 en sus.
Taxe d'aéroport haïtienne de $15.00 US ou
75 gourdes payable en Haïti.

Si vous faites votre réservation au plus tard 90 jours avant votre date de départ et effectuez votre paiement au moment de votre inscription, un crédit de $75.00 par adulte sera déduit du prix du billet.

Pour les réservations faites entre 89 et 60 jours, si votre remise est effectuée au moment de votre inscription, un crédit de $50.00 par personne est applicable sur le prix du billet.

Les réservations de dernière minute, soit 2 jours ou moins avant le départ, une réduction de $50.00 par personne est applicable sur le prix du billet.

La réduction n'est pas applicable sur les tarifs inférieurs à $439.

ANNEXE B

Comment apprécier la discrimination des prix

La pratique de discrimination des prix est une pratique très générale. Le terme de discrimination porte parfois à équivoque, et l'on s'interroge pour savoir si cette pratique de pricing qui s'insère dans la compétition entre des vendeurs est souhaitable en soi ou au contraire à rejeter. Chaque cas est particulier, mais on peut s'efforcer de trouver un certain nombre de points de repère, dans l'optique de ce qui a été dit au chapitre 11 sur la ''workable competition''. En fait, on s'accorde à reconnaître[3] que la pratique de la discrimination des prix devrait être analysée en fonction des effets qu'elle engendre. On s'interroge donc sur:

- les effets en termes d'efficacité dans l'emploi des ressources;

- les effets en termes de redistribution de revenus;

- les effets sur la compétition.

1° Discrimination et efficacité dans l'emploi des ressources

On attaque parfois la discrimination des prix parce qu'elle est symptomatique d'une situation de monopole. En effet, comme on l'a dit, l'une des conditions nécessaires pour que la discrimination puisse s'exercer c'est que le vendeur dispose d'une certaine liberté de fixation des prix, et cette liberté est souvent synonyme d'un certain degré de monopole. Or, qui dit monopole dit aussi possibilité de restreindre les quantités produites; et d'autre part le monopole ne serait pas la forme de modèle aboutissant à la meilleure allocation des ressources[4]. En fait, cette critique n'est pas vraiment une critique portant sur la pratique de discrimination, mais sur la situation de liberté des prix qui résulte d'un certain degré de monopole.

D'autre part, on peut trouver en pratique de nombreuses situations où la discrimination de prix aboutit à une augmentation des quantités totales produites ou vendues. C'est certainement le cas lorsqu'il y a discrimination du 2e degré, mais c'est aussi le cas lorsqu'il y a discrimination du 3e degré. Les producteurs ayant pu s'assurer une grande partie de leurs profits en vendant un certain pourcentage de produits à un prix très élevé vont pouvoir offrir des prix plus bas (et donc vendre plus) sur d'autres segments du marché.

---

(3) Cf. SCHERER, F.M. *op. cit.* p. 255.

(4) La théorie microéconomique démontre que le modèle de concurrence complète aboutit à une meilleure répartition des ressources que le modèle de monopole (cf. chapitre 8). Cependant, pour que cette démonstration puisse être applicable, il faut que les deux modèles soient comparés dans des industries en tout point comparables.

La discrimination des prix peut aussi être l'outil permettant une meilleure utilisation des ressources quand elle permet d'étaler dans le temps la demande. On pensera par exemple à la tarification dans les services publics et plus précisément à la tarification du téléphone: le fait de proposer durant les fins de semaine et en soirée des tarifs plus avantageux déplace une partie de la clientèle vers des heures où l'utilisation des réseaux est plus faible, ce qui évite d'avoir à suréquiper les compagnies de téléphone pour satisfaire l'heure de pointe, quitte à ce que cet équipement ne soit que peu utilisé aux autres périodes.

Par ailleurs, il existe des cas où la discrimination des prix est une condition nécessaire pour la survie de l'entreprise. (C'est vraisemblablement le cas pour de nombreuses compagnies aériennes.) Dans ce cas, on ne peut douter du rôle de la discrimination en fonction de l'efficacité.

Cependant, il ne faut pas oublier que la pratique de la discrimination engendre des coûts additionnels pour les producteurs. Ces coûts de discrimination doivent être retranchés des avantages qui peuvent résulter de celle-ci.

2° Discrimination et redistribution des revenus

Le deuxième angle sous lequel on doit apprécier la discrimination est celui de la redistribution des revenus.

Il est clair tout d'abord que si des entreprises se lancent dans la discrimination des prix, c'est dans le but d'augmenter leurs profits. Ainsi, globalement, la discrimination des prix a un effet redistributif des consommateurs vers les producteurs (ou vendeurs).

Or, certains avancent que cette redistribution est régressive puisque cela fait passer des revenus des consommateurs (supposément mal pourvus) à des producteurs de grande taille, ou actionnaires de compagnies (supposément bien fortunés). On peut répondre à cela que la pratique de discrimination n'est pas le seul fait de grandes entreprises en position de monopole, mais que de petits magasins ou détaillants la pratiquent aussi. D'autre part, ceux à qui l'on fait payer plus cher par le biais de la discrimination sont parfois plus fortunés que les producteurs: on peut citer à cet égard l'exemple des petites compagnies de jardinage qui font payer plus cher dans les quartiers luxueux.

Par ailleurs, il faut expliquer que l'aspect redistributif le plus important lié à la discrimination est celui lié à la redistribution entre consommateurs. En fait, dans beaucoup de cas de discrimination du 3e degré, on fait payer plus cher à ceux qui ont la plus faible élasticité-prix (et qui sont souvent ceux qui ont les revenus les plus élevés), et l'on ''subventionne'' ainsi indirectement ceux qui ont la plus forte élasticité-prix auxquels l'on fait payer un prix moins élevé. On pensera à titre d'exemple à la structure de prix du transport aérien où règne la discrimination qui ne se fait sûrement pas au détriment de ceux dont les revenus sont les plus faibles.

La discrimination est par contre beaucoup plus critiquable lorsqu'elle aboutit à une pratique visant à vendre moins cher les produits destinés à l'exportation (où la compétition est plus forte) que ceux destinés au marché interne, puisque dans ce cas les consommateurs nationaux subventionnent indirectement les consommateurs étrangers.

3° Discrimination et degré de compétition

Certaines conséquences de la discrimination limitent la compétition, d'autres peuvent aboutir à son renforcement. On les présentera tour à tour.

- Facteurs limitant la compétition

On avance tout d'abord que, comme il est nécessaire qu'il y ait au moins entente (tacite ou explicite) entre les producteurs pour imposer les mêmes discriminations sur un marché, ces formes d'accord peuvent pousser les firmes à s'entendre sur d'autres domaines pour limiter la compétition.

Par ailleurs, la discrimination des prix peut créer de forts liens entre producteurs et consommateurs (surtout dans le domaine industriel, quand la discrimination porte sur la quantité). Ces liens constituent autant de barrières à l'entrée pour des firmes potentielles, c'est-à-dire qu'il sera difficile pour un nouveau producteur de conquérir le marché existant. Parallèlement, en aval, les firmes qui bénéficient de la discrimination peuvent avoir un tel avantage que cela limite là aussi la compétition.

Enfin, la discrimination peut réduire la compétition en accordant certains avantages aux firmes très diversifiées: celles-ci font payer plus cher certains de leurs produits dans les domaines où il n'y a pas de compétition, ce qui leur permet de se contenter de marges plus faibles sur d'autres segments et de bénéficier ainsi d'un avantage par rapport à leurs compétiteurs (actuels ou potentiels).

- Facteurs qui accroissent la compétition

La discrimination peut augmenter la compétition parce qu'elle est en elle-même un moyen de rivaliser avec les concurrents. Offrir une nouvelle structure de prix basée sur une forme de discrimination peut pousser les compétiteurs à réagir. La discrimination peut être un des moyens pour remettre en cause des ententes entre les firmes d'un oligopole.

Enfin, la discrimination favorise la compétition parce qu'elle encourage les entreprises à faire des expériences en termes de prix. Si un vendeur peut se permettre de faire de l'expérimentation en termes de prix seulement sur une partie de son marché, les risques qu'il court sont beaucoup plus faibles.

*

Ainsi, comme on peut le voir, la discrimination qui est une facette importante de la concurrence contemporaine doit être analysée en détail avant de pouvoir porter à son égard un jugement de valeur.

À titre d'application à ce qui vient d'être dit, faites l'exercice suivant.

La Commission de transport de la communauté urbaine de Montréal a retenu pour le métro le système de classe unique. En revanche, dans d'autres villes à travers le monde, il existe des métros ayant des wagons de 1re et de 2e classe.

Supposons que l'on vous demande de faire une étude générale sur l'éventualité d'introduire deux classes dans le métro de Montréal.

1° Si un système à deux classes était retenu, s'agirait-il d'une discrimination du premier, deuxième ou troisième degré? Expliquez.

2° Définissez les concepts suivants et montrez brièvement comment ils peuvent être utilisés à l'analyse du problème:

- élasticité-prix
- élasticité-revenu
- discrimination de prix
- étanchéité de marché
- point mort
- élasticité croisée

3° Comment apprécieriez-vous cette discrimination?

ANNEXE C

La discrimination de prix sur deux marchés
dans le cas du modèle de monopole

I - Le modèle

Si l'on transpose le problème de la discrimination au cas du modèle de monopole, cela revient à trouver un critère de répartition de la production entre deux marchés.

Ce critère est le suivant: la répartition se fera de telle sorte que **la recette marginale sur le premier marché soit égale à la recette marginale sur le second marché.** En effet, si la recette marginale sur le marché A est plus grande que sur le marché B, le monopoleur aura intérêt à transférer des biens vendus sur le marché B au marché A. Mais faisant ceci, il augmente la recette marginale sur B et la diminue sur A. Ces transferts seront avantageux jusqu'à ce que $Rm_A = Rm_B$.

II - Exercice d'application

Une entreprise est en position de monopole au niveau de la production et de la distribution. Elle vend sur deux marchés (A et B) dont les demandes sont données par les deux tableaux suivants:

Marché A		Marché B	
Prix	Quantité	Prix	Quantité
16	8.0	16	9.6
18	7.5	18	9.3
20	7.0	20	9.0
22	6.5	22	8.7
24	6.0	24	8.4
26	5.5	26	8.1
28	5.0	28	7.8
30	4.5	30	7.5
32	4.0	32	7.2
34	3.5	34	6.9
36	3.0	36	6.6
38	2.5	38	6.3
40	2.0	40	6.0
42	1.5	42	5.7
44	1.0	44	5.4
46	0.5	46	5.1
48	0	48	4.8
		50	4.5
		52	4.2
		54	3.9
		56	3.6
		58	3.3
		60	3.0

Les coûts de production se composent de la façon suivante:

- les coûts fixes sont de 100;

- les coûts variables sont donnés par le tableau ci-après:

Q	0	1	2	3	4	5	6	7	8	9	10	11	12
CV	0	5	12	21	32	45	60	77	96	117	140	165	192

On remarque que les 2 fonctions de demande sont des droites et que le coût marginal est également une droite.

QUESTIONS

1° Déterminez la quantité vendue par le monopole et le prix de vente dans l'hypothèse où il cherche à maximiser son profit, **s'il ne fait pas de discrimination sur les marchés.**

2° Déterminez la quantité vendue sur chaque marché et les prix correspondants dans l'hypothèse où le monopoleur fait de la **discrimination** sur les marchés.

SOLUTION

Commençons par établir les coûts (cf. tableau 1).

TABLEAU 1

Q	CF	CV	CT	CM	Cm
0	100	0	100		5
1	100	5	105	105	7
2	100	12	112	66	9
3	100	21	121	40.4	11
4	100	32	132	33	13
5	100	45	145	29	15
6	100	60	160	26.6	17
7	100	77	177	25.2	19
8	100	96	196	24.4	21
9	100	117	217	24.2	23
10	100	140	240	24.0	25
11	100	165	265	24.2	27
12	100	192	292	24.4	

Question 1:   Sans discrimination

Démarche à suivre

Additionnez les deux demandes et tracez la courbe de demande totale. Déterminez la courbe de recette marginale. Déterminez le prix et la quantité qui maximisent le profit. Calculez le profit réalisé.

TABLEAU 2:   **Demande totale et recette marginale globale**

P	Q_A	Q_B	Q_T	RT	Rm
16	8.0	9.6	17.6	281.6	
					−24
20	7.0	9.0	16.0	320.0	
					−16
24	6.0	8.4	14.4	345.6	
					− 8
28	5.0	7.8	12.8	358.4	
					0
32	4.0	7.2	11.2	358.4	
					8
36	3.0	6.6	9.6	345.6	
					16
40	2.0	6.0	8.0	320.0	
					24
44	1.0	5.4	6.4	281.6	
					32
48	0	4.8	4.8	230.4	
					20
52	0	4.2	4.2	218.4	
					28
56	0	3.6	3.6	201.6	
					36
60	0	3.0	3.0	180.0	

Le profit est maximum quand Rm = Cm. En comparant les tableaux 1 et 2, on voit que lorsque Q = 8, Rm = Cm = 20.

Pour Q = 8, le prix de vente est de 40 et la recette totale de 320 (tableau 2). Pour Q = 8, le coût total est de 196.

Le profit total sans discrimination est donc de 320 − 196 = 124.

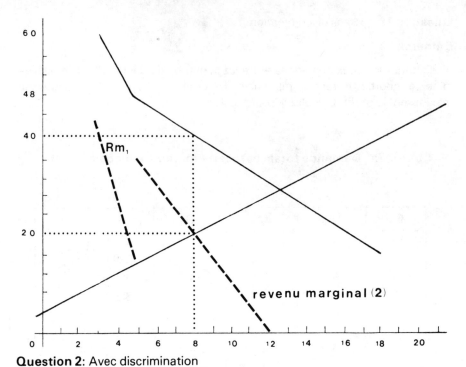

Question 2: Avec discrimination

Démarche à suivre

Déterminez les recettes marginales sur chaque marché. Déterminez la quantité vendue sur chaque marché. Déduisez le prix sur chaque marché. Calculez le profit réalisé.

Marché A		
Q_A	RT	Rm_A
0	0	
		44
1	44	
		36
2	80	
		28
3	108	
		20
4	128	
		12
5	140	
		4
6	144	
		−4
7	140	
		−12
8	128	

Marché B		
Q_B	RT	Rm_B
3	180	
		36
3.6	201.6	
		28
4.2	218.4	
		20
4.8	230.4	
		12
5.4	237.6	
		4
6.0	240	
		−4
6.6	237.6	
		−12
7.2	230.4	
		−20
7.8	218.4	
		−28
8.4	201.6	
		−36
9.0	180	
		−44
9.6	153.6	

Le monopoleur répartira sa production de telle manière que la recette marginale soit la même sur chaque marché. (Il faudra néanmoins respecter l'égalité $Q_A = Q_B = Q_T$.) D'autre part, si la recette marginale sur le marché A est égale à la recette marginale sur le marché B, alors elles sont toutes les deux égales à la recette marginale globale.

La quantité à produire avec ou sans discrimination est de $Q = 8$.

Pour $Q = 8$, $Rm = 20$. Si $Rm_A = 20$, $Q_A = 3.5$. Si $Rm_B = 20$, $Q_B = 4.5$.

Les prix sur les deux marchés sont trouvés en consultant le tableau de demande.

$$Si\ Q_A = 3.5 \qquad P_A = 35$$
$$Si\ Q_B = 4.5 \qquad P_B = 50$$

Calculons le profit:

$$R_T = 3.5 \times 34 + 4.5 \times 50 = 119 + 225 = 344$$

Profit total avec discrimination $= 344 - 196 = 150$

	Récapitulation	
	sans discrimination	avec discrimination
Quantité totale	Q = 8	Q = 8
Quantité sur le marché A	Q = 2	Q = 3.5
Quantité sur le marché B	Q = 6	Q = 4.5
Prix sur le marché A	40	34
Prix sur le marché B	40	50
Profit	124	150

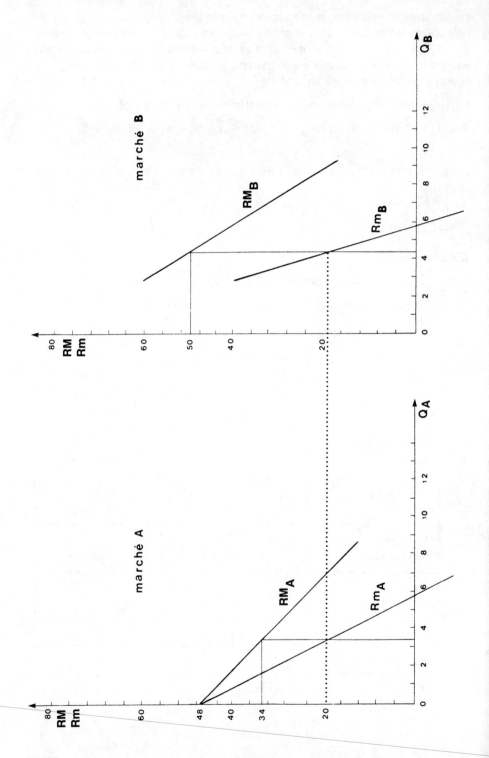

marché B

marché A

RM$_B$

Rm$_B$

RM$_A$

Rm$_A$

Q$_B$

Q$_A$

CHAPITRE **15**

ABSENCE APPARENTE OU RÉELLE DE
COMPÉTITION EN MATIÈRE DE PRIX

Lorsque l'on a présenté la compétition au chapitre 11, on a dit que deux tendances sont sous-jacentes au comportement des firmes dans des situations oligopolistiques: une tendance à l'antagonisme et une tendance à l'entente. Le jeu de ces deux tendances aboutit, dans certains cas, à des situations de marché caractérisées par une absence apparente ou réelle de compétition en matière de prix.

À cet égard, une similitude de prix entre tous les producteurs ne permet pas de conclure à une absence de compétition en ce domaine, car c'est peut-être justement parce que la variable prix est la variable essentielle que tous les compétiteurs ont adopté à son égard une attitude identique. La situation d'antagonisme qui prévaut sur certains marchés peut contraindre tous les producteurs à avoir la même échelle de prix. Mais dans la plupart des cas où toutes les firmes sur un marché ont des prix identiques, la compétition va se reporter sur d'autres domaines (services, qualité du produit, publicité, etc.).

On envisagera ci-après quatre situations aboutissant à une absence apparente ou réelle de compétition en matière de prix.

15.1 MARCHÉS OÙ LES PRIX SONT CONTRÔLÉS

L'absence de compétition en matière de prix sur le marché peut être le résultat de l'intervention gouvernementale qui, dans une optique de régulation ou de stabilisation, détermine les fluctuations maximales des prix de certains produits (prix-plancher et prix-plafond); on fixe carrément le prix de vente de certains biens.

Un premier exemple pourrait être trouvé dans l'industrie laitière. Dans cette industrie, le prix d'achat du producteur de lait industriel est fixé par le gouvernement fédéral. Dans cette même industrie, les distributeurs de lait nature en gros ou au détail se voient imposer par les autorités provinciales un prix maximum et un prix minimum.

Les tarifs de transport aérien sur les lignes intérieures nous fournissent un autre exemple. Comme tout tarif doit être approuvé par le ministère des Transports, les marges de manoeuvre entre les compétiteurs sont très étroites.

Le prix de la bière au Québec est régie, comme la plupart des activités de l'industrie des brasseries, par la Loi sur la réglementation des boissons alcooliques. Aux termes de cette loi, les prix sont fixés par le gouvernement et tous les producteurs doivent vendre leurs produits d'une même catégorie au même prix dans une région donnée. Le Québec est divisé en 10 zones ou régions. Les prix sont identiques dans chaque zone mais varient de région en région pour tenir compte des frais de transport. Si les producteurs envisagent d'augmenter leurs prix, ils doivent se consulter et demander l'autorisation par l'intermédiaire de l'Association des brasseurs québécois en justifiant leur demande sur la base de changements dans les coûts de production.

15.2 LES CAS DE LEADERSHIP EN MATIÈRE DE PRIX

15.2.1 Marchés avec une firme dominante

L'absence de compétition en matière de prix peut être le résultat de l'existence d'une firme dominante, c'est-à-dire d'une firme dont la taille (absolue et en termes de part de marché) lui permet d'avoir la structure de coût la plus avantageuse et de contrôler le marché. La part du marché qu'elle ne contrôle pas est laissée à des petits producteurs qui n'ont pas la capacité de se lancer dans des guerres de prix et qui préfèrent calquer leurs prix sur ceux de la firme dominante (stratégie de ''pricing'' par imitation). La survie des petits producteurs tient au fait que la firme dominante n'est pas intéressée à assumer les responsabilités d'un monopole, ni à essayer de s'accaparer des segments de marché non profitables. Au niveau de l'ensemble de l'économie canadienne, on peut avoir du mal à retrouver des cas flagrants de firmes dominantes mais de nombreux cas peuvent être repérés au niveau local ou régional.

15.2.2 Marchés avec firme barométrique

On constate sur de nombreux marchés (surtout industriels) que tous les producteurs augmentent leurs prix plus ou moins simultanément. On remarque également qu'à chaque augmentation, les producteurs semblent calquer leur attitude sur une firme en particulier. Celle-ci joue le rôle de leader, sans qu'elle ne soit pour autant celle qui a la plus grosse part du marché. Elle peut avoir ou non l'initiative du changement mais toutes les firmes ne se réajustent définitivement qu'une fois qu'elle a annoncé son échelle de prix.

L'existence d'une firme ''barométrique'' peut être justifiée par des raisons historiques ou des habitudes dans le secteur industriel. Bien souvent, la similitude des changements dans les prix annoncés peut s'expliquer par le fait que les conditions de la production, qui sont similaires pour tous, ont changé (approvisionnement, technologie, coût de la main-d'oeuvre).

L'exemple le plus typique d'un tel marché est le marché de l'acier aux États-Unis (cf. annexe A).

15.3 UNE EXPLICATION DE LA STABILITÉ DES PRIX: LA DEMANDE COUDÉE

Il est possible que dans un marché où il y a un petit nombre de producteurs, les prix pratiqués ne subissent aucun changement sans que cette stabilité puisse être imputée à une entente tacite entre les vendeurs sur ce marché. On peut trouver une explication à ce phénomène à l'aide du "modèle de la demande coudée".

15.3.1 Les hypothèses du modèle

Supposons qu'à un instant donné un de ces producteurs vende une quantité Q_0 au prix P_0 et faisons les **hypothèses** suivantes sur son comportement:

· Il s'attend à ce que ses compétiteurs baissent leur prix s'il décide de baisser le sien (cette réaction des compétiteurs peut s'expliquer, par exemple, par le désir de protéger leurs parts du marché).

· Il s'attend au contraire à ce que ses compétiteurs ne le suivent pas s'il décide d'augmenter son prix de vente.

La transposition sur le plan graphique de ces deux hypothèses de comportement aboutit à une demande qui est coudée pour le prix P_0 et la qualité Q_0. (C'est tout au moins la demande à laquelle pense faire face l'oligopoleur.)

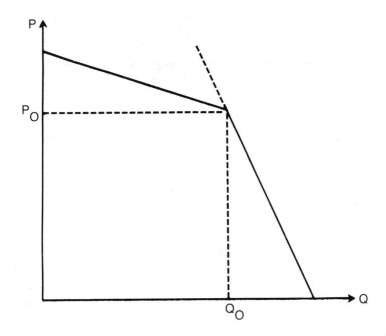

Si le producteur baisse son prix au-dessous de P_o, tout le monde suit, la demande à la firme sera en quelque sorte la désagrégation, en fonction de sa part du marché, de la demande globale. Au contraire, s'il augmente son prix au-dessus de P_o, il perdra des quantités beaucoup plus élevées que si tous les producteurs avaient augmenté leurs prix.

15.3.2 La stabilité du prix

Si la demande à la firme a l'allure qu'on vient de voir, la recette marginale est également composée de deux segments (qui ont des pentes doubles). La recette marginale présente une **discontinuité** pour la quantité Q_o. Cette discontinuité se trouve dans le graphique ci-après entre les points A et B.

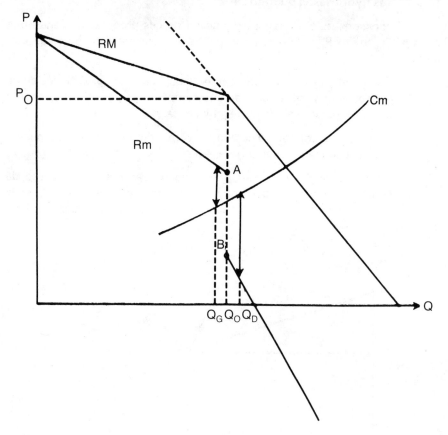

Or, si la courbe de coût marginal de la firme passe par cette discontinuité, le producteur n'a nullement intérêt à changer son prix.

Examinons en effet les deux éventualités possibles.

· Le producteur décide d'augmenter son prix. Cela se traduit par une diminution de la quantité vendue. Il se trouve à gauche de Q_o soit Q_G cette quantité. L'oligopoleur se prive de vendre les unités comprises entre Q_o et Q_G. Or, toutes ces unités ont une recette marginale supérieure au coût marginal. C'était donc des unités qui rapportaient du profit. Dès lors, en allant de Q_o à Q_G, on dimimuerait le profit total.

· Supposons qu'au contraire l'oligopoleur décide de baisser son prix. Il augmente ses quantités et vend Q_D. Or, on peut constater que toutes les unités comprises entre Q_o et Q_D ont un coût marginal qui est supérieur à la recette marginale. Vendre ces unités supplémentaires diminuerait le profit.

Ainsi, le producteur n'a aucun intérêt à changer la quantité produite Q_o et donc son prix de vente P_o. Cette stabilité en matière de prix n'est nullement dictée par une quelconque entente. Et si tous les producteurs agissent de la même façon et se trouvent dans la même situation, il n'y aura pas de compétition en matière de prix, puisque personne n'a intérêt à prendre une initiative dans ce sens.

15.4 LE CARTEL

L'absence de compétition en matière de prix peut être la conséquence de la formation d'un cartel entre les compétiteurs potentiels. On appelle cartel une entente **explicite** entre des producteurs (ou des prestataires de services) afin de réduire ou de faire disparaître la compétition et ses conséquences. Il s'agit de la forme la plus coordonnée d'oligopole. La tendance à l'entente l'emporte totalement sur la tendance à l'antagonisme[1].

15.4.1 Types de cartel

On reconnaît en règle générale trois types de cartel:

- **Le cartel de prix**: il s'agit le plus souvent d'une entente passée entre les producteurs pour refuser de vendre au-dessous d'un prix plancher. Il peut s'agir également d'une entente portant sur un calendrier d'augmentations de prix.

- **Le cartel de quotas**: c'est une entente portant cette fois sur une répartition du marché. Les parts du marché et les fluctuations permises sont déterminées par accord. Le plus souvent, ce genre d'accord s'accompagne de choix de mécanisme de prix pour atteindre ou rétablir l'objectif choisi en termes de part de marché.

- **Le cartel de répartition géographique**: dans ce genre de cartel, les différents producteurs délimitent des zones d'influence, se répartissent le marché par localité, par région ou par pays. Cette pratique tend à rétablir des situations de monopole sur une base géographique.

---

(1) Cf. chapitre 11.

15.4.2 Difficultés du cartel

La **création** et la **stabilité** des ententes et des collusions dépendent:

a) **du nombre de vendeurs (de producteurs) sur le marché**

Plus augmente le nombre de producteurs et plus l'accord unanime sera difficile à obtenir; quand il y a trop de participants, le maintien de l'entente et la coordination des décisions deviennent précaires; la part de marché étant faible, chacun aura tendance à ne pas respecter l'entente espérant que son action ne sera que peu décelable et n'aura que peu d'effet sur le marché dans son ensemble.

b) **du degré d'homogénéité des produits sur lesquels porte l'entente**

Le manque d'homogénéité sur les produits faisant l'objet d'une collusion est une occasion pour les acheteurs subissant cette entente d'exercer des pressions sur l'un des vendeurs pour briser les accords passés; cette pression peut prendre la forme d'une demande exclusive ou au contraire du boycottage d'un des vendeurs participant à la collusion.

c) **de l'évolution des coûts de production et de la structure du marché**

La stabilité des collusions sera d'autant plus grande que l'industrie ne fait pas face à de forts changements dans la structure des coûts de production.

En règle générale, on constate que la vie des cartels et des ententes en matière de prix est relativement courte et ce d'autant plus que le cartel est un cartel défensif; dans ce cas, en effet, l'arrivée d'un nouveau compétiteur peut remettre en cause toute la base de l'entente.

*

Qu'il y ait effectivement absence de compétition en matière de prix ou que ceux-ci soient au contraire l'élément central de la compétition, ils ne peuvent résumer à eux seuls le processus concurrentiel et le comportement des entreprises en matière de compétition. Les chapitres suivants vont, dans cette perspective, s'attacher aux autres formes de compétition.

ANNEXE A

Un exemple de fonctionnement de marché
à firme barométrique

L'augmentation du prix de l'acier aux États-Unis, printemps 1977 (selon des comptes rendus du "Wall Street Journal" de la semaine du 9 mai 1977)

Vendredi 6 mai 1977

La compagnie Republic Steel Corp. annonce une hausse de 8.8% de son prix pour l'acier à partir du dimanche 15 mai 1977. La compagnie pratique cette augmentation par un accroissement rapide de ses coûts de production, notamment de la main-d'oeuvre. Dans la même journée, la compagnie Lykes Corp. annonce qu'elle suivra cette hausse

Le journal précise en outre que la spéculation des semaines précédentes sur le prix de l'acier laissait entrevoir une augmentation possible, mais de moindre envergure.

Enfin, à Washington, le gouvernement qualifie cette hausse de "trop élevée" et fait remarquer que le prix actuel est déjà plus élevé de $50.00 la tonne que le prix de l'acier importé.

Lundi 9 mai 1977

U.S. Steel Corp. annonce une hausse moins forte que celle de Republic Steel Corp., c'est-à-dire 6% au lieu de 8.8%. Cette hausse doit entrer en vigueur à compter du 19 juin 1977.

La modération de U.S. Steel Corp. semble avoir reflété le désir de ne pas contrarier le gouvernement au moment où l'industrie de l'acier essaie d'obtenir des restrictions sur les importations.

Mardi 10 mai 1977

La Lykes Corp. qui avait annoncé le vendredi précédent une hausse de 8.8% ramène celle-ci à 6% à compter du 19 juin.

National Steel Corp. augmentera aussi son prix de 6% à partir du 19 juin 1977.

Mercredi 11 mai 1977

Cette fois, c'est Republic Steel Corp. qui ramène son augmentation à 6%; par contre, les nouveaux prix seront en vigueur dès le 15 mai 1977. Selon le président de la compagnie, il est nécessaire de réduire l'augmentation afin d'être compétitif avec U.S. Steel et les autres producteurs.

Enfin, deux autres compagnies importantes: Inland Corp. et Wheeling Pittsburgh Corp. suivent l'exemple de U.S. Steel.

Jeudi 12 mai 1977

Bethlehem Steel Corp., LTV Corp. et Kaiser Steel Corp. se joignent aux autres producteurs pour une augmentation de 6% effective le 19 juin 1977.

*
*   *

Commentaires sur cette hausse

En résumé, après que Republic Steel Corp. suivi de Lykes Corp. eut décidé vendredi le 6 mai d'augmenter de 8.8 % le prix de l'acier, U.S. Steel Corp. annonce le lundi 9 mai une hausse moindre, c'est-à-dire 6%. La décision de U.S. Steel Corp., qui a été mieux acceptée par Washington, a forcé Republic Steel Corp. et Lykes Corp. à réduire immédiatement leur hausse à 6%. Ainsi, l'industrie de l'acier au complet augmente ses prix **uniformément** de 6%.

*
*   *

Liste des principales compagnies d'acier aux États-Unis (en ordre d'importance)

1- U.S. Steel Corp.
2- Bethlehem Steel Corp.
3- National Steel Corp.
4- Republic Steel Corp.
5- Inland Corp.
6- LTV Corp.
7- Armco Corp.
8- Lykes Corp.
9- Wheeling-Pittsburgh Corp.

ANNEXE B

L'OPEP

L'OPEP (Organisation des pays exportateurs de pétrole) constitue un exemple absolument typique d'un cartel organisé, c'est-à-dire d'une entente conclue entre producteurs engagés dans la même activité en vue de se constituer une position monopolistique sur le marché.

Le cartel résulte donc d'une volonté de mettre fin à la concurrence et de constituer un front unifié à l'égard des acheteurs. Ce type d'entente comporte donc un barème de prix que tous les membres s'engagent à respecter et conséquemment des dispositions restrictives du côté de la production.

Le tableau suivant dresse une liste des pays membres de l'OPEP tout en ajoutant quelques données pertinentes à l'intelligence du texte.

L'organisation comporte donc 13 pays membres. C'est plus qu'il n'en faut pour assurer une certaine cohésion d'ensemble comme le montre l'histoire récente. En effet, plus le nombre de participants est élevé, plus les divergences d'intérêt et de comportement sont susceptibles de briser l'harmonie et l'uniformité des politiques de prix au sein du cartel. C'est ainsi que les pays comme l'Arabie Saoudite et le Koweït ont toujours eu une position assez modérée au sein de l'OPEP. Ces pays plus riches ont en effet des réserves connues plus importantes que l'Algérie ou le Nigeria par exemple. De plus, leurs pétro-dollars (produits des recettes pétrolières) ont été investis et répartis dans des placements mobiliers et immobiliers à travers tout l'Occident. La crainte de provoquer à nouveau une récession dans tous ces pays hôtes (comme en 1974) tempère donc l'appétit des pays les plus riches. Par ailleurs, l'Algérie (dont les réserves connues comptent parmi les plus faibles de l'organisation) entend bien profiter de la situation présente. Les divergences expliquent en partie l'écart de $10.00 (US) entre les barils de brut léger saoudien et algérien, de même que les tensions si fortes qui ont caractérisé les rencontres périodiques des pays membres depuis 1974 en vue ou bien de hausser les prix ou d'établir des calendriers de hausses.

Le comportement oligopolistique n'en demeure pas moins fondamentalement omniprésent au sein de l'OPEP. C'est ainsi que le mardi 20 mai 1980 neuf des treize pays de l'OPEP ont annoncé leur intention de relever le prix de leur pétrole après le signal donné au début du mois par l'Arabie Saoudite, principal producteur de l'organisation.

Les hausses en cascade retardent cependant l'échéance désirée d'une unification des prix de brut au sein de l'OPEP en la rendant de plus en plus aléatoire.

L'absence de produits substituts en pétrole et l'évolution de la demande mondiale ont néanmoins maintenu l'organisation malgré les vicissitudes et les divergences de vue qui ont marqué l'histoire de l'OPEP depuis

L'OPEP avant et après le choc pétrolier

Pays	Populations (000,000)	Recettes pétrolières (en 000,000 de $US)		Exportations non pétrolières	PNB par habitant ($US)	
		1973	1974	1973	1973	1974
Pays pétroliers riches	11.2	10,600	40,300	683		
Arabie Saoudite	7.8	5,100	20,000	577	980	2,900
Koweït	1.0	1,900	7,000	577	4,100	8,500
Qatar	0.2	400	1,600	577	3,300	10,000
Abou Dhabi	0.1	900	4,100	106	9,000	10,000
Libye	2.1	2,300	7,600		3,000	5,800
Pays pétroliers à revenu moyen	75.2	9,500	39,700	2,378		
Iran	31.2	4,100	17,500	864	520	940
Venezuela	11.2	2,800	10,600	1,232	1,150	1,850
Irak	10.4	1,500	6,800	22	430	930
Algérie	15.4	900	3,700	270	350	530
Équateur	6.5	100	800	N.D.	320	420
Gabon	0.5	100	400	N.D.	900	1,540
Pays pétroliers à faible revenu	183.4	2,900	10,000	2,210		
Indonésie	124.0	900	3,000	1,923	80	100
Nigeria	59.4	2,000	7,000	287	150	230
Total général	269.8	23,000	90,000	5,281		

Source: Le bulletin du F.M.I.: 10 février 1975.

1974. À cet égard, il convient maintenant d'examiner l'impact concret du choc pétrolier de 1973.

Le tableau fait état d'un quadruplement des recettes pétrolières des pays membres de l'OPEP entre 1973 et 1974. D'autre part, entre 1973 et 1977, les exportations de marchandises de l'Arabie Saoudite (incluant le pétrole) ont augmenté de 443.5% alors que le chiffre correspondant pour l'Algérie se situe à 230.2%[2]. Cette hausse soutenue dans les revenus des pays exportateurs en dépit d'une progression fluctuante de la demande mondiale illustre bien le caractère relativement inélastique de la demande de pétrole. Le trait spécifique de la demande tient à l'absence de sources d'énergie substituables pour certains usages spécifiques du pétrole. Cet aspect de la demande met en lumière la nécessité pour l'activité cartelisée d'être abritée. En effet, l'existence de succédanés proche du produit contrôlé par le cartel risque de faire perdre à celui-ci la possibilité de pratiquer efficacement des ententes à caractères monopolistiques comme par exemple les dispositions restrictives en matière de production qui permettent de maintenir les visées en matière de prix.

Mentionnons enfin que les écarts de prix au sein de l'OPEP s'expliquent également par les différences dans la qualité du produit et dans les conditions de production. En conséquence, ces différences de prix ne résultent donc pas entièrement d'une non-application de dispositions contractuelles. En ce qui concerne les conditions de production, il faut noter que la limitation de la production entraînée par l'élévation du prix cartelisé pèse davantage sur les petits producteurs que sur les gros qui peuvent mieux intérioriser les économies d'échelle. Cet état de fait ajoute un autre élément de compréhension à l'attitude modérée des pays pétroliers riches au sein de l'OPEP.

---

(2)   Annuaire statistique des Nations-Unies, 1978.

CHAPITRE **16**

DIFFÉRENCIATION, PUBLICITÉ

ET COMPÉTITION

La compétition contemporaine, on l'a dit, est un phénomène multiforme et qui ne se cantonne pas dans le seul domaine des prix: ils ne sont que l'une des facettes du processus concurrentiel. Dès lors, si l'on a l'ambition en économie de l'entreprise de décrire des comportements, il faut s'attacher à décrire également la compétition s'exerçant sur d'autres domaines que le prix.

Ceci pourra être fait en se souvenant que les buts essentiels poursuivis par la firme dans ces autres formes de compétition sont de s'accaparer ou de maintenir des parts de marché, d'essayer de créer une préférence pour ses produits ou une fidélité à sa marque. Les moyens pour y parvenir peuvent être regroupés sous le terme général de **différenciation des produits**.

On s'attardera donc à analyser ce qu'est la différenciation et quels sont les facteurs qui la facilitent; on présentera ensuite comment s'exerce cette différenciation et quelles en sont les conséquences en termes de comportements et de structures.

16.1   LA DIFFÉRENCIATION

16.1.1   Le concept de différenciation

On parle de différenciation de produits lorsque, sur un marché donné, les consommateurs expriment des préférences pour les produits de certains producteurs, plutôt que pour ceux de certains autres. Des produits sont dits différenciés lorsqu'ils ne sont pas perçus comme de parfaits substituts par les acheteurs potentiels.

Ainsi dans une industrie donnée, sur un marché donné, le degré de différenciation mesure le degré d'imperfection dans la substituabilité des biens offerts à la vente. Plus il y a d'attachement à une marque ou à une ligne de produits, plus les produits de chaque producteur sont perçus comme spécifiques et plus augmente le degré de différenciation.

En fait, sur un marché donné, le degré de différenciation peut être repéré à l'aide d'**élasticités croisées** mesurées sur des demandes sélectives (demandes à la firme) et à l'aide d'élasticités croisées d'offre entre les produits en compétition. Si les élasticités croisées de demande entre les produits sur un même marché sont faibles, ceci peut être interprété comme une excellente indication du fait que les acheteurs ont une forte préférence pour certains produits ou pour certaines marques. Dès lors, un faible changement de prix par l'un des vendeurs ne sera pas suffisant pour faire varier les parts du marché. Parallèlement, de faibles élasticités croisées d'offre sont une indication que les firmes en place ou pouvant entrer sur le marché sont peu capables d'imiter les produits des firmes rivales pour contrer la préférence des consommateurs pour certaines marques.

16.1.2 Facteurs qui permettent la différenciation

Les formes de différenciation ne sont pas indépendantes du type de produits sur lesquels elle s'exerce; elle varie suivant qu'elle porte sur les produits industriels ou sur des biens de consommation finale. Par ailleurs, on a coutume de faire la distinction entre la différenciation effective, tenant aux caractéristiques spécifiques du produit et la différenciation provoquée (ou artificielle) qui s'appuie sur toutes les techniques de marketing permettant de créer chez le consommateur une préférence. Cependant, qu'elle soit effective ou provoquée, la différenciation aboutit au même résultat: elle augmente l'hétérogénéité des produits et diminue leur degré de substituabilité.

On retiendra quatre facteurs qui permettent la différenciation:

a) La différenciation peut être le résultat d'une **politique de produit**, basée sur des changements dans la qualité ou sur la présentation et le design. Si sur un marché donné les produits sont de qualité hétérogène, cela restreint les choix des consommateurs et la substituabilité potentielle entre produits.

b) La différenciation est par ailleurs le résultat de toutes les activités de **promotion** et de **publicité** exercées par la firme. Cette forme de différenciation, qui est la plus facilement repérable, peut suppléer, accompagner ou renforcer celle qui s'exerce par l'intermédiaire de la qualité ou des spécifications physiques et techniques du produit.

c) La préférence pour un produit plutôt qu'un autre, pour un vendeur plutôt qu'un autre peut être le résultat des **services fournis** au moment de l'achat et après la vente (réparation, entretien, garantie, etc.).

d) Enfin des produits strictement homogènes en termes physiques peuvent devenir différenciés pour l'acheteur sur la seule base de **leur point de vente**. Un consommateur peut accorder une préférence pour les produits dans un magasin plutôt que ceux vendus dans un autre tout simplement parce que le premier est plus près de son domicile ou plus facile d'accès. La distance devient une cause de différenciation.

16.1.3 Facteurs qui facilitent la différenciation

On peut d'autre part identifier un certain nombre de facteurs qui facilitent la différenciation ou qui en déterminent l'ampleur.

a) L'identification d'un produit ou d'un groupe de produits à l'aide d'une **marque** facilite la différenciation. On comprend dès lors le soin jaloux qu'attachent les firmes à la protection de leur marque de commerce.

b) La différenciation est largement facilitée par l'ignorance du consommateur ou son incapacité à apprécier les différences entre les produits.

c) La différenciation est d'autant plus facile à exercer qu'existent des effets de démonstration et des effets d'imitation.

16.2 "MARKETING MIX", DIFFÉRENCIATION ET COMPÉTITION

Les firmes en compétition sur les marchés ont des stratégies de marketing. Ces stratégies les poussent à élaborer ce qu'on appelle leur "Marketing Mix" qui comprend quatre variables essentielles[1]: prix, produit, circuit de distribution et promotion. Selon l'image traditionnelle, le "Marketing Mix" est la partie perceptible de l'iceberg, c'est la définition des moyens que se donne une firme pour rendre opérationnelle sa stratégie de marketing. Ces dimensions du "mix" nous intéressent ici non pas du point de vue du spécialiste en marketing mais parce qu'elles influencent directement la différenciation et la compétition et donc indirectement les structures de marché et la performance. On ne reviendra pas ici sur la dimension prix de la stratégie marketing qui a déjà été longuement traitée.

16.2.1 Compétition au niveau du produit

Lorsque l'on parle de compétition au niveau du produit, on doit faire une distinction entre la compétition portant sur la qualité du produit et la compétition portant sur des éléments qui peuvent sembler accessoires au produit (empaquetage, design, couleur, etc.).

Un producteur peut essayer d'améliorer la qualité de sa fabrication de telle sorte que la clientèle potentielle soit attirée par ses produits. On notera qu'il ne suffit pas de vouloir améliorer le produit, faut-il encore que la chose soit possible. D'autre part, pour que cette stratégie ait un sens, il faut que l'argument de la qualité soit un argument de vente. Il faut aussi que cela soit perceptible par l'acheteur potentiel. Or, la notion de qualité pour beaucoup de produits n'est pas unidimensionnelle et la perception de la qualité par les ache-

---

(1)   En anglais les 4P: Price, Product, Place, Promotion.

teurs n'est pas uniforme. Comment par exemple définir la notion de qualité pour une automobile: est-ce le confort, la puissance du moteur, la tenue de route, la consommation ou la durabilité? Si toutes ces variables peuvent rentrer en ligne de compte au moment de l'achat, chaque consommateur va leur accorder une pondération différente.

Faire porter la compétition sur le produit, c'est aussi accorder de l'importance à d'autres éléments que la stricte qualité. Les améliorations ou les changements pourront porter sur le design du produit, sur la couleur, sur l'empaquetage ou sur la présentation. Ces changements peuvent paraître parfois secondaires mais ils répondent à un besoin de diversité du consommateur et sont souvent l'élément essentiel qui permettra à celui-ci d'identifier facilement le fournisseur.

Cette forme de compétition amène cinq remarques:

a) La compétition sur la qualité est d'autant plus utilisée qu'elle porte sur des produits dont les performances sont facilement repérables, mesurables et compréhensibles pour le consommateur. Elle risque de prendre de plus en plus d'importance avec la généralisation du ''consumerisme''.

b) Cette forme de compétition est la forme privilégiée pour les produits influencés par la mode ou pour lesquels les préférences et les goûts des consommateurs peuvent changer.

c) Les stratégies de prix et de produit ne sont pas indépendantes. Apprécier et mesurer l'importance des changements sur le produit nécessite de pouvoir les traduire en termes de prix; mais cela n'est généralement pas possible et ce d'autant moins que les changements portent sur des éléments intangibles (design, présentation).

d) La compétition sur le produit lui-même est-elle bénéfique pour le consommateur? On ne peut répondre de façon catégorique à cette question. La compétition peut être une source d'amélioration de la qualité du produit, mais sous la pression d'une concurrence en termes de prix, elle peut conduire à une diminution de la qualité.

e) Le choix que la firme risque d'être amenée à faire entre prix et qualité peut être à la source de la déconvenue des consommateurs, beaucoup plus qu'une ''désuétude technologique planifiée'' que l'on confond trop souvent avec l'évolution du design ou des efforts faits par les entreprises pour dater leurs produits.

16.2.2 Compétition au niveau des services, des conditions de vente et des circuits de distribution

La compétition entre les firmes au niveau des services et conditions de vente peut accompagner ou se substituer à une compétition en termes de prix ou à une compétition sur les produits. Elle se pratique tout aussi bien pour des produits industriels que pour des produits de consommation courante.

Les producteurs ou les vendeurs vont essayer d'augmenter leurs parts de marché en offrant par exemple un service après vente, un service d'entretien ou un système de garantie qui seront autant d'éléments permettant de les distinguer les uns des autres. Les conditions de paiement et de crédit qui diffèrent d'une firme à une autre sont également à classer dans ce type de différenciation. On y aura d'autant plus recours que ces services ou avantages constituent un argument de vente et correspondent à un besoin.

La compétition passe aussi par le choix des canaux de distribution. Un canal de distribution est caractérisé par sa **longueur** (c'est-à-dire le nombre d'intermédiaires entre le producteur et l'acheteur final) et le **type de couverture** visé par l'entreprise.

Un producteur choisira de faire distribuer son produit dans la mesure où la commercialisation ne correspond pas à sa "mission" et dans le mesure où il n'a pas de compétence distincte dans ce domaine. De plus, le producteur pourra renoncer à effectuer sa propre distribution parce que cela entraînerait une mobilisation de capitaux qu'il ne peut ou qu'il ne veut pas faire. On comprendra que cette présence ou non du producteur au niveau de la distribution va moduler la compétition qui s'exerce. On pensera simplement au cas de la distribution de l'huile à chauffage, où cohabitent les raffineurs et les distributeurs indépendants. Il est bien évident alors que le type et le degré de compétition sont imposés par les raffineurs.

Trois types de couverture sont possibles: la firme peut opter pour une **distribution intensive** en choisissant de placer son produit dans un grand nombre de points de vente. Elle peut préférer une **distribution sélective** en renonçant à certains distributeurs pour concentrer ses efforts de promotion sur les points de vente les mieux adaptés à ses produits. Elle peut enfin choisir une **distribution exclusive** en octroyant à un nombre très restreint de points de vente le droit de distribuer ses produits dans un secteur donné. On se souviendra que le choix du mode de distribution peut être à la base de la discrimination des prix et faciliter ce que l'on a appelé l'écrémage du marché[2].

Le choix du circuit, du mode de distribution et toutes les décisions s'y référant sont étroitement liés aux autres dimensions du "Marketing Mix".

16.2.3 Publicité et différenciation

La promotion (et plus spécifiquement la publicité) est des quatre variables du "Marketing Mix" celle qu'on associe le plus étroitement à la différenciation.

---

(2) Cf. chapitre 14.

La publicité est essentiellement un **moyen** utilisé pour réaliser les objectifs de la firme en termes de profit, en termes de volume de vente, mais surtout en termes de part de marché. Ceci se reflète dans les deux fonctions essentielles de la publicité: elle vise d'une part à **informer les consommateurs** des caractéristiques et de la disponibilité des produits ou services, elle vise d'autre part à créer des **préférences** pour les produits d'une marque plutôt que ceux d'une autre, pour un vendeur plutôt que pour un autre.

On comprend dès lors pourquoi les analyses de l'impact de la différenciation sur les structures et les comportements se résument le plus souvent à l'impact de la publicité; celle-ci étant par ailleurs mesurable et repérable, elle se prête beaucoup mieux à l'analyse que les autres formes de différenciation.

Plutôt que de s'intéresser au processus publicitaire qui n'est pas du domaine de l'économie de l'entreprise, on s'intéressera aux liaisons entre la publicité, les structures et les comportements.

16.3 CONSÉQUENCES DE LA DIFFÉRENCIATION ET DE LA PUBLICITÉ SUR LES COMPORTEMENTS ET LES STRUCTURES

16.3.1 Différenciation et fixation des prix

L'effet le plus immédiat de la différenciation de produits est le rétablissement d'une certaine liberté de fixation des prix là où le nombre de producteurs laisse supposer que les firmes doivent prendre le prix imposé par le marché. La préférence pour certains vendeurs résultant de la différenciation rétablit le "pouvoir de marché". Cette constatation n'est cependant pas suffisante pour pouvoir affirmer que la différenciation en général et la publicité en particulier vont augmenter lorsque dans une industrie diminue le degré de monopole. Autrement dit, on ne peut affirmer qu'il y a plus de publicité dans les industries où il y a un grand nombre de compétiteurs. En effet, on peut arguer que plus le nombre d'entreprises augmente et plus il y a de chance que la concurrence soit vive; ceci se traduit par une diminution des marges brutes, ce qui restreint d'autant les budgets publicitaires.

16.3.2 Différenciation et déterminants des structures

On rappellera ici ce qui a été dit au chapitre 13. Il existe de nombreuses économies d'échelle associées à la différenciation: elles résultent des coûts de production et de diffusion des messages publicitaires qui diminuent, en termes relatifs, avec l'importance de la campagne de promotion; elles résultent aussi du fait qu'il existe des tailles minimales d'efficacité pour les dépenses publicitaires.

Par ailleurs, on a signalé que la différenciation était l'une des principales barrières à l'entrée dans bien des industries.

16.3.3 Publicité et taille des entreprises

Dans une industrie donnée, quelles sont les entreprises faisant proportionnellement le plus de publicité, les grosses ou les petites? D'un côté, on pourrait penser que les grosses entreprises contrôlant les parts les plus importantes du marché ont moins besoin que les petites de faire de la différenciation; de l'autre côté, on peut penser qu'au contraire, pour obtenir et maintenir ces positions sur le marché, elles ont dû effectuer beaucoup de publicité et soutenir cet effort de promotion.

Et c'est le second argument qui semble être plus près de la réalité, tout au moins si on se base sur une étude faite aux États-Unis dans 41 industries. Comanor et Wilson [3] ont en effet trouvé que dans 31 de ces 41 industries le ratio de concentration de la publicité des quatre plus grosses entreprises était plus important que le ratio de concentration de leurs ventes.

16.3.4 Publicité et changements dans la concentration industrielle

La différenciation et la publicité ont-elles comme conséquence de faire augmenter la concentration industrielle? Cette question est largement débattue. Pour certains, du fait de la barrière à l'entrée que constitue la différenciation et du fait des économies d'échelle, il est inévitable que la publicité renforce la concentration. D'autres pensent au contraire qu'il n'est pas évident d'établir la relation causale entre la publicité et l'augmentation de la concentration dans certaines industries: on peut constater le phénomène sans pouvoir l'imputer à la publicité.

---

(3) COMANOR, W.S., WILSON, T.A. *Advertising and Market Power.* Harvard University Press, 1975.

ANNEXE A

Pour ou contre la publicité

La publicité est un phénomène qui a été largement étudié et sur lequel tout un chacun a des idées. Dans cette annexe, on présentera très brièvement une liste non exhaustive des avantages et inconvénients de la publicité. Cette liste devrait permettre de susciter une discussion critique sur le phénomène et d'apprécier sa signification dans le cadre de ce qu'on a appelé au chapitre 11 la "workable competition" et la performance.

Arguments en faveur de la publicité

1° La publicité joue un rôle d'information. Elle permet aux consommateurs d'être informés et de pouvoir a priori faire des comparaisons ou penser à faire des comparaisons. (Il faut néanmoins apprécier ce qui est informatif et ce qui est persuasif dans l'effort publicitaire.)

2° Un certain montant de publicité aide le consommateur à sélectionner les produits de qualité. La marque de commerce peut être un repère pour l'acheteur. Quand il ne connaît pas un produit, il peut se référer à une marque qu'il connaît.

3° Plus un produit est soumis à la publicité et plus le producteur sera obligé de maintenir des standards de qualité. Si une firme veut rester sur le marché, elle ne peut se permettre que très difficilement de ternir sa réputation.

4° La publicité est un vecteur d'innovation: elle fait connaître les nouveaux produits et stimule le développement et l'amélioration des produits.

5° On accorde comme bénéfice lié à la publicité, la capacité qu'elle accorde aux entreprises de tirer avantage des économies d'échelle: la publicité favorise la consommation de masse qui à son tour permet de produire à moindre coût.

6° La publicité est la seule arme dont dispose certains producteurs pour entrer en compétition quand les prix sont réglementés.

7° Elle permet à certains médias (journaux, radio et télévision) de survivre. Beaucoup d'activités culturelles ou sportives ne peuvent exister que grâce à la publicité. De plus, certains vont même jusqu'à dire que la publicité est un art en soi.

8° Les activités de promotion assurent des emplois à un pourcentage non négligeable de la population.

9° On avance enfin qu'il est, tout compte fait, positif de savoir que le rôle informatif ou persuasif attribué à la publicité est joué par une autre autorité que l'autorité politique qui garde le contrôle.

Arguments contre la publicité

1° La publicité représente un coût très élevé qui en dernier ressort est supporté par le consommateur. Si la publicité est synonyme d'information, ne paie-t-on pas très cher cette information (bien imparfaite)?

2° La publicité est attaquée au niveau de son contenu qui est jugé discutable, parfois faux ou n'éclairant qu'une partie de la vérité qui n'est pas toujours la plus importante.

3° La différenciation résultant de la publicité peut être tout à fait artificielle.

4° La publicité entraîne une distorsion des préférences des consommateurs en favorisant les effets de démonstration, d'imitation ou de snobisme, sans égard à la satisfaction des besoins.

5° La publicité limite la mobilité des consommateurs en créant et en renforçant leur fidélité à certaines marques.

6° Elle redonne au vendeur certains pouvoirs de monopole sans créer chez les consommateurs un pouvoir compensatoire.

7° Par ailleurs, ainsi qu'on a déjà eu l'occasion de le dire, elle est par elle-même une barrière à l'entrée.

8° Elle a un effet régressif en matière de redistribution de revenus. En effet, si le coût de la publicité est transféré aux consommateurs, elle a le même effet du point de vue de la redistribution des revenus qu'une taxe indirecte.

9° Enfin, on reproche à la publicité de véhiculer une idéologie, de n'être pas neutre politiquement. On pourra se référer à ce qui a été dit au chapitre 9 à propos de l'analyse de Chevalier.

ANNEXE B

La différenciation des produits: fondement de la compétition dans l'industrie de la cigarette

On reproduit ci-après un article décrivant certains aspects de la compétition sur le marché de la cigarette au Canada, au début de l'année 1982. En lisant cet article, on fera le rapprochement avec ce qui vient d'être dit au chapitre précédent sur la relation Marketing Mix – Différenciation – Compétition. On s'attachera particulièrement à ce qui a été présenté sur la compétition au niveau du produit (16.2.1). Par ailleurs, sur la base des informations contenues dans cet article, on essaiera de relever les éléments qui rapprochent l'industrie de la cigarette de l'oligopole, et ceux qui la rapprochent de la concurrence monopolistique (on se référera au chapitre 11).

*

Les légères insufflent un regain de vitalité à l'industrie de la cigarette[4]

Selon une estimation récente, trois millions de fumeurs canadiens auraient adopté les cigarettes "légères", à la suite des rapports faisant état des effets néfastes de la cigarette sur la santé. Dans ce contexte, la concurrence s'intensifie entre les quatre principaux fabricants de cigarettes au Canada, mais parallèlement les profits atteignent de nouveaux sommets. En tête de file, on retrouve l'Imperial Tobacco Ltd dont le siège social est à Montréal, avec ses marques bien connues telles que Player's, Du Maurier, Caméo, Peter Jackson, Matinée et Médaillon. Après avoir vu sa part de marché glisser de 54 à 37%, de 1960 à 1975, Imperial Tobacco a reconquis sa première position en s'attaquant au marché des cigarettes légères. Sa part du marché canadien de 67 milliards de cigarettes s'élève maintenant à 49%, ce qui représente une bonne longueur d'avance sur ses concurrents de Toronto, Rothmans of Pall Mall Canada Ltd et RJR-Macdonald Inc., lesquels détiennent respectivement 24 et 18% du marché. Au quatrième rang, Benson & Hedges (Canada) Ltd de Montréal s'assure 11% du marché.

Le marketing est la clé du succès d'Imperial Tobacco, selon Thomas Law, analyste chez Nesbitt Thompson. Il explique: «Dès les années 70, Imperial Tobacco savait que les gens commençaient à comparer les taux de nicotine et de goudron inscrits sur les paquets; la compagnie commença dès lors à réduire le contenu en goudron de ses cigarettes. Rapidement Imperial Tobacco envahit le marché avant ses compétiteurs avec des marques telles que Player's Light.»

Les analystes en marketing affirment que ce changement en faveur des cigarettes légères correspond à une évolution générale des préférences des

---

(4) "Tobacco Business Comes Back; Light Gives Firms New Life". *The Gazette.* 2 janvier 1982. (Texte traduit.)

consommateurs, comme en témoignent les succès de la bière légère, du vin blanc et des repas plus légers. Un analyste en marketing d'un fabricant de cigarettes confirme en disant: «Ce n'est pas vraiment que les gens sont de plus en plus conscients de leur santé, c'est tout simplement une préférence plus marquée pour des produits "légers".»

Mais, ironiquement, les fabricants eux-mêmes admettent que le terme "léger" est bien relatif. Avec 14 milligrammes de goudron, les Player's Light demeurent toujours des cigarettes relativement fortes, quoique plus légères que les Player's filtres qui contiennent 17 milligrammes de goudron.

Par ailleurs, pour certains, il n'existe pas vraiment d'évidence scientifique prouvant qu'un taux réduit de goudron et de nicotine diminue les risques pour la santé. Cependant, il est clair que les fumeurs préfèrent avoir le choix parmi plusieurs cigarettes ayant différents taux de goudron et de nicotine. Dans cette perspective, les fabricants ne font que répondre à leurs désirs, c'est du moins l'avis du directeur du marketing de l'Imperial Tobacco, Wayne Knox.

Knox énumère les différents facteurs ayant conduit l'Imperial au premier rang des fabricants de cigarettes: «Nous avons de bonnes marques qui disent quelque chose aux gens. Nous fabriquons des cigarettes d'une qualité exceptionnelle car nous dépensons $25 millions pour le contrôle de la qualité et nous avons une excellente équipe dirigeante. Mais le facteur le plus important, c'est notre profonde connaissance du marché.» L'étude et l'analyse du marché ne permettent pas seulement à Knox de différencier le fumeur typique de Du Maurier du fumeur typique des Player's Light, mais cela lui donne aussi les moyens d'associer le genre de client à la marque.

«Tout commence avec une bonne étude de marché», prétend Knox. «En Amérique du Nord, le consommateur a un vaste choix, que ce soit pour les cigarettes, la bière, les voitures ou les radios; le marché est très fragmenté. Nous sommes dans un marché de produits de marque. Ce qui compte c'est la "recette", l'emballage, le nom et l'image de marque. Votre paquet de cigarettes en dit long sur votre personnalité ou sur l'image que vous désirez projeter dans votre entourage», assure Knox. «Nous ne connaissons pas le type de papier de toilette que les gens utilisent ou la marque de chocolat qu'ils mangent à la maison. Mais les cigarettes sont un produit très personnel. Vous les emportez toujours et les utilisez 20 ou 25 fois par jour, souvent en présence d'autres personnes.»

Par conséquent, la loyauté à une marque de cigarettes est plus forte que pour la majorité des autres produits de consommation. Cependant, elle n'est pas suffisamment forte pour éviter les contrecoups des glissements qui se produisent sur le marché, car les goûts changent. Ainsi au début des années 70, les cigarettes ayant un goût très prononcé (telles que les cigarettes de marques Player's et Export "A") étaient toujours les plus vendues, alors que les cigarettes légères n'avaient pas encore fait leur apparition sur le marché.

Aujourd'hui, les cigarettes fortes sont en déclin alors que les cigarettes de marque Player's légères sont devenues les plus populaires.

Knox explique ses techniques de marketing comme suit: les Player's filtres attirent la clientèle masculine, relativement jeune, mais en moyenne un peu plus âgée et plus mature que celle qui fume les Export ''A'', que Knox qualifie d'ailleurs de cigarettes pour ''macho'' (conducteur de camion).

On prétend habituellement que lorsqu'un individu commence à fumer, il choisit les Export ''A'' pour montrer à quel point il est ''tough''. Puis, après la période de l'''adolescence'', il passe aux Player's. L'individu est alors plus autonome, il veut des cigarettes légèrement moins fortes, mais plus raffinées.

Le fumeur typique de Player's légères aime tout ce qui est suggéré par le nom de Player's, mais cherche à l'obtenir avec une cigarette plus douce.

Les Du Maurier, quant à elles, visent un autre marché: elle se veut une marque de distinction et cela se reflète par les commandites de la marque et le style de vie qui y est associé dans les campagnes publicitaires. Le fumeur de Du Maurier n'est pas aussi jeune et l'on ne vise pas prioritairement la clientèle masculine. Le fumeur de Peter Jackson est également plus âgé, plus mature et davantage attiré par des choses plus classiques et plus sophistiquées.

Imperial Tobacco a mis sur le marché neuf marques différentes de cigarettes légères depuis 1976 et toutes ont bien marché, selon Knox. Ceci se compare avec un taux de succès moyen de 20% pour la plupart des produits empaquetés en Amérique du Nord.

Les ventes d'Imperial Tobacco pour le premier semestre 1981 ont augmenté de 19% soit $549.3 millions, tandis que les bénéfices d'opérations croissaient de 29% pour un total de $73.7 millions. Et les Player's légères contribuent pour une large part à ces profits, les Du Maurier connaissent également un succès persistant.

Classement des marques Parts du marché de la cigarette au Canada (novembre 1981)	
	(%)
Player's légère (régulier)	9.40
Export ''A'' (régulier)	9.36
Player's filtre (régulier)	6.59
Du Maurier (régulier)	6.37
Rothmans King Size	6.33
Du Maurier King Size	5.81
Craven A King Size	3.18
Rothmans Spécial	2.58
Craven A (régulier)	2.32
Matinée Extra	2.29

Rothmans et les autres concurrents se préparent à répliquer

Depuis que la publicité pour les cigarettes a été bannie de la radio et de la télévision en 1971, Imperial Tobacco et ses concurrents ont dû se replier davantage sur des médias tels que les revues, les journaux et le parrainage d'événements sportifs ou culturels pour atteindre le public.

Cette année, l'Imperial a parrainé le Peter Jackson Canadien Open, la Classique de golfeurs féminins Peter Jackson, ainsi que le championnat international de tennis pour hommes et femmes de Player's. C'est une pratique très onéreuse pour maintenir l'image de la compagnie.

Mais les concurrents de l'Imperial Tobacco ne restent pas passifs devant le succès de cette dernière. Rothmans of Pall Mall Canada Ltd, son plus grand rival, est prêt à répliquer, comme l'explique Robert Hawkes, le président exécutif de Rothmans: «Traditionnellement, Rothmans a surtout fabriqué des "king size". Pour nous, c'est une question de persuader les gens des avantages de continuer à consommer les "king size", car nous sommes persuadés que c'est un meilleur produit.»

Les ventes annuelles de Rothmans (dont les principales marques incluent Rothmans, Craven A et Dunhill) totalisaient $419 millions au 31 mars 1981, mais selon l'analyste Thomas Law la société a connu une faible croissance récemment.

Hawkes admet que la part de marché de Rothmans est stagnante. Les cigarettes de la compagnie qui se vendent le mieux demeurent les Rothmans king size qui attirent la crème des consommateurs: plus raffinés que les fumeurs de Player's légères, ils ont également plus de 25 ans.

Les Rothmans sont aussi disponibles en cigarettes légères et très légères, même si l'on a tardé à pénétrer le marché des cigarettes légères. Il est ironique de rappeler que c'était Rothmans qui devançait Imperial Tobacco, lorsqu'au cours des années 60 les cigarettes filtres envahirent le marché. Maintenant que les légères sont en vogue, la vapeur a été renversée.

Toutefois, Hawkes n'est pas convaincu que les cigarettes légères continueront d'attirer les consommateurs. Des études faites aux États-Unis démontrent que de jeunes fumeurs reviennent maintenant à des marques plus fortes (telles que Camels). Ce phénomène pourrait se produire aussi au Canada.

Les efforts de Rothmans pour développer de nouveaux marchés sont contrecarrés, selon Hawkes, par des coûts élevés pour lancer une nouvelle marque sur le marché. La plupart des compagnies aux États-Unis ou au Canada préfèrent lancer des "extensions" de marques déjà existantes, plutôt que de dépenser des sommes importantes pour la promotion d'une nouvelle marque.

Cependant, Benson & Hedges (Canada) Ltd semble infirmer ces tendances. La cigarette "Accord", lancée dernièrement par Benson & Hedges, est probablement l'un des plus grands succès de nouvelles marques au Canada depuis plusieurs années, avec une part de marché approchant 1%. «C'est la première cigarette ultra-douce avec tout le goût du tabac», affirme un porte-parole de Benson & Hedges.

Ce succès a encouragé cette firme dont la part de marché est de 11% à s'attaquer au segment de marché des cigarettes légères. À vrai dire, sa marque la plus vendue (Mark Ten) n'a pas connu dernièrement une très grande croissance.

La compagnie RJR Macdonald Inc., un autre fabricant important de cigarettes qui contrôle 18% du marché, tente présentement de diversifier sa production en marge du succès de ses Export "A". Elle fait la promotion de marques plus légères telles que la cigarette Vantage. Selon un directeur des relations publiques de Macdonald, la cigarette Vantage «est un produit visant la clientèle plus urbaine, plus "réfléchie" et les fumeurs introspectifs».

La bataille effrénée pour le dollar des fumeurs ne montre aucun signe de relâchement. En fait, la chaîne de supermarché Loblaw en Ontario a commencé à vendre des cigarettes sans marque au prix de 89¢ le paquet de 20 cigarettes "king size" (comparativement à $1.65 pour un paquet de 25 cigarettes "king size" au Québec). Elles sont fabriquées par Bastos du Canada ltée dans la région de Louiseville au Québec.

Que ce soit simplement un nuage de fumée ou une menace potentielle pour les principales marques de cigarettes, cette apparition des cigarettes sans nom est bien la preuve que décidément on est prêt à jouer sur tous les tableaux pour s'assurer un avantage concurrentiel dans ce marché particulièrement compétitif.

ANNEXE C

La défense de la marque de commerce

L'article qui suit est une illustration des raisons pour lesquelles une compagnie décide de protéger son nom et sa marque de commerce. On aura l'occasion de vérifier l'importance rattachée à l'image de marque. Le dernier paragraphe fait référence à des cas célèbres aux États-Unis (en particulier les cas de la cellophane et du nylon) qui ont servi de base à la protection systématique de la marque de commerce. En lisant cet article, on fera les rapprochements avec ce qui vient d'être dit dans le chapitre précédent, et l'on s'efforcera de trouver des exemples concrets dans lesquels se manifeste de nos jours le même souci de protection.

*
* *

Utilisez n'importe comment le nom Rolls-Royce et vous avez toutes les chances de vous faire poursuivre[5]

Avocat britannique, M. Lewis Gaze, âgé de 32 ans, est conseiller juridique chez Rolls-Royce; une de ses tâches est de s'assurer que le nom de la célèbre voiture de luxe n'est pas entaché par quelque entreprise bassement mercantile!

Environ 700 fois par an, L. Gaze fait face à des situations à travers le monde entier dans lesquelles des producteurs utilisent l'appellation et les symboles biens connus de la firme britannique (la grille en forme de temple, la Victoire Ailée du capot, l'insigne et les deux R entrelacés).

Qu'il ait choisi tout simplement d'écrire en demandant à l'''emprunteur'' de cesser sa publicité et son utilisation frauduleuse, ou qu'il ait choisi de poursuivre ou menacer de le faire devant les tribunaux, M. Lewis Gaze a une fiche immaculée: pas un seul revers. Noblesse oblige!

Ainsi, Rolls-Royce a réussi par le passé à empêcher certains manufacturiers de sortir eux aussi des soi-disant Rolls-Royce. Des fabricants de pièces détachées offrant des assemblages sur mesure permettant de transformer une Volkswagen ou une Chevrolet en Rolls-Royce n'ont pas été plus heureux. L. Gaze et ses collègues ont également réussi à faire cesser des campagnes publicitaires dans lesquelles certains produits étaient présentés comme les Rolls-Royce de la chaussure, des caméras, des valises et des projecteurs. Pas plus de chance pour la Rolls-Royce des T-shirts, la Rolls-Royce des fauteuils de dentistes ou la Rolls-Royce des films pour adultes. Une fois même, on a été jusqu'à empêcher un prétendu gigolo de se faire appeler le Signor Roly-Royce!

---

(5) ''Take the Rolls-Royce name in vain and this man will sue''. *The Gazette.* 17 décembre 1981. (Texte traduit.)

L'importance du nom

Enfoncé dans un fauteuil moelleux dans la salle d'exposition de Rolls dans Upper East Side à Manhattan, L. Gaze fait remarquer que «le nom Rolls-Royce a toujours été associé au luxe et à ce qu'il y a de meilleur dans n'importe quel domaine».

À vrai dire, qui pourrait en douter quand on sait que la moins chère des voitures à l'entour se vend pour $109,000 et quelques cents!... «Certains pensent qu'on peut vendre n'importe quoi à un prix plus élevé en prétendant que c'est la Rolls-Royce de ceci ou de cela», poursuit Gaze. Mais la compagnie est vigilante et le but de la visite aux États-Unis du conseiller légal de la maison mère est justement de rappeler aux concessionnaires américains d'ouvrir l'oeil.

Cependant, ne craignez rien si vous avez transformé votre Volkswagen ou votre Monte Carlo en Rolls-Royce, à l'aide d'un ''kit'' avant que ceux-ci n'aient été retirés du marché: la compagnie ne poursuit que les fabricants et non les individus.

Par ailleurs, la compagnie permet aux fabricants de modèles réduits d'utiliser les symboles et accessoires de la marque, pour autant cependant que cela ne donne pas l'impression d'être de la pacotille à bon marché. Dans le même esprit, on pourra placer dans certaines publicités une Rolls-Royce dans le décor, pour autant que ce soit clairement un symbole de réussite.

Protéger le nom et la marque de commerce

L. Gaze souligne combien il est important pour Rolls-Royce de défendre son nom et ses symboles afin de ne pas les perdre: «Si n'importe qui peut prétendre que son produit est la Rolls-Royce de ceci ou de cela, notre nom inévitablement va devenir un nom commun et la propriété exclusive que nous en avons et qui au fond est précieuse sera perdue à tout jamais.»

Et justement, c'est exactement ce qui est arrivé dans les cas suivants: aspirine, linoléum, cellophane, escalator et nylon. Ce sont autant de noms qui auraient pu être des marques de commerce exclusives, mais les premiers fabricants n'ont pas su les protéger. Il faut bien convenir qu'en fait Rolls-Royce n'est pas la seule compagnie à être ainsi active dans ce domaine. D'autres firmes ne ménagent pas leurs efforts pour protéger leur nom; on pourrait citer Coke, Levis, Thermos, Kleenex, Frisbee et Xerox.

Quelques chiffres sur la publicité

-1-

On estime qu'en 1986, le total des dépenses publicitaires au Canada était de 7,3 milliards de dollars, alors qu'il n'était que de 2,6 milliards en 1977.

-2-

C'est la télévision qui absorbe la majeure partie des dépenses publicitaires au Canada comme en témoigne le tableau suivant:

Choix du support publicitaire

Support publicitaire	1976	1986
Télévision	44.3 %	58.4 %
Radio	13.5 %	7.8 %
Périodiques et journaux	36.1 %	27.1 %
Affichage	3.0 %	3.9 %
Autres	3.1 %	2.8 %
Total	100 %	100 %

-3-
Liste des 25 annonceurs les plus importants au Canada en 1989

Rang	Annonceur	Dépenses (en millions de $)
1	Gouvernement du Canada	76.0
2	Proctor and Gamble	61.3
3	General Motors du Canada	56.7
4	Unilever	46.9
5	John Labatt	44.7
6	Kraft General Foods	44.1
7	Cinéplex Odéon	43.3
8	Paramount Communications	42.5
9	Restaurants McDonald's du Canada	34.8
10	R.J.R.	33.4
11	Gouvernement de l'Ontario	30.9
12	Brasseries Molson	28.6

13	Chrysler Canada	28.3
14	Entreprises Bell Canada	27.1
15	The Molson Companies	26.7
16	The Thomson Group	26.4
17	La Compagnie Impériale	26.3
18	Kellogg Canada	25.4
19	Pepsi Co.	25.1
20	Coca-Cola	24.8
21	P.W.A. Corporation	24.7
22	Sears	22.0
23	Ford Motor du Canada	21.5
24	Gouvernement du Québec	21.3
25	Imasco	20.2

Source: Marketing, 26 mars 1990

CHAPITRE **17**

RECHERCHE - DÉVELOPPEMENT,

INNOVATION ET COMPÉTITION

Les structures, les comportements et la performance ne sont pas indépendants des conditions de base qui existent dans une industrie[1]. Parmi ces conditions de base, le contexte technologique joue un rôle primordial puisqu'il détermine tout à la fois les conditions d'entrée dans l'industrie, les caractéristiques de la production, et joue donc un rôle de déterminant sur les structures du marché. Mais de plus ce contexte technologique est vecteur de changement: il préside à l'évolution, favorise l'apparition de produits, de procédés, et parfois de firmes et de marchés mais il explique également leurs régressions, leurs effacements et leurs disparitions. La technologie et l'innovation sont dès lors des éléments à part entière de la compétition contemporaine.

17.1 RECHERCHE - DÉVELOPPEMENT ET INNOVATION

17.1.1 Définition

On a parlé de technologie, de changements, d'innovations. Il y aurait peut-être avantage à préciser les choses. Il faut tout d'abord faire la distinction fondamentale entre ce qu'est une invention et ce qu'est une innovation.

Une invention est une découverte d'un produit, d'un procédé, d'une technique nouvelle: elle résulte d'une véritable création et ouvre de nouvelles possibilités, de nouvelles connaissances; elle peut aussi venir compléter ce qui était déjà connu dans un domaine donné. Une invention dès lors peut avoir une utilité immédiate ou non, peut se traduire par des applications à la résolution de problèmes précis ou vient tout simplement augmenter le volume de connaissances. De ce point de vue donc toute invention n'a pas automatiquement des utilisations en termes de production de fabrication ou d'échange.

---

(1) Cf. chapitre 11.

Passer du stade de l'invention au stade de l'utilisation effective, de l'échange et donc du marché, c'est innover. Au sens économique du terme, il y a donc innovation chaque fois qu'une invention, une découverte s'est matérialisée par l'apparition d'un nouveau procédé, d'un nouveau produit (ou même d'un nouveau service) dont la capacité à satisfaire un besoin est effectivement testée, le plus souvent par le marché.

Du point de vue de l'économie de l'entreprise, ce qui est intéressant c'est d'analyser les conditions d'apparition des innovations, les facteurs ou structures qui les favorisent et les conséquences qu'elles vont avoir sur le comportement des entreprises. Il y a lieu cependant d'être un peu plus explicite sur le processus d'apparition des innovations.

17.1.2 Le processus d'apparition des innovations

Les innovations n'apparaissent pas de façon automatique et régulière pour venir stimuler la croissance économique en général et les activités des entreprises en particulier. Elles sont en fait le résultat de tout un processus. S'il est évident que chaque innovation suit un cheminement qui lui est propre, on peut s'efforcer néanmoins de schématiser les différentes étapes du processus d'innovation. C'est ce qu'on a fait dans la figure 1, en pensant au processus type d'une innovation se traduisant par l'apparition d'un produit nouveau[2].

Dans ce processus, il y a trois étapes, ou si l'on veut trois niveaux de décisions successifs.

La première décision, c'est celle qui consiste à **décider d'engager des dépenses** de recherche et de développement. Il n'y a pas de génération spontanée des innovations: elles trouvent de nos jours leur source dans l'ensemble des activités de recherche et développement. On inclut généralement dans la définition de la "R et D" toutes les dépenses de recherche fondamentale et de recherche appliquée et toutes les activités visant à la mise en oeuvre de nouveaux produits et de procédés. Certaines de ces activités portent fruit et débouchent sur des inventions.

C'est à ce stade que se situe la deuxième décision qui est la **décision d'entreprendre.** Parmi toutes les inventions, certaines présentent pour la firme un intérêt; elles peuvent soit aboutir à la création d'un nouveau produit, soit contribuer à une amélioration d'un produit existant, soit permettre la mise en place d'un nouveau procédé de fabrication qui réduirait le coût de fabrication. Cependant il faut tester si l'invention peut se matérialiser. Mais à ce stade une deuxième décision a donc été prise, on est passé du stade de la découverte scientifique et technique au stade où l'on envisage l'utilisation et ultérieurement la commercialisation. C'est à ce niveau que se situent les

---

(2) Plusieurs séquences ont été proposées entre autres par Schumpeter. On pourrait les retrouver dans SCHERER, *op. cit.* p. 350 et suivantes. On peut également consulter SAINT-PAUL, *Recherche et Développement*. Dunod, 1966 et MAUNOURY, J.L. *La Genèse des innovations*. PUF, 1968.

FIGURE 1:   Processus d'apparition d'une innovation

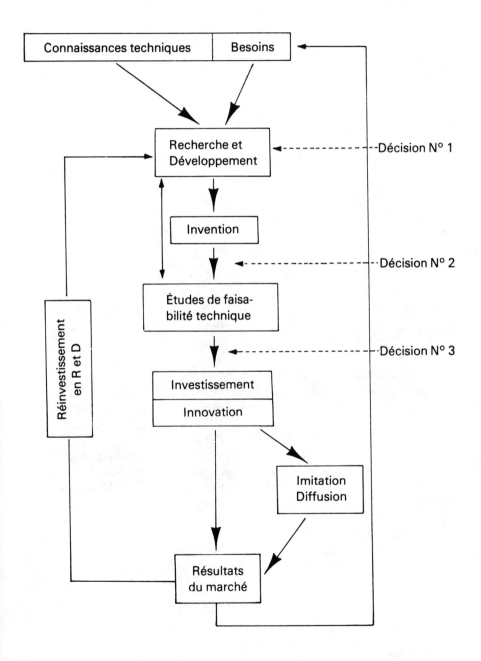

études de faisabilité technique; il existe en effet bien souvent une marge considérable entre l'étude de laboratoire et la production à l'échelle industrielle. Des résultats de cette étape va dépendre la décision suivante.

Cette troisième décision, c'est la **décision d'innover**. À ce stade, on passe à la réalisation. S'il s'agit d'une innovation de produit plutôt que de procédé, la décision sera précédée d'une estimation des chances de succès commercial. Plus la firme est importante et plus augmentent les chances que ceci se fasse par l'intermédiaire d'études de marché sophistiquées pouvant aller jusqu'à la fabrication de pré-séries et l'élaboration de tests d'acceptation du produit. Toujours est-il que cette troisième décision sera caractérisée par l'investissement. C'est à ce stade que la firme se commet et c'est alors qu'elle saura quel est le degré de réussite de l'innovation.

17.2 STRATÉGIES DES FIRMES FACE AU PROGRÈS TECHNOLOGIQUE

Les entreprises de fabrication peuvent avoir différents comportements face au progrès technologique. Certains auteurs[3] ont proposé une typologie des entreprises en fonction de leur attitude face au progrès technologique. En fait, les entreprises peuvent être classifiées en 5 types.

17.2.1 La firme traditionnelle

La firme traditionnelle n'innove pas et ne sent pas le besoin d'innover. Son produit est standard et elle opère dans un secteur industriel peu développé (ex.: boulangerie, meunerie) où la concurrence et la clientèle ne l'y incitent pas. La firme traditionnelle ne possède pas non plus la capacité technique et scientifique d'innover, ce qui l'empêche d'autre part de modifier ses produits. Les compétences de ce genre de firmes se limitent à quelques cadres subalternes, techniciens et professionnels, de formation plutôt générale. La firme traditionnelle n'a que peu ou pas de potentiel de développement technique.

17.2.2 La firme dépendante

L'innovation technologique chez la firme dépendante est pratiquement inexistante. Lorsqu'il y a lieu, elle vient en réponse à une demande expresse formulée par sa clientèle ou par la société mère (dans le cas où la firme dépendante est une filiale). Mais d'elle-même la firme dépendante ne prend aucune initiative pour apporter des modifications techniques à son produit ou à ses procédés de fabrication. Elle n'entreprend aucune activité de recherche et développement. En tant que "satellite", elle s'inspire du savoir-faire et suit de loin les techniques des firmes innovatrices. Les firmes dépendantes font partie

---

(3) FREEMAN, C. *The Economics of Industrial Innovation*.
     et
     BRITTON, J.-N. et GILMOUR, J.-M. *Le maillon le plus faible: l'aspect technologique du sous-développement industriel du Canada*. Conseil des sciences du Canada. Étude n° 43, 1980.

des secteurs industriels où le processus de production est devenu standardisé. Également, dans cette catégorie sont souvent incluses les petites entreprises de secteurs industriels intensifs en capital (ex.: fabrication de véhicules automobiles). Pour suivre de loin les innovations technologiques, la firme dépendante doit quand même posséder des compétences en organisation scientifique du travail, en évaluation de projets, en gestion et organisation industrielle. Son potentiel de développement technique se résume à l'élaboration et à l'évaluation de projets d'investissement.

17.2.3 La firme imitatrice

La firme imitatrice adopte avec un léger décalage la technologie des leaders dans l'industrie, généralement en se procurant les brevets ou licences émises par ces leaders. Souvent, elle adapte la technologie importée à ses propres besoins. La firme imitatrice tente aussi d'améliorer ses techniques de fabrication afin de pouvoir rivaliser avec les firmes leaders, à moins qu'elle ne soit déjà assurée d'une clientèle privilégiée ou d'avantages concurrentiels au niveau des coûts de production. En adaptant et en améliorant ainsi la technologie développée ailleurs, la firme imitatrice favorise l'augmentation de sa productivité. Elle se manifeste surtout dans la phase de croissance du cycle du produit.

Pour déployer une stratégie d'imitation, une firme doit posséder les ressources en capital et une main-d'oeuvre spécialisée qui lui permettent d'adapter les techniques (services d'experts-conseils, de dessin industriel) et d'améliorer ses produits. En somme, la firme imitatrice doit être en mesure d'effectuer la R et D nécessaire pour modeler la techonologie étrangère à ses besoins. C'est là que réside son potentiel de développement technique.

17.2.4 La firme progressiste (défensive)

La firme progressiste adopte également la technologie du leader de l'industrie, mais cette fois le plus rapidement possible. Tout en cherchant à conserver sa part du marché (aspect défensif), son but est de rattraper l'avance du leader et même de le dépasser en adaptant et en améliorant ses techniques acquises. La firme progressiste doit donc être en mesure d'accomplir un effort de recherche et développement pour déployer de nouvelles techniques et différencier son produit. Mais parfois il lui manque l'originalité ou la capacité de mise en marché qui lui permettrait d'innover et de devancer le chef de file en matière de technique industrielle.

17.2.5 La firme novatrice (offensive)

La firme novatrice est la première à lancer sur le marché de nouveaux produits et de nouvelles techniques de fabrication. Elle vise à maintenir sa position de leadership technologique dans l'industrie. Pour ce faire, elle doit concevoir, expérimenter et mettre en marché des produits et des techniques nouvelles. La stratégie novatrice nécessite un important effort de recherche et développement qui doit déboucher sur une idée originale et être orienté vers la recherche appliquée (mise à l'essai de prototypes ou d'usines-pilotes, etc.).

Selon M. Freeman, une même firme peut, au cours de son évolution, adopter différentes stratégies face au progrès technologique. Ainsi, les unes, traditionnelles au départ, pourraient modifier graduellement leur comportement jusqu'à devenir des firmes novatrices. Les autres, de profil novateur ou progressiste, pourraient suivre le chemin inverse. Enfin, à l'intérieur d'une même firme de taille relativement grande, diverses stratégies pourraient être également adoptées par les différentes divisions.

17.3 RECHERCHE, INNOVATION ET STRUCTURES DE MARCHÉ

Ayant présenté le processus d'innovation, tâchons de voir l'impact de ce phénomène sur certaines dimensions des industries.

17.3.1 Recherche, innovation et taille

Tout d'abord, les changements technologiques, le progrès technique et l'innovation sont-ils surtout le fait des grandes entreprises? Cette question est fort débattue et on ne pourra y répondre de façon catégorique: on présentera seulement quelques éléments à prendre en considération.

Il y a, dans un premier temps, des raisons de croire que les grandes entreprises sont avantagées dans les activités de recherche et dans le processus d'innovation.

a) Le coût de la recherche est souvent très élevé et seules les firmes de grande taille, dit-on, peuvent dégager les budgets suffisants pour se lancer dans l'investigation scientifique de certains domaines. En particulier, seules les grandes firmes peuvent supporter des activités de recherche fondamentale, les entreprises de petite taille devant se cantonner dans le domaine de la recherche appliquée.

b) On avance par ailleurs que l'invention ne pouvant être programmée et planifiée, il en résulte que la recherche est une activité **risquée** et que seules les grandes entreprises peuvent supporter ce genre de risque.

c) On admet généralement qu'il existe des **économies d'échelle dans la recherche** et le développement[4].

d) Les grandes entreprises seraient plus poussées que les petites à se lancer dans les études portant sur l'amélioration des procédés car

---

(4)   Cf. chapitre 13.

les bénéfices pouvant en résulter sont plus grands puisque les innovations seront utilisées à la production de plus grandes quantités.

e) Enfin, on avance également que la grande entreprise bénéficie d'un avantage certain lorsqu'il s'agit de passer de l'étape de la faisabilité technique à l'étape de la mise en marché. Les risques de la diffusion d'un nouveau produit sont plus facilement supportables pour la grande entreprise qui ne joue pas son existence sur la réussite ou l'échec de cette commercialisation. D'autre part, un nouveau produit peut bénéficier de son invention dans la gamme des produits déjà offerts et tirer avantage des effets d'entraînement de marques de commerce connues et largement publicisées.

Cependant, d'autres facteurs viennent limiter ces avantages de la grande entreprise et tendent à expliquer pourquoi les petites firmes ne sont pas systématiquement désavantagées.

a) Tout d'abord, même dans les domaines de pointe, on peut se rendre compte que la recherche peut être facilement fragmentée et qu'en particulier la recherche appliquée se prête bien à ce morcellement. On cite à ce propos l'industrie de l'électronique où une multitude de petites firmes se développent dans un domaine où la maîtrise de la technologie est l'essence même de la compétition.

b) Ceci explique en grande partie que dans bien des industries le **seuil minimal de rentabilité** de la recherche est plus faible qu'il ne paraît a priori. De plus, si la recherche est une activité risquée, des progrès énormes ont été faits dans l'évaluation des projets de recherche, ce qui a eu pour effet de réduire, ou tout au moins, de mieux apprécier le risque.

c) Les activités de recherche et de développement ne sont pas exemptes de déséconomies d'échelle. La pratique montre en effet que l'augmentation de la taille des laboratoires s'accompagne d'une augmentation de la bureaucratie. Certains chercheurs se plaignent de passer trop de temps à la défense des budgets par rapport à la recherche proprement dite.

d) Dans le même ordre d'idée, une petite firme bénéficie de souplesse pour répondre à un besoin repéré sur le marché.

e) Enfin, les observations montrent que les scientifiques ne recherchent pas systématiquement les grandes entreprises et préfèrent parfois les petites équipes aux grands laboratoires.

*

Les études quantitatives qui ont pu être faites sur le domaine doivent être interprétées avec prudence. Elles mettent néanmoins en lumière les traits suivants:

a) Il y a de fortes différences d'un secteur à un autre dans la liaison entre la taille, la recherche et l'innovation.

b) Il apparaît néanmoins que les budgets de recherche sont assez fortement concentrés entre un nombre restreint de firmes de grande taille.

c) Au niveau des résultats de la recherche, peu de conclusions systématiques peuvent être tirées. En particulier, il n'y a pas de relation entre le nombre de brevets déposés et la taille des firmes. Mais on conviendra aisément que cette mesure de la "performance" n'est pas bien bonne, car toute innovation n'a pas la même importance et parce que dans certains cas les grandes entreprises pouvant produire elles-mêmes les nouveaux produits ou utiliser les nouveaux procédés vont préférer garder ces secrets de fabrication plutôt que de les divulguer.

17.3.2 Impact sur la compétition

Plusieurs éléments sont à considérer si l'on s'intéresse à l'impact de la recherche et de l'innovation sur le fonctionnement du marché.

a) Tout d'abord la recherche peut limiter l'entrée sur certains marchés et son résultat, l'innovation, instaure des barrières à l'entrée. En effet, il sera d'autant plus difficile pour une firme de faire une percée dans un secteur, si la seule chance de réussite est de se lancer dans des activités de recherche et de développement dans un domaine où elle ne dispose pas de compétence distinctive. Et par ailleurs, les fruits de la recherche limitent l'entrée: on se souviendra que les brevets de fabrication ont été identifiés comme des facteurs prévenant l'arrivée de concurrents potentiels[5]. De la même façon, les progrès au niveau des procédés de fabrication peuvent se traduire par des avantages en matière de coûts pour les firmes en place.

b) Il existe une liaison entre la concentration industrielle et la recherche. Les études tendent à montrer en effet qu'il se fait plus de recherche dans les secteurs les plus concentrés. Cependant, l'établissement de la liaison causale est difficile et de plus il est délicat de faire une distinction entre ce qui doit être attribué à la concentration industrielle et ce qui doit être attribué à la taille, puisque, comme on a eu déjà l'occasion de le dire, taille relative et taille absolue vont souvent de pair.

---

(5) Cf. chapitre 13.

c) L'innovation renforce-t-elle le pouvoir des firmes sur le marché? On serait tenté de répondre affirmativement puisqu'elle crée des barrières à l'entrée, et qu'elle peut renforcer ou établir une certaine différenciation.

Cependant, ici aussi il faut être prudent puisque l'innovation est par essence un facteur de changement. La maîtrise d'une technique de production inusitée, l'apparition d'un nouveau produit et le contrôle de nouveaux procédés de fabrication sont autant d'éléments qui peuvent modifier les rapports de force à l'intérieur d'une industrie. L'évolution technologique peut être le biais par lequel sont remises en cause les positions acquises sur les marchés.

CHAPITRE **18**

DIVERSIFICATION, ACQUISITIONS

ET CROISSANCE

On ne peut dissocier l'entreprise du système économique dans lequel elle s'insère et ce système a été caractérisé, depuis la Révolution industrielle, par une augmentation considérable de la production et de la consommation. Même si cette augmentation n'a pas été uniforme dans le temps et qu'elle a offert des périodes d'accélération, suivies de périodes de ralentissement et même de recul, il reste qu'en moyenne l'économie dans son ensemble a progressé de façon prodigieuse depuis deux siècles ; et le moteur essentiel de cette progression a été l'entreprise.

Lorsque l'on a présenté la firme, ses composantes et ses objectifs, on a abordé brièvement le problème de la croissance. Cette croissance peut être un objectif en soi pour l'ensemble de l'organisation, ou peut être le moyen choisi par ceux qui dirigent et contrôlent l'entreprise pour atteindre les buts qu'ils poursuivent. Que la croissance soit une fin ou un moyen est une question intéressante, mais tout aussi important est de constater que la croissance est une réalité que vit l'entreprise ; elle explique et modifie ses comportements, elle explique et modifie les structures dans lesquelles elle évolue et elle sert d'étalon et d'appréciation pour ses performances. Ainsi, s'intéresser à la croissance de l'entreprise, c'est s'intéresser essentiellement aux mutations qui caractérisent son évolution dans le temps.

Dans ce dernier chapitre, on abordera donc les aspects essentiels de la croissance, en voyant comment elle se présente et en analysant ses conséquences.

18.1 LA CROISSANCE ET SES MODALITÉS

18.1.1 Définition et repérage

Il y a lieu tout d'abord de préciser ce qu'est la croissance.

a)   La croissance peut être définie comme le processus d'augmentation de la taille de l'entreprise dans le temps. Il existe plusieurs façons de décrire la taille de l'entreprise. On peut choisir de la mesurer à l'aide de flux (les ventes, l'emploi, la valeur ajoutée ou même les profits) ou à l'aide de ''stocks'' (actifs, capital, etc.).

En fait, pour dissocier les phénomènes temporaires (dus à la conjoncture économique ou aux mouvements saisonniers), il est nécessaire de prendre une période assez longue si l'on veut vraiment mesurer l'augmentation de la taille de l'entreprise et donc la croissance. Sur une longue période, le choix de l'instrument de mesure de la taille importe moins, mais il apparaît que la réalité de la croissance est mieux rendue si l'on utilise au moins deux de ces instruments, l'un étant un flux (chiffre d'affaires par exemple), l'autre un stock (total de l'actif par exemple). Ceci est d'autant plus nécessaire que des comparaisons seront faites entre entreprises oeuvrant dans des secteurs différents et ayant donc des ratios chiffre d'affaires/capital peu comparables.

b) Plus que la croissance absolue de la firme, ce à quoi l'on doit s'attacher, c'est à la croissance relative et donc au **taux de croissance**. Les changements sont importants mais la vitesse avec laquelle ils s'opèrent est plus révélatrice du dynamisme de l'entreprise et de sa capacité d'adaptation. La remise en cause des positions acquises sur un marché sera d'autant plus rapide que ce marché est en forte expansion. De la même façon, la transformation interne de la firme dépendra essentiellement de son taux de croissance.

c) Lorsque l'on parle de croissance mesurée par l'augmentation du chiffre d'affaires ou de la valeur ajoutée, très souvent on associe cette notion à l'augmentation des capacités de ses unités de production. Ceci revient à assimiler croissance de la firme et croissance des usines, des établissements. Mais en fait, dans la vie d'une entreprise, la croissance doit être saisie au niveau de **la firme dans son ensemble**. Elle peut en effet passer par un changement de la mission de la firme, par l'abandon de ses activités originelles et même par une réduction de son personnel. Ainsi, plus que les critères de stock et de flux invoqués précédemment, ce qui importera c'est l'évolution du pouvoir de la firme, c'est l'augmentation du **contrôle** qu'elle exerce.

18.1.2 Les voies de la croissance

La vie de chaque entreprise est caractérisée par des modes de développement qui lui sont propres. Cependant, il est possible de repérer des formes et des voies de croissance qui sont suffisamment générales pour schématiser l'évolution de la plupart des entreprises. Ces formes et ces voies sont du domaine de la stratégie de l'entreprise[1]. Les firmes ont ainsi recours à trois formes de croissance :

---

(1) Cf. chapitre 10.

- **la concentration horizontale**: selon ce mode, les firmes augmentent leurs activités dans leur domaine de compétence initial, que cette augmentation soit le résultat d'un gonflement général des marchés ou d'une appropriation d'une part plus importante de ceux-ci;

- **l'intégration verticale**: selon ce mode, les firmes participent à de nouvelles activités, en amont ou en aval de leurs activités originelles.

- **la diversification**: selon ce mode, les firmes s'adjoignent de nouvelles activités ayant des liens communs ou non avec leurs activités originelles.

Quant aux modalités de cette croissance, les firmes dans leur évolution choisissent parallèlement ou concurremment d'évoluer par **croissance interne** ou par **croissance externe**. Dans le premier cas, la firme par le biais de l'investissement augmente ses capacités de production, ajoute de nouvelles lignes de produits ou se lance dans des domaines nouveaux. Dans le second cas, cette expansion se fait par l'acquisition de firmes déjà en place par le biais d'absorption ou de fusion.

On comprendra qu'il ne faut pas confondre croissance interne et externe d'une part et financement interne et externe d'autre part. Il est tout à fait possible en effet qu'une firme génère beaucoup de fonds internes et acquiert d'autres firmes grâce à l'autofinancement alors que dans une autre situation, une autre firme développera elle-même ses activités tout en ayant recours au financement externe.

De la même façon, on ne peut associer l'une des trois formes de croissance (concentration horizontale, intégration verticale ou diversification) à l'une ou l'autre des modalités de croissance (interne ou externe).

18.1.3 L'apparition des conglomérats

Les possibilités offertes par la croissance externe ont permis que se constituent dans les années cinquante et soixante, surtout aux États-Unis, ce qu'on appelle des conglomérats. Selon la définition généralement acceptée, un conglomérat est une entreprise qui a développé un vaste programme de diversification réalisé en majeure partie par des fusions et acquisitions plutôt que par des opérations de croissance interne. Un conglomérat est donc un groupement d'entreprises relativement autonomes, oeuvrant dans des domaines qui ne sont pas systématiquement reliés, mais qui sont la propriété (ou sous le contrôle) d'un groupe financier ou d'une société de gestion. Les conglomérats les plus connus aux États-Unis sont: ITT, Gulf and Western, Litton Industries et Textron. Au Canada, deux noms sont immanquablement associés au phénomène congloméral: Argus et Power Corporation; mais d'autres entreprises ont également bien des caractéristiques des conglomérats, sans être aussi typiques qu'Argus et Power (on pense ici à Genstar, Canada Development Corporation, Federal Industries Ltd, Brascan ou les Entreprises Canadien Pacifique).

Les modes de gestion, le degré de propriétés des filiales, leur autonomie opérationnelle et financière varient énormément d'un conglomérat à un autre. Cependant, la constitution de tels groupes a fait craindre qu'apparaissent de nouvelles entités dont la vocation et la mission ne peuvent s'interpréter seulement en termes de marché et de compétition. Fruits de la croissance, ces conglomérats posent le problème du pouvoir qui en découle.

18.2 LA DIVERSIFICATION

On constate qu'au cours de leur évolution, les firmes se diversifient; on va voir à quels motifs elles répondent en agissant ainsi et comment on peut mesurer le degré de diversification d'une entreprise.

18.2.1 Les causes de la diversification

Les raisons qui poussent les firmes à se diversifier peuvent être classées en trois catégories:

a) **Les motifs techniques**

La diversification peut être le résultat de l'existence de ce qu'on appelle les **coûts communs.** Il existe en effet des situations où le coût marginal de la production d'un produit X diminue au fur et à mesure qu'augmente la quantité fabriquée du produit principal Y. Cette situation est fréquente en pétrochimie, par exemple, quand le processus de production génère des produits résiduels qu'il devient rapidement intéressant de valoriser; et cette valorisation est le début de la diversification.

Par ailleurs, quand, avec le temps, une firme a développé une compétence distinctive dans un domaine donné, elle aura tendance à rechercher des domaines connexes où la technologie qu'elle maîtrise pourra être utilisée. C'est par le **biais des applications** d'une technique de production, d'un procédé de fabrication que la firme peut être amenée à changer sa mission originale.

Enfin, la diversification peut s'expliquer pour des raisons techniques comme étant le résultat des activités de **recherche et développement.** La firme découvre un produit nouveau et cette découverte, traduite en innovation, la poussera à se lancer dans une nouvelle direction.

b) **Les motifs de marché**

La firme peut être poussée à la diversification du fait de l'évolution de son marché initial. Lorsque son produit principal a décrit tout son cycle de vie et qu'il rentre dans la **phase du déclin,** la firme se doit de lui trouver des substituts. Elle y sera d'autant plus poussée que dans la phase du déclin ou lorsque le seul potentiel du marché réside dans le remplacement, les marges bénéficiaires sont généralement beaucoup plus faibles. On pourra par exemple réfléchir à la politique de diversification de Bombardier suite à la stabilisation du marché de la motoneige.

Les marchés traditionnels de la firme peuvent se transformer radicalement ou même disparaître du fait d'une **percée technologique** qui remet en cause les modes de fonctionnement traditionnels et les sources de revenu des participants. Face à des bouleversements, la firme, dans une optique de survie, doit se lancer dans de nouveaux secteurs. On rencontrera un comportement identique lorsque la firme voit ses marchés envahis par des **produits importés** sans qu'elle soit capable de répondre à cette nouvelle compétition (ex. : secteur du textile).

La firme se diversifie également pour bénéficier des effets d'entraînement exercés par sa **marque de commerce** : si cette firme est très connue, elle pourra introduire de nouveaux produits qui tireront avantage lors de leur introduction de l'image créée chez les consommateurs. On pensera par exemple au cas de Bic qui s'est lancé sur le marché du rasoir et des briquets après s'être fait connaître par le stylo-bille.

D'un autre côté, il est naturel que la firme dont les activités sont fortement influencées par les variations **cycliques** ou **saisonnières** cherche à entrer dans de nouveaux domaines dont les fluctuations pourront compenser celles qu'elle enregistre sur ses marchés initiaux (qu'on pense par exemple au cas des fabricants de skis qui se sont lancés dans des articles de sport pour le tennis ou la voile).

La diversification obéit aussi à la volonté d'offrir des **services intégrés** : la complémentarité de marché conduit la firme à mieux redéfinir sa mission. Le cas du Canadien Pacifique est patent à cet égard puisque la firme offre des services d'hôtellerie alors que sa mission initiale était le transport.

Par ailleurs, une firme choisira de se diversifier parce qu'elle a une part de marché qu'il serait dangereux de dépasser. La firme augmenterait alors son risque commercial et pourrait devenir vulnérable en cas d'enquête dans le cadre de la loi antitrust. Enfin, elle y sera également incitée lorsqu'elle voudra sortir du joug de la **réglementation** qui limite son expansion et ses profits.

c) **Les motifs de gestion des investissements**

Se superposant aux motifs précédents ou les complétant, les firmes invoquent des motifs de gestion des investissements pour justifier leurs activités de diversification.

Tout d'abord, si la firme est rentable, elle va générer des revenus qu'elle se doit d'employer. Elle sera ainsi amenée à rechercher de nouveaux domaines pour utiliser sa capacité **d'autofinancement.** Si la firme a des **objectifs de rendement,** il est des situations où elle recherche de nouveaux secteurs afin de pouvoir respecter ces objectifs, les occasions de croissance au taux de rendement choisi ayant été épuisées dans le secteur où elle opère.

La firme peut décider d'investir dans de nouveaux domaines ne serait-ce que pour mieux répartir son **risque financier.** Ce sera en particulier le cas lorsque la firme craint qu'une partie de ses activités soit **nationalisée.** Enfin, il existe des cas où la firme rentre dans de nouveaux secteurs car elle doit utiliser des sommes qu'elle a reçues en compensation pour une expropriation.

18.2.2   Une typologie de la diversification

Le processus de diversification est multiforme; il est donc bon de regrouper les différentes expériences tentées par les entreprises en grandes catégories. À cet effet une typologie a été proposée par Detrie, Mercier et Ramanastsoa[2] (ci-après DMR) qui a d'excellentes qualités analytiques du phénomène.

DMR proposent de classer les expériences de diversification dans différentes catégories à l'aide de trois critères:

1°   L'entreprise oeuvre-t-elle présentement dans un secteur qui est attrayant ou dans un secteur qui est en déclin?
2°   L'entreprise a-t-elle dans son secteur une position concurrentielle enviable ou peu favorable?
3°   Le mouvement de diversification semble-t-il impératif?

Si l'on utilise cette grille, on peut repérer quatre grandes familles de diversification.

a)   **La diversification de placement**

Ce cas se présente pour l'entreprise dont l'activité principale est dans un secteur attrayant, avec une bonne possibilité de croissance et de rentabilité; elle y occupe une forte position concurrentielle. En terme de priorité, une telle entreprise visera d'abord à maintenir sa position dans son secteur. La diversification ne présente pas pour elle une grande nécessité: **ce n'est pas une priorité.** L'entreprise a une base solide, souvent elle dispose

---

(2)   cf: Detrie-Mercier-Ramanastsoa,''Cinq règles pour se diversifier'', Harvard-Expansion, hiver 81-82.

de liquidités et elle cherche de nouveaux secteurs où exercer son expertise et son savoir-faire.

b) **La diversification de confortement**

Considérons une entreprise qui opère dans un secteur favorable, où elle n'a qu'une position concurrentielle moyenne. Sa priorité devrait être d'essayer d'améliorer sa position. Cependant, elle peut se lancer dans des activités de diversification si elle pense que cela peut l'aider à améliorer sa position actuelle. On parle alors de diversification de confortement. Par rapport à la situation précédente, la diversification peut être plus nécessaire.

c) **La diversification de redéploiement**

Une entreprise peut avoir une bonne position concurrentielle mais exercer son activité dans un secteur qui est peu attrayant et ayant un potentiel de croissance limité. Ici la nécessité de la diversification est plus forte : elle visera principalement au redéploiement des activités ; elle s'effectue à partir d'une situation stable.

d) **La diversification de survie**

La nécessité de diversification sera particulièrement forte si nous sommes face à une entreprise ayant une position concurrentielle faible dans un secteur peu attrayant, au potentiel de croissance limité ou soumis à une compétition venue de l'extérieur de moins en moins soutenable. L'entreprise joue son existence dans l'opération : elle risque d'avoir à se lancer dans de nouvelles activités à partir d'une situation financière faible et sera souvent amenée à prendre de forts risques industriels et commerciaux.

Une opération de diversification dans un nouveau secteur industriel est d'autant plus risquée pour l'entreprise qu'elle y est contrainte. Ainsi on peut établir que, toutes choses étant égales par ailleurs, l'ordre de **risque croissant** serait le suivant :

1º diversification de placement ;
2º diversification de confortement ;
3º diversification de redéploiement ;
4º diversification de survie.

La diversification est d'autant plus **risquée** si elle ne correspond pas au choix qui aurait dû s'imposer sur la base de la **position actuelle dans son secteur d'activité**. Le tableau suivant présente quelle devrait être la diversification à entreprendre en fonction de deux caractéristiques : la position concurrentielle actuelle et l'attrait du secteur industriel de départ.

TABLEAU 1 : Choix de diversification

Position concurrentielle actuelle

		Forte	Moyenne	Faible
Attrait du secteur actuel	Fort	Diversification de placement	Diversification de confortement	Diversification de survie
	Faible	Diversification de redéploiement		

18.2.3 Certaines entreprises ont-elles un ''profil diversificateur''?

Au-delà de la typologie en quatre catégories, DMR mettent en évidence que certaines compagnies sont sans doute plus prédisposées que d'autres à se lancer dans l'aventure de la diversification. Ils vont jusqu'à affirmer que certaines entreprises ont plutôt un **profil de spécialisation**, alors que d'autres auraient un **profil diversificateur**. Pour savoir si une entreprise a un profil plutôt qu'un autre, DMR proposent d'étudier cinq caractéristiques révélatrices.

a) **La personnalité des dirigeants actuels**

On ne peut faire abstraction de la personnalité des dirigeants actuels de la firme pour porter une appréciation quant à sa prédisposition à la diversification.

L'opposition traditionnelle entre l'école structuraliste et l'école behavioriste se manifeste ici. Selon la première, les conditions objectives de la technologie, de la production et du marché poussent la firme à se diversifier. Selon la seconde, on ne peut faire abstraction des aspirations, du mode de fonctionnement et de la personnalité de ceux qui dirigent l'entreprise.

La volonté de concentrer les activités dans le domaine traditionnel, originel de la firme, là où ont été ses succès passés et là où se situent ses forces sera d'autant plus forte que les dirigeants actuels sont plutôt des techniciens, ou des artisans attachés à un mode de fabrication ou une technologie. À certains égards, l'âge des dirigeants, ou l'absence de successeur évident dans le cas de PME sont des éléments jouant contre la tendance à la diversification.

À l'inverse, si les dirigeants actuels sont avant tout des gestionnaires, plutôt tournés vers les défis futurs que les succès passés, on voit apparaître un profil beaucoup plus enclin à la diversification.

b) **La mission de l'entreprise**

La mission est un autre des facteurs qui permettent de distinguer les firmes ayant un profil spécialisateur de celles qui ont un profil diversificateur, selon la vision qu'ont les dirigeants de celles-ci.

Plus la mission sera définie de façon étroite, autour d'un produit ou d'un groupe de produits qui ont assuré le succès passé et plus il y a de chance que l'on soit face à un profil spécialisateur. La firme qui définit sa vocation à partir d'une compétence technique, d'un savoir-faire avec un type précis d'outillage, sera plus encline à la spécialisation.

À l'inverse, si la mission est définie en termes de marché, de types de clientèle ou de compétence, en termes de circuit de distribution, on fera face à un profil diversificateur.

De la même façon une mission perçue avant tout en termes de rendement financier prédispose à la diversification.

c) **Le type de structures organisationnelles**

Le mode de fonctionnement interne, propre à chaque entreprise, exerce une influence sur son profil.

Plus l'entreprise est centralisée, plus la structure est contrôlée et plus on a une entreprise ayant un profil spécialisateur.

À l'inverse, plus l'entreprise est décentralisée, plus les structures sont ouvertes, plus se pratique la délégation, ou la gestion par centres de profit, et plus on a un profil diversificateur.

d) **Le degré de dépendance sectorielle**

La rentabilité de la firme, ses marchés dépendent-ils quasi exclusivement des résultats obtenus par un seul secteur d'activité ? La volonté de se diversifier sera d'autant plus forte que le degré de dépendance est élevé.

e) **La disponibilité des ressources financières et humaines**

DMR pensent que le dernier facteur est très révélateur: si les ressources sont abondantes, on a plutôt un profil diversificateur ; si elles sont rares, on a plutôt un profil spécialisateur.

Ainsi, en résumant sous forme de tableau, on peut tracer le portrait type de la firme plutôt portée à la spécialisation et de celle plutôt portée à la diversification.

TABLEAU 2 : Deux profils

Caractéristiques	Profil spécialisateur	Profil diversificateur
1° Personnalité des dirigeants	Artisan, technicien, fondateur	Gestionnaire
2° Mission	Définie en termes de techniques de production ou d'outillage	Définie en termes de marché, de clientèle et de circuit de distribution
3° Structures organisationnelles	Contrôlées	Ouvertes
4° Degré de dépendance sectorielle	Faible	Forte
5° Ressources financières et humaines	Rares	Abondantes

18.2.4 Caractéristiques de la diversification

Comme on le voit, l'analyse proposée par DMR est remarquable pour classer les différents aspects de la diversification. Dans leur étude (à vrai dire, assez exceptionnelle) DMR proposent une dernière **grille d'analyse** : elle consiste à essayer de déterminer **a priori** quelles devraient être les **caractéristiques** essentielles de la diversification à entreprendre. Pour ce faire, ils proposent un tableau à double entrée dans lequel les quatre catégories de diversification (placement, confortement, redéploiement et survie) sont confrontées à un certain nombre de critères de choix dont il faut tenir compte lors de toute opération de diversification (cf : tableau 3).

En lisant le tableau de haut en bas, on peut résumer les caractéristiques d'un type de diversification. Ainsi, dans le cas d'une diversification de placement, le degré de nécessité de cette opération est faible ; le critère principal pour choisir le secteur où l'on va entrer est la rentabilité ; la taille de la diversification sera fonction essentiellement des liquidités disponibles ; on peut se permettre d'exiger des niveaux de rentabilité élevés sans que ces résultats soient immédiats ; enfin, rien ne nous contraint à avoir une participation majoritaire.

Le lecteur est invité à examiner les caractéristiques de l'opération pour les trois autres formes de diversification en s'appuyant sur le tableau 3.

TABLEAU 3: Caractéristiques de la diversification

	Placement	Confortement	Redéploiement	Survie
Caractère de nécessité	Faible	Moyen	Moyen-Fort	Fort
Critères de choix des secteurs à retenir	Rentabilité (liée au savoir-faire)	Existence de synergies industrielles avec l'activité de départ	Potentiel du secteur (croissance et rentabilité)	Possibilité de reconversion
Taille de la diversification	Selon les liquidités disponibles	Limitée	Faible par rapport à l'activité d'origine	Selon les liquidités disponibles
Niveau de rentabilité souhaité	Très forte	Amélioration de la rentabilité d'origine	Satisfaisante	Satisfaisante
Horizon pour atteindre cette rentabilité	Long terme	Court ou moyen terme	Court terme	Court terme
Forme de participation	Minoritaire ou majoritaire	Probablement majoritaire	Minoritaire	Minoritaire ou majoritaire

18.2.5 La diversification, un mouvement stratégique difficile

Quand on a énuméré précédemment les motifs poussant les firmes à se diversifier, il aurait été possible de conclure que dans bien des cas la diversification conduit à un renforcement de la firme et à une réduction des risques inhérents à son existence. On pourrait donc être tenté a priori de penser qu'il est souhaitable pour toute entreprise d'être arrivée au stade de la diversification. Dès lors, l'observation de la vie des entreprises devrait nous permettre de conclure que les firmes diversifiées ont de meilleures performances que les autres.

La réalité est tout autre, et l'on sait aujourd'hui que beaucoup d'entreprises très diversifiées (et en particulier les conglomérats) ont des performances moins bonnes que des entreprises de même âge qui ne sont pas diversifiées.

Cette affirmation mérite bien sûr d'être nuancée. Ainsi, s'il est vrai que les conglomérats américains ou canadiens offrent plusieurs exemples de performances peu reluisantes, il faut bien reconnaître que beaucoup de conglomérats japonais (par exemple, Mitsubishi ou Yamaha) réussissent à maintenir des résultats très remarquables. Beaucoup d'observateurs expliquent cet état de fait par la tradition de grands groupes diversifiés qui est propre au développement du Japon depuis le XIXᵉ siècle et par l'horizon de planification et d'appréciation des performances beaucoup plus vaste dans les entreprises japonaises que dans les entreprises nord-américaines.

En revanche, il existe un consensus très fort chez les spécialistes en organisation industrielle pour affirmer que le **processus même de diversification** est particulièrement difficile à maîtriser et que ce mouvement stratégique est souvent la **cause de déconvenues importantes** pour les gestionnaires ; qui plus est, les cas ne manquent pas où la **pérennité** même de l'entreprise peut être remise en question lors d'une opération de diversification manquée.

On peut énoncer trois raisons principales à cet état de fait :

1° Les firmes ne réussissent pas leurs opérations de diversification car elles ne respectent pas ce qu'il est convenu d'appeler la **chronologie des mouvements stratégiques de l'entreprise.** En effet, il existe un ordre quasi inévitable de mouvements stratégiques que doit suivre une entreprise en croissance. On reconnaît en fait qu'il y aurait quatre étapes successives dans le processus de développement d'une firme :

   - la pénétration du marché traditionnel ;

   - l'expansion géographique ;

   - le développement des produits proches ou complémentaires ;

   - l'entrée dans des activités nouvelles.

Ainsi, la diversification devrait être entreprise dans une phase de maturité, une fois que l'entreprise a des assises solides. Le non-respect de cette succession de mouvements stratégiques (et donc le fait de se lancer trop tôt dans la diversification) est en règle générale une source d'échec.

2° Beaucoup d'observateurs pensent que les déconvenues en matière de diversification tiennent à ce que les entreprises qui s'y lancent font une mauvaise analyse de leurs forces et de leurs faiblesses et sous-estiment systématiquement les coûts implicites ou explicites liés à l'entrée dans un nouveau secteur.

3° Enfin, on constate que beaucoup d'entreprises qui se lancent dans la diversification le font souvent dans la phase finale de croissance du cycle économique, au moment où les profits sont abondants et au moment où règne une certaine euphorie. Cette phase conjoncturelle précède celle où les résultats seront moins bons et où la demande aura tendance à se contracter.

18.2.6 Les mesures de la diversification

Les instruments statistiques les plus utilisés pour mesurer la diversification rappellent beaucoup ceux qui ont été présentés pour la concentration industrielle. Il s'agit essentiellement de ratios et d'indices.

La mesure la plus simple de la diversification est le ratio de spécialisation (RS). Ce ratio est égal à la proportion des revenus annuels de la firme attribuable à son marché le plus important. Ainsi, si une firme a un RS de 0.8, cela veut dire que 80 % de ses revenus vient de son marché principal.

Pour mieux saisir le phénomène de la diversification, on utilise conjointement le ratio de relation (RR). Le ratio de relation est la proportion des revenus qui sont attribuables à des groupes de produits (ou marchés) qui sont reliés entre eux d'une façon ou d'une autre. Ainsi, si une firme a un RR très élevé, elle est engagée dans des activités connexes et si, au contraire, elle a un RR très faible, elle est engagée dans une foule d'activités ayant peu de liens entre elles.

En combinant ces deux ratios, on peut retenir quatre catégories de firmes en fonction de leur degré de diversification :

- firme monoproductrice   : si RS > 0.95

- firme à produit dominant   : si 0.7 < RS < 0.95

- firme à production reliée   : si RS < 0.7 et RR > 0.7

- firme à production non reliée   : si RS < 0.7 et RR < 0.7

Si on préfère à des ratios une mesure synthétique, on peut bien sûr avoir recours à l'indice d'Herfindahl, qui est une excellente mesure chaque fois que l'on doit prendre en compte un phénomène de dispersion. Cet indice (DH) s'écrit de la façon suivante :

$$DH = 1 - \sum_{i=1}^{r} P_i^2$$

où P_i est la proportion des emplois de la firme attribuée au ième produit de la firme.

La valeur de DH sera de 0 quand l'entreprise fabrique un seul produit. Elle tendra vers 1 quand l'entreprise fabrique une multitude de produits.

18.3 CROISSANCE EXTERNE, FUSION ET ACQUISITION

18.3.1 Formes et modalités

Dans son évolution, la firme peut avoir recours à la croissance interne ou à la croissance externe. On s'intéressera ici à ce second aspect.

La croissance externe peut en fait prendre trois formes :

- deux firmes décident de mettre en commun leur avoir et réorganisent la nouvelle entité ;

- une firme acquiert tout ou partie des actifs d'une autre firme ;

- une firme prend le contrôle d'une autre en acquérant suffisamment d'actions ayant le droit de vote.

La première forme correspond à ce qu'on appelle une fusion, les deux autres correspondent à des acquisitions.

Fusions et acquisitions peuvent être le résultat d'un **accord** entre les parties qui trouvent mutuellement intérêt, soit à mettre en commun leurs activités, soit d'un côté à acheter, de l'autre à se désaisir d'actifs ou de blocs d'actions. Mais l'acquisition peut être le résultat d'une situation qui n'a pas initialement été voulue par une des parties. C'est le cas en particulier quand il y a **offre d'achat d'actions** en bourse. Une compagnie (la compagnie absorbante) offre publiquement de racheter un certain volume d'actions d'une autre compagnie en vue d'en prendre le contrôle. Pour parvenir à ses fins, la compagnie absorbante qui possède généralement déjà un certain volume d'actions, offre aux autres actionnaires de racheter tout ou partie de leur participation à un prix supérieur au prix du marché. Cette technique sera d'autant plus utilisée qu'il existe de nombreux actionnaires et que la compagnie est dans une situation de contrôle interne[4]. Cette forme de croissance externe est certainement la plus spectaculaire car elle donne souvent l'occasion aux parties en présence de s'opposer, chacune essayant de trouver des appuis, soit pour réussir l'acquisition, soit pour rester indépendante.

Les opérations de croissance externe ne donnent cependant pas lieu systématiquement à de telles oppositions ; en effet, il est fréquent que vendeurs et acquéreurs obéissent à des motifs complémentaires.

18.3.2 Motifs des vendeurs

La Commission royale d'enquête sur les groupements de sociétés s'est penchée sur les motifs de ceux qui décidaient de se désaisir d'une partie ou de tout leur actif, ou abandonnaient leurs participations dans certaines entreprises. Les motifs suivants ont été avancés :

a) Il est des cas où le propriétaire ou le chef d'entreprise veut tout simplement se retirer des affaires.

b) Parfois des ventes ont été effectuées parce que le propriétaire estimait que le prix offert était supérieur à la valeur réelle de son entreprise.

c) Si la direction actuelle d'une entreprise pense qu'elle ne peut pas, compte tenu de ses possibilités ou du marché, rendre profitable une partie de ses activités, elle préférera s'en débarrasser pour couper court aux pertes.

d) La Commission signale des cas de ventes d'intérêt minoritaires qui permettaient d'exercer le contrôle, lorsqu'un groupe rival avait réussi à prendre la majorité ou le contrôle effectif.

e) La vente d'actifs et surtout de blocs d'actions peut également être motivée par le désir d'avoir un portefeuille plus liquide au moment de la retraite ou pour faciliter une planification successorale.

---

(4) Cf. chapitre 9.

Enfin, il est intéressant de noter que la Commission royale révèle que d'après ses enquêtes, ce sont ceux qui désirent abandonner le contrôle de leur entreprise qui prennent l'initiative des démarches en vue des fusions.

18.3.3 Les motifs des acquéreurs

Les motifs des acquéreurs recoupent en fait tous ceux qu'on a rencontrés pour la diversification : **motifs techniques, motifs de marché** et **motifs de gestion des investissements.** On ne les reprendra pas ici, mais il faut compléter cette liste du fait que certaines acquisitions n'ont pas forcément pour but la diversification. C'est ainsi que certaines acquisitions peuvent n'être motivées que par le désir d'obtenir dans une industrie la taille minimale d'efficacité et donc de bénéficier des économies d'échelle. De même, on peut préférer recourir à l'acquisition pour avoir une position dominante ou pour améliorer sa part de marché sans pour autant créer des capacités excédentaires. Une entreprise peut par ailleurs décider de prendre le contrôle d'un concurrent parce que sa structure financière présente un intérêt. Ainsi, l'existence chez un concurrent d'un fort fonds de roulement ou d'une capacité d'emprunt non utilisée peut suffire à expliquer la volonté de prise de contrôle.

18.3.4 Certains secteurs d'activité économique sont-ils plus touchés que d'autres ?

Le phénomène de fusion et d'acquisition est largement répandu et semble toucher tous les secteurs d'activité économique. Ceci étant posé, certains secteurs méritent une attention plus soutenue que d'autres. Il semble que l'on doive garder à l'oeil quatre catégories de secteurs :

a) Les secteurs d'activité économique dont le produit principal a atteint la phase critique du **cycle de vie** du produit : celle de l'**acceptation généralisée.** Les possibilités de croissance naturelle du marché s'estompent, les marges de profit diminuent : des difficultés vont se faire jour pour certains acteurs.

b) Les secteurs à **forte activité cyclique** (en particulier tout le secteur primaire ou des ressources rentre dans cette définition). Ces secteurs sont plus susceptibles que d'autres d'être affectés par de grandes variations de prix de leur produit sans que les producteurs aient la maîtrise de ces variations. Ceci a pour conséquence de marginaliser certaines entreprises qui deviennent des candidates à l'absorption.

c) Les secteurs **traditionnels** et anciens (meubles, textile, etc.) : ils sont continuellement soumis à des restructurations, des rationalisations, conduisant à des regroupements.

d) Les secteurs "à la mode". On ne peut nier le comportement mou-tonnier dans le phénomène des acquisitions. Au début des années 80 le secteur pétrolier et des ressources a été le témoin de beau-coup de prises de contrôle par des grandes compagnies qui tenaient absolument à être présentes dans les secteurs (...pour le regretter bien vivement quelques années plus tard).

18.3.5 Comment repérer dans un secteur industriel les entreprises qui sont les cibles les plus probables d'opération de fusions

Les économistes et les spécialistes en organisation industrielle ne sont pas les seuls à s'intéresser aux fusions ; les analystes financiers et les conseillers en placement s'y intéressent également, puisqu'il y a là une occa-sion d'appréciation rapide des titres. Dans un article publié dans Barron's en 1982[5], Christopher Stavrou donnait cinq caractéristiques de firmes pou-vant être la cible de fusion à sélectionner dans un portefeuille.

a) Les firmes ayant une position dominante dans leur marché. Elles constituent un facteur de stabilité et de croissance qui intéres-sent les firmes de grandes tailles voulant se diversifier ou quitter leur domaine traditionnel, saturé ou en déclin (ex. : les compagnies de tabac et cigarettes).

b) Les firmes ayant des actifs attrayants sous-évalués (ce peut être par exemple des actifs immobiliers importants).

c) Des firmes ayant des ratios de rentabilité inférieurs à la moyenne :

– on soupçonne que les problèmes peuvent être résolus par un changement de direction ;

– la faible rentabilité peut s'expliquer par le poids de l'endette-ment qui peut être réduit en cas de diminution des taux d'intérêt.

d) Les firmes où des actionnaires importants sont prêts à vendre :

– âge des fondateurs semi-retraités ;

– un actionnaire important en position de dissidence.

e) Un événement catalyseur. Cet événement peut être par exemple l'achat de 5 % des actions par un nouvel actionnaire, ou l'annonce de la part d'un groupe de vouloir jouer un rôle significatif dans la direction des affaires de la compagnie.

Certes, cette vision est particulière puisque Stavrou aborde le problème dans une optique de placement (ou même de spéculation). Il y a là cepen-

---

(5) Christopher Stavrou, *Choosing Candidates. A pro tells how to spot potential takeovers*, Barron's, April 1982.

dant une très bonne grille d'analyse pour repérer les entreprises susceptibles d'entraîner des changements dans un secteur donné.

18.3.6 Impact du cycle économique

Au Canada comme aux États-Unis, le phénomène des fusions et des
acquisitions n'est pas continu. On a l'impression qu'il se développe par
vagues. Par ailleurs, au fur et à mesure que se développe le cycle économique, il y a des moments qui sont plus propices que d'autres au phénomène
des fusions et acquisitions. On peut en particulier mettre en évidence deux
périodes particulièrement favorables:

a) On constate tout d'abord que les acquisitions et fusions se font
    plus nombreuses vers la **fin de la phase de croissance dans un cycle
    économique.**

    Comme le marché boursier anticipe généralement le cycle réel,
    c'est après une **longue période de hausses de cours** que les acqui-
    sitions vont se multiplier. Ceci s'explique tout d'abord par la grande
    disponibilité de fonds qui ont été générés durant plusieurs années
    de croissance; ces fonds se doivent d'être utilisés. Il est extrê-
    mement difficile pour des chefs d'entreprises de ''dormir'' sur des
    liquidités. Par ailleurs, cette phase du cycle est caractérisée par
    la conviction répandue dans le marché que bien des **actifs** sont
    sous-évalués par rapport à l'appréciation générale qui a eu lieu.
    (Les années 1988 et 1989 nous ont donné un très bel exemple
    de ce phénomène). Enfin, le **climat d'optimisme** généralisé qui
    accompagne les périodes de hausses boursières conduit les ges-
    tionnaires à anticiper des résultats positifs et à prendre des risques.

    Beaucoup de fusions seront alors, dans cette phase du cycle, des
    diversifications.

b) En revanche, des vagues d'acquisitions et de fusions ont été obser-
    vées dans une **phase de récession.**

    Mais alors les acquisitions ne sont pas de même nature. Elles sont
    plus souvent du type horizontal et se font dans un **même secteur
    d'activité.** Elles correspondent à une phase de **consolidation** ou
    de **restructuration.** Les opérations de fusions et d'acquisitions se
    font alors avec beaucoup moins d'éclat et elles entraînent rare-
    ment des controverses. Cependant, c'est dans cette phase que
    certains secteurs deviennent méconnaissables.

18.4 CROISSANCE ET POUVOIR

On définit le pouvoir économique de l'entreprise comme ''la capacité
de changer, par un comportement délibéré, les conditions ou les résultats
économiques des marchés de biens et de services de telle sorte que s'ensuive

pour elle un avantage net''[6]. Or, il est indéniable que le pouvoir économique de la firme augmente avec sa taille et donc avec sa croissance. Cette capacité de se libérer des contraintes et d'imposer sa volonté résulte le plus souvent des moyens dont l'entreprise dispose et de la vitesse avec laquelle elle peut augmenter ces moyens.

18.4.1 Caractéristiques du pouvoir de l'entreprise

Si le pouvoir de l'entreprise est directement lié à sa taille, on retrouvera parmi les déterminants de ce pouvoir, pratiquement tous les avantages résultant de la taille et par le fait même beaucoup des facteurs que nous avons déjà analysés à l'aide des économies d'échelle[7].

On distingue en fait le pouvoir de marché et le pouvoir hors marché.

A) Le pouvoir de marché

Le pouvoir de marché de l'entreprise, c'est sa capacité d'imposer sa volonté aux concurrents, de fixer les prix et les conditions d'achat ou de vente, de déterminer les conditions d'entrée ou même de supprimer le marché. On peut ainsi subdiviser ce pouvoir de marché de la façon suivante:

a) **Le pouvoir horizontal**

C'est le pouvoir d'imposer des prix se rapprochant de ceux qui seraient pratiqués par un monopole pur; ce pouvoir peut s'exercer du fait de la forte concentration industrielle ou par le biais d'ententes. La discrimination, le leadership en matière de prix, l'existence de firme dominante et les cartels sont, entre autres, des manifestations de ce pouvoir horizontal qui amènera inévitablement une hausse des barrières à l'entrée.

b) **Le pouvoir vertical**

Ce pouvoir résulte de l'**intégration verticale** qui permet à la firme de contrôler en amont et en aval ses activités, ce qui lui permet d'échapper aux contraintes du marché. Le refus d'approvisionner des concurrents ou de vendre de leurs produits, la suppression de marché sont des manifestations de ce pouvoir. On pensera par exemple à la situation des distributeurs indépendants d'huile à chauffage face aux grandes entreprises pétrolières intégrées.

---

(6) JACQUEMIN, A. *L'entreprise et son pouvoir de marché.* Presses de l'Université Laval, 1967, p. 25.

(7) Cf. chapitre 12.

c) Le pouvoir congloméral

Dans un conglomérat, les résultats du groupe ne dépendent pas exclusivement des performances d'une des entreprises qui le composent, des performances d'un produit ou de la réussite sur un marché. Dès lors, dans une situation concurrentielle, si l'un des compétiteurs sur un marché appartient à un conglomérat, il pourra adopter des politiques que ne pourront suivre les concurrents : il pourra, en particulier, soutenir plus longtemps une guerre de prix ou les pertes qui en résultent, ce qui lui permettra d'imposer sa volonté sur le marché sans que cette position de leadership soit basée sur un quelconque avantage comparatif. C'est cette capacité d'imposer sa volonté qui constitue le pouvoir congloméral.

B) Le pouvoir hors marché

Le pouvoir des entreprises ne se limite pas au seul marché et il s'exerce également sur leur environnement général. On ne fera ici que présenter succinctement les principales dimensions de ce pouvoir[8].

a) Tout d'abord, il se manifeste dans les rapports des grandes entreprises avec les différents niveaux de gouvernements. Leurs tailles, leurs moyens les amènent à **participer aux décisions** gouvernementales ou tout au moins à influencer les choix qui s'exercent. Selon les cas, le pouvoir des entreprises vient renforcer le pouvoir gouvernemental et l'inverse est tout aussi fréquent. Cette constatation amène certains observateurs à s'interroger sur la légitimité de ce pouvoir dans un système démocratique et à craindre qu'il ne vienne vicier le fonctionnement des institutions politiques. D'autres avancent que les moteurs de l'activité économique dans le système décentralisé étant les entreprises, les gouvernements ne peuvent ignorer leurs revendications ou pour le moins ne peuvent pas ne pas solliciter leur opinion et leur collaboration. Quel que soit le point de vue de chacun à cet égard, il est facile de trouver des exemples où les firmes ont pu exercer une influence sur l'un ou l'autre des paliers de gouvernements[9]. On peut d'ailleurs penser que ceux-ci se sont eux-mêmes exposés à ces pressions du fait de leur participation de plus en plus importante à l'activité économique.

---

(8) Ici également, on retrouve certains des éléments avancés au chapitre 12 pour décrire les économies d'échelle externes.

(9) On ne fait pas ici référence à la participation des entreprises au financement de partis politiques, mais à l'influence exercée pour l'obtention de subvention, le changement de la réglementation ou le choix d'un investissement ou d'un équipement.

b)   Le deuxième grand type de pouvoir hors marché dont disposent les entreprises, c'est celui d'exercer, directement ou indirectement, une influence sur l'opinion publique. Cette capacité, selon certains, va jusqu'à façonner ou renforcer une idéologie profitant aux intérêts en place[10]. Cette volonté peut se traduire par le choix d'une publicité vantant les mérites du système économique dans lequel les entreprises évoluent ou par le financement d'études et de groupes de pression pouvant agir sur les "opinion makers".

Ce genre de pouvoir hors marché est particulièrement l'objet de surveillance s'il se traduit par la volonté d'un groupe financier de contrôler des chaînes de journaux ou les autres médias d'information.

18.4.2   Repère et limites du pouvoir

A)   Repère du pouvoir

Le pouvoir étant par définition quelque chose d'intangible, il est très difficile de le repérer et encore plus de le mesurer. Pourtant, si l'on admet que la taille et le pouvoir vont de pair, on peut se servir de mesures de concentration comme approche du phénomène. La concentration industrielle[11] sera un indice du pouvoir de marché. La concentration globale permettra de mettre en évidence l'impact des plus grandes sociétés, elle sera le plus souvent calculée à l'aide du ratio de concentration globale (RCG_{100}) mesurant la part relative des 100 plus grandes entreprises par rapport à l'ensemble de toutes les entreprises à un moment donné.

B)   Les limites du pouvoir

Du fait de la croissance, les entreprises sont de plus en plus grosses, ce qui a comme corollaire qu'elles ont de plus en plus de pouvoir. Cependant, il y a des limites à celui-ci.

a)   Il y a des limites qui tiennent au phénomène des déséconomies d'échelle. L'efficacité et la performance d'une firme peuvent être affectées par le gigantisme.

b)   Les limites du pouvoir tiennent aussi de l'existence des compétiteurs. La taille absolue n'est pas tout; elle peut croître mais celle des concurrents peut croître au même rythme. Ainsi qu'on

---

(10) Cf. l'opinion de Chevalier présentée au chapitre 9.

(11) Cf. chapitre 9.

a été amené à le dire, les transformations des conditions dans lesquelles s'exerce la concurrence n'ont certainement pas diminué la rivalité entre les firmes.

c) Les conditions changeantes de la conjoncture et la désuétude de certains produits remplacés par d'autres viennent remettre en cause les positions acquises et donc les pouvoirs qui s'exercent.

d) L'apparition de "pouvoirs compensateurs" (syndicats, groupements de consommateurs) constitue également une nouvelle limite au pouvoir des firmes.

e) Enfin, le pouvoir des firmes sur le marché et hors marché est de plus en plus battu en brèche par l'action gouvernementale. Celle-ci se traduit par une action vigilante pour que se maintienne sur les marchés un niveau acceptable de compétition. Elle se manifeste aussi par une prolifération de réglementations qui visent dans tous les domaines à enrayer, contrôler ou diviser le pouvoir exercé par les entreprises.

ANNEXE A

Fusions et acquisitions au Canada :
quelques données

La qualité de l'information sur l'activité de fusion et d'acquisition au Canada s'est beaucoup améliorée depuis quelque temps. Un travail important sur la question avait été fait par la Commission royale d'enquête sur le groupement des sociétés (son rapport fut publié en 1978). Par ailleurs, une analyse de grande qualité a été menée par le Conseil économique du Canada par Baldwin et Gorecki en 1986, à l'aide de données beaucoup plus précises et beaucoup plus fiables que celles utilisées dix ans auparavant[12].

Les principales conclusions de la Commission royale d'enquête sur le groupement des sociétés

Sans présenter ici en détail les travaux de cette commission, on peut retenir quatre des conclusions principales présentées dans le rapport final.

1° Le mouvement de fusion au Canada est parallèle à celui qu'on enregistre aux États-Unis.

2° On constate une accélération du mouvement durant les périodes de changements structurels. Le Canada est particulièrement sensible à ce phénomène à cause de l'importance du secteur des ressources naturelles.

3° Au moment où elle déposait son rapport, la Commission croyait pouvoir dire qu'il y avait une certaine stabilité des types de fusion, (les plus abondantes étaient les activités de fusions horizontales).

4° De 1945 à 1970, il y a eu une tendance à l'augmentation des fusions.

Les résultats de l'analyse du Conseil économique du Canada

L'étude sur la période 1970-1979 de Baldwin et Gorecki nous éclaire de façon beaucoup plus précise sur le phénomène des fusions dans un passé relativement récent, on s'inspirera ci-après des résultats de cette analyse.

a) Quelle est la place des fusions horizontales ?

Une question d'intérêt lorsque l'on observe le phénomène de fusions est de savoir si elles s'effectuent majoritairement entre entreprises appartenant au même secteur ou non. En effet, dans ce cas, la conséquence première de la fusion serait une augmentation de la concentration et donc du pouvoir de marché des entreprises.

---

(12) "Merger and Merger policy in the Canadian Manufacturing Sector 1971-1979", Discussion paper no 237.

On avait tendance traditionnellement à diviser les fusions en trois grandes catégories (fusions de type horizontal, fusions de type vertical, fusions de type congloméral), mais Baldwin et Gorecki ont préféré ne retenir que deux catégories : les fusions horizontales[13] et les autres.

Ils arrivent à la conclusion suivante (qui remet en cause les résultats obtenus dix ans plus tôt) : les fusions horizontales ne constituent plus la forme dominante de fusion au Canada et leur importance est à la baisse.

TABLEAU 1 : **Importance relative des fusions horizontales**

	1945-1961	1971-1973	1974-1976	1977-1979
Type horizontal	68	61	47	39
Types vertical et congloméral	32	39	53	61

Source : Conseil Économique du Canada, *op. cit.*, p. 46.

Ainsi, durant les années 70 au Canada, on a constaté une tendance à la diminution de l'importance relative des fusions horizontales.

b) Importance de la taille des entreprises

Que nous apprend l'observation du phénomène des acquisitions au Canada, en ce qui a trait à la taille de la firme qui acquiert et celle de la firme qui est acquise ?

a) Il apparaît que la plupart des firmes qui sont absorbées dans une acquisition sont de **petite taille** (tableau 2).

b) Par ailleurs, il apparaît clairement qu'en règle générale les firmes qui absorbent **ont tendance à concentrer leur activité dans la même classe de taille.** C'est seulement dans les classes de taille intermédiaire que l'on peut enregistrer une proportion importante des acquisitions faites dans des classes de taille immédiatement inférieure.

---

(13) Dans leur étude, une fusion sera de type horizontal lorsque la firme qui fait l'acquisition a déjà des intérêts dans la même industrie à deux chiffres de la classification industrielle.

TABLEAU 2: Distribution de la taille des firmes acquises dans le secteur manufacturier (années 70)

Classe de taille (nombre d'employés)	Nombre d'acquisitions %	Valeur des expéditions %	Taille moyenne des entreprises (emploi)	Taille moyenne des établissements (emploi)
- 50	47.5	7.5	24	24
50 - 99	18.5	7.1	71	61
100 - 199	16.7	13.4	140	112
200 - 499	11.2	19.4	317	172
500 - 999	3.8	14.3	669	203
1000 - 1499	1.0	8.3	1237	260
+ 1500	1.1	29.8	3729	282
	100	100		

Source: CEC, *op. cit.*, p. 50.

TABLEAU 3: Distribution de taille des acquisitions pour chaque catégorie de taille de firmes qui acquièrent Secteur manufacturier (années 70)

Classes de taille des firmes acquises	Classes de taille d'emploi des firmes qui acquièrent							
	0-100	101-200	201-500	501-1000	1001-1500	1501-2500	2501-5000	+ 5000
0 - 100	**67.8**	30.9	19.0	10.7	9.1	7.8	4.8	3.7
101 - 200	9.6	**21.7**	15.1	15.1	7.7	9.6	5.7	4.4
201 - 500	2.6	13.3	**29.9**	22.6	20.8	22.6	15.0	7.6
501 - 1000	7.8	8.1	11.4	**24.5**	33.1	10.9	13.0	9.6
1001 - 1500	3.4	6.2	6.8	7.2	**11.6**	23.2	12.1	6.1
1501 - 2500	2.6	4.2	3.0	4.1	11.8	**5.2**	14.0	11.1
2501 - 5000	2.4	4.5	7.1	6.2	2.8	8.4	**26.7**	3.1
+ 5000	3.7	11.1	7.8	9.5	3.0	12.2	8.7	**54.2**
Total	100.0	100.0	100.0	100.0	100.0	100.0	100.0	100.0

Source: CEC, *op. cit.*, p. 51.

c) **Les acquisitions domestiques par rapport aux acquisitions étrangères**

Une question que l'on se pose souvent en matière d'acquisition est la suivante: les acquisitions sont-elles faites en majeure partie par des entreprises canadiennes ou par des entreprises étrangères.

Les résultats concentrés au tableau 4 permettent de conclure que le processus d'acquisitions n'est pas biaisé en faveur des entreprises étrangères.

d) **Acquisitions simples ou acquisitions multiples**

Enfin, un dernier point sur lequel se sont penchés Baldwin et Gorecki est celui de savoir si les firmes qui font des acquisitions se contentent d'une seule opération de ce genre ou en effectuent plusieurs.

Sur la période d'observation (1971-1979) les résultats sont les suivants:

– 907 des 1218 firmes acquéreuses n'ont fait qu'une seule acquisition.

– 95% des firmes acquéreuses ont fait moins de 4 acquisitions.

ANNEXE B

La diversification au Canada

La diversification a été étudiée pour le compte du Conseil économique du Canada par R.Caves[14]. On présentera ci-après les traits les plus intéressants de cette recherche.

Il faut tout d'abord noter que le problème de la diversification dans le cadre canadien présente des particularités qui sont le reflet des caractéristiques de l'économie canadienne. Les trois caractéristiques qui peuvent avoir une influence sur la diversification sont la taille relativement faible du marché canadien et sa dispersion géographique, la présence de filiales de sociétés américaines et la diminution des barrières douanières entre les États-Unis et le Canada.

L'analyse de Caves a porté sur la diversification au niveau de l'entreprise et au niveau des usines.

Tout d'abord, il apparaît que les filiales canadiennes sont moins diversifiées que leurs sociétés mères aux États-Unis. Sur la base d'un échantillon de 116 firmes, Caves a pu calculer l'indice d'herfindahl des filiales canadiennes et des sociétés mères aux États-Unis. Il obtient les résultats suivants :

	Canada	États-Unis
Indice Herfindahl	0.411	0.721

Au niveau des **usines**, Caves a repéré deux caractéristiques essentielles : la diversité s'accroît avec la taille et d'autre part les usines des entreprises canadiennes sont plus diversifiées que les usines aux États-Unis. Pour mettre ce deuxième phénomène en évidence, Caves a calculé un coefficient de diversité (CD) :

$$\text{RCG}_{100} \text{ des ventes}$$

$$CD = \frac{\text{Nombre d'activités secondaires par usine d'entreprises canadiennes}}{\text{Nombre d'activités secondaires par usine aux États-Unis}}$$

Si CD est plus grand que 1, les usines sont plus diversifiées au Canada. Or, sur un total de 103 industries, la valeur de CD est plus grande que 1 dans 78 cas, comme en témoigne le tableau ci-après.

---

(14) CAVES, R. *Diversification, investissement étranger et économies d'échelle dans l'industrie manufacturière nord-américaine.* Conseil économique du Canada, 1975.

**Coefficient de diversification
des usines pour 103 industries**

CD	Nombre d'industries
0 - 0.50	16
0.51 - 1.00	9
1.01 - 2.00	22
2.01 - 3.00	14
3.01 - 5.00	25
5.01 - 10.00	13
Plus de 10.00	4
	103

ANNEXE C

Liste et classification des 50 plus grandes corporations canadiennes en fonction des ventes et des actifs en 1987

Rang (Ventes)	Compagnie	Ventes $000	Actifs $000	Rang (Actif)
1	General Motors of Canada Ltd	16,884,371	5,916,514	16
2	BCE Inc.	14,649,000	26,025,000	3
3	Ford Motor Co. of Canada	13,976,800	3,622,300	30
4	Canadian Pacific Ltd	12,208,600	18,000,700	4
5	George Weston Ltd	11,034,800	3,546,100	32
6	Alcan Aluminium Ltd	9,012,822	9,952,638	5
7	Imperial Oil Ltd	7,562,000	9,478,000	9
8	Noranda Inc.	7,343,566	9,595,757	8
9	Chrysler Canada Ltd	7,246,800	2,949,400	40
10	Provigo Inc.	6,418,100	1,555,000	72
11	Ontario Hydro	5,280,000	32,657,000	1
12	Petro-Canada	5,194,000	8,453,000	10
13	Brascan Ltd	5,178,000	5,157,800	20
14	Hydro-Québec	5,095,319	31,659,465	2
15	Hudson's Bay Co.	4,845,178	3,614,199	31
16	Shell Canada Ltd	4,819,000	5,509,000	18
17	Imasco Ltd	4,814,556	5,649,604	17
18	Canadian National Railway Co.	4,784,129	7,593,649	13
19	International Thomson Organization Ltd	4,690,062	4,442,307	23
20	Steinberg Inc.	4,491,355	1,469,353	77
21	Campeau Corp.	4,263,646	n.a.	n.a.
22	Sears Canada Inc.	4,035,098	2,622,452	47
23	Canada Safeway Ltd	3,872,368	966,176	103
24	Oshawa Group Ltd	3,804,015	672,934	144
25	John Labatt Ltd	3,782,234	2,355,017	53
26	Seagram Co.	3,693,615	9,616,409	7
27	TransCanada PipeLines Ltd	3,355,400	6,669,300	14
28	Canadian Wheat Board	3,208,000	4,835,719	21
29	Canada Packers Inc.	3,205,281	674,968	143
30	MacMillan Bloedel Ltd	3,134,500	2,515,800	50
31	Air Canada	3,131,100	3,084,800	37
32	IBM Canada Ltd	3,104,000	2,380,000	51
33	Moore Corp.	3,025,260	2,519,786	49
34	Abitibi-Price Inc.	2,988,000	2,549,600	48
35	Canada Post Corp.	2,970,056	2,628,521	46
36	Polysar Energy & Chemical Corp.	2,868,500	5,445,900	19
37	Texaco Canada Inc.	2,649,000	3,873,000	27
38	Mitsui & Co. (Canada)	2,608,542	213,465	271
39	Varity Corp.	2,571,963	2,069,510	62
40	Domtar Inc.	2,567,800	2,855,000	42

Rang (Ventes)	Compagnie	Ventes $000	Actifs $000	Rang (Actif)
41	Stelco Inc.	2,546,378	2,803,650	44
42	Canadian Tire Corp.	2,483,822	1,430,509	78
43	Inco Ltd	2,372,836	3,890,599	26
44	Nova Corp.	2,322,438	4,685,748	22
45	Total Petroleum (North America) Ltd	2,316,534	1,317,559	86
46	Consolidated-Bathurst Inc.	2,261,430	2,264,669	54
47	Ivaco Inc.	2,174,976	1,767,179	69
48	Dofasco Inc.	2,163,071	3,060,325	38
49	F.W. Woolworth Co.	2,025,969	665,525	145
50	British Columbia Hydro & Power Authority	1,987,000	9,802,000	6

BIBLIOGRAPHIE

ANSOFF, H.I. *Corporate Strategy.* McGraw-Hill, 1965.

ANTHONY, R.N. ''The trouble with profit maximization''. *Harvard Business Review.* Décembre 1960.

BAIN, J.S. *Industrial Organization.* John Wiley and Sons, 1968.

BAIN, J.S. *Barriers to New Competition.* Harvard University Press, 1956.

BALDWIN, J. et GORECKI, P. ''Les fusions et le processus concurrentiel''. *Statistique Canada,* 1990.

BRITTON, J.-N et GILMOUR, J.-M. *Le maillon le plus faible — l'aspect technologique du sous-développement industriel au Canada.* Conseil des sciences du Canada. Étude de documentation n° 43, 1980.

CAVES, R. *Diversification, investissement étranger et économies d'échelle dans l'industrie manufacturière nord-américaine.* Conseil économique du Canada, 1975.

CAVES, R. *L'Économie industrielle en question.* Calman Levy, 1977.

CHRISTIANSEN, E.T. ''Les stratégies de diversification dans la vague de fusions et d'acquisitions des années 80''. *Revue internationale de gestion.* Septembre 1987.

COMANOR, W.S. et WILSON, T.A. *Advertising and Market Power.* Harvard University Press, 1975.

CORDELL, A.J. *Sociétés multinationales, investissement direct de l'étranger et politique des sciences du Canada.* Conseil des sciences du Canada. Étude de documentation n° 26, 1973.

CRENER, M.-A. et DOUTRIAUX, J. *Principes d'économie managériale.* Gaétan Morin Éditeur, 1980.

CYERT, R.M. et MARCH, J.G. *A Behavioral Theory of the Firm.* Prentice Hall, 1963.

DEAN, J. ''Measuring the productivity of investment in persuasion''. *Journal of Industrial Economics.* Avril 1967, p. 81-108.

DÉTRIE, J.P., MERCIER, V. et RAMANASTSOA, B. ''Cinq règles pour se diversifier''. *Harvard-Expansion.* Hiver 1981.

DOUGLAS, E.J. *Managerial Economics, Theory, Practice and Problems.* Prentice Hall, 1979.

EARLEY, J.S. ''Marginal policies of 'excellently managed' companies''. *American Economic Review.* Mars 1956, p. 44-70.

ECKBO, E. "Mergers and the market for corporate control: The Canadian evidence". *Canadian Journal of Economics.* Mai 1986.

GALBRAITH, J.K. *Le Nouvel État industriel.* Gallimard, 1968.

GLAZER, A. "Advertising, information and prices — A case study". *Economic Inquiry.* Octobre 1981.

GORECKI, P. *Économies d'échelle et taille d'efficacité des usines des industries de la fabrication au Canada.* Ottawa: Bureau de la politique de la concurrence, 1977.

GRANT, R.M. et THOMAS, H. "Peut-on faire des profits par la diversification?" *Revue internationale de gestion.* Septembre 1987.

GREEN, C. *Canadian Industrial Organization and Policy.* 3e édition, McGraw-Hill Ryerson, 1990.

HAYNES, W.W. "Pricing practices in small firms". *The Southern Economic Journal.* Avril 1964.

HOGAN, W.W. "Oil demand and OPEC's recovery". *Energy and Environmental Policy Center.* Harvard. Juin 1980.

JACQUEMIN, A. *Économie industrielle européenne.* Dunod, 1979.

JENSEN, M.C. "Takeovers: Folklore and science". *Harvard Business Review.* Novembre-décembre 1982.

LAMBIN, J.J. *Advertising, Competition and Market Conduct in Oligopoly Over Time.* North Holland Publishing, 1976.

LAMBIN, J.J. "What is the real impact of advertising?" *Harvard Business Review.* Mai-juin 1975.

LANZILOTTI, R.F. "Pricing objectives in large companies". *The American Economic Review.*

LEROUX, F. *Sensibilité de la mesure et déterminants de la taille minimale et de la taille moyenne d'efficacité des usines canadiennes.* Rapport de recherche HEC-78-15.

LEROUX, F. "Adaptation au commerce international: l'observation des échanges intra-sectoriels". *Revue internationale de gestion.* Novembre 1986.

LEROUX, F. *Microéconomie: Exercices et corrigés.* Presses de l'Université de Montréal, 1990.

MACHLUP, F. "Theories of the firm: marginalist, behavioral, managerial". *American Economic Review.* Mars 1967.

MARCOS, M. "Advertising and changes in concentration". *The Southern Economic Journal.* Octobre 1969.

MASSON, R.T. et QUALLS, P.D. *Essays on Industrial Organization in Honor of Joe Bain.* Ballinger Publishing Company, 1976.

McCONNELL, C.R., POPE, H.W. et JULIEN, P.-A. *L'Économique microéconomique.* McGraw-Hill, 1981.

MORVAN, Y. *Fondements d'économie industrielle.* Economica, 1985.

NELSON, P. "Information and consumer behavior". *Journal of Political Economy.* Mars-avril 1970, p. 311-329.

NELSON, P., "Advertising as information". *Journal of Political Economy.* Juillet-août 1974, p. 729-754.

ORR, D. "The determinants of entry: A study of the canadian manufacturing industries". *The Review of Economics and Statistic.* Février 1974.

PERRAKIS, S. *Canadian Industrial Organization.* Prentice Hall, 1990.

PORTER, M. "Canada at the cross roads". Gouvernement du Canada, 1991.

RUMELT, R.P. *Strategy, Structure and Economic Performance.* Harvard University Press, 1974.

SCHERER, F.M. *Industrial Market Structure and Economic Performance.* Rand McNally, 1973.

SÉGUIN-DULUDE, L. "L'activité inventive des Canadiens". *Gestion.* Septembre 1981.

SHEPHERD, W. "Contestability vs competition". *American Economic Review.* Septembre 1984.

SILBERSTON, A. "Survey of applied economics: Price behaviour of firms". *The Economic Journal.* Septembre 1970, p. 511-575.

STIGLER, G.J. "The economics of information". *Journal of Political Economics.* 1961, p. 213-225.

THOMPSON, A.A. *Economics of the Firm.* Prentice Hall, 1977.

VAN PEETERSSEN, A. "Sur les consommations privées canadiennes et québécoises, telles qu'elles apparaissent dans les statistiques". École des H.E.C., 1972.

WILSON, J.H. et PARR, S.G. *Managerial Economics, Concepts, Applications and Cases.* Harper and Row, 1979.

INDEX

NOTES

-Brault